大数据创新人才培养系列

大数据实训案例

——电信用户行为分析（Scala版）

BIG DATA TRAINING CASE:
TELECOM USER BEHAVIOR ANALYSIS (SCALA VERSION)

◎ 林子雨 主编

人民邮电出版社
北京

图书在版编目（CIP）数据

大数据实训案例 : 电信用户行为分析 : Scala版 / 林子雨主编. -- 北京 : 人民邮电出版社, 2019.5
（大数据创新人才培养系列）
ISBN 978-7-115-50123-3

Ⅰ. ①大… Ⅱ. ①林… Ⅲ. ①电信企业－数据处理－案例 Ⅳ. ①F626-39

中国版本图书馆CIP数据核字(2018)第260179号

内容提要

本书详细介绍了一个大数据应用案例—电信用户行为分析。案例涉及数据预处理、数据存储与管理、数据分析和数据可视化等流程，涵盖 Linux、MySQL、Hadoop、Spark、IntelliJ IDEA、Spring 等系统及软件的安装与使用方法。案例采用的编程语言是 Scala 和 Java。

本书适合用于高等学校大数据实训课程的教学，书中的具体案例，有助于学生综合运用大数据课程知识及各种工具软件，实现数据分析全流程操作。

本书提供丰富的免费在线学习资源，可以较好地满足广大师生在大数据实训课程环节对相关大数据教学资源的需求。

本书作为大数据实训课程教材，与大数据入门教材《大数据技术原理与应用（第 2 版）》以及大数据进阶教材《Spark 编程基础（Scala 版）》一起，初步构成完整的大数据教材体系，可以作为高等院校计算机、软件工程、信息管理、数据科学与大数据技术等相关专业的大数据实训课程教材，也可供相关技术人员参考使用。

◆ 主　　编　林子雨
责任编辑　邹文波
责任印制　陈　犇
◆ 人民邮电出版社出版发行　　北京市丰台区成寿寺路 11 号
邮编　100164　　电子邮件　315@ptpress.com.cn
网址　http://www.ptpress.com.cn
北京七彩京通数码快印有限公司印刷
◆ 开本：787×1092　1/16
印张：11.75　　2019 年 5 月第 1 版
字数：306 千字　　2025 年 1 月北京第 9 次印刷

定价：45.00 元

读者服务热线：(010)81055256　印装质量热线：(010)81055316
反盗版热线：(010)81055315
广告经营许可证：京东市监广登字20170147号

前　言

大数据时代已经全面开启，高校承担着大数据人才培养的重任。北京大学、厦门大学、中国人民大学等一批高校在国内率先开设大数据课程；2016 年，北京大学、中南大学、对外经贸大学 3 所高校成为国内首批获得教育部批准设立“数据科学与大数据技术”专业的本科院校；此后，教育部又于 2017 年和 2018 年分别批准 32 所和 248 所本科院校设立“数据科学与大数据技术”专业。与此同时，根据教育部公布的“大数据技术与应用”专业备案和审批结果，截至 2018 年 9 月，全国已经有累计 208 所职业院校获批“大数据技术与应用”专业。随着大数据专业在国内众多高校的开设，大数据专业人才的培养迈入了全新的阶段。

大数据专业作为典型的“新工科”专业，在课程体系建设方面还处于摸索阶段，没有太多可供借鉴的现成经验，需要一大批热爱教学的高校教师积极投身课程体系和教材的建设工作中，共同推动全国高校大数据教学工作不断向前发展。笔者作为全国较早探索大数据教学工作的教师之一，编著了《大数据技术原理与应用》《大数据基础编程、实验和案例教程》和《Spark 编程基础》等系列教材，目前已经被国内众多高校采用，并成为京东、当当等各大网店畅销书籍。其中，《大数据技术原理与应用》是国内第一本系统性介绍大数据知识的专业高校教材，荣获“人民邮电出版社 2017 年度好书”和“中国工信出版传媒集团 2018 年优秀出版物奖三等奖”，与教材配套的《大数据技术原理与应用》MOOC 课程，在中国大学 MOOC 平台的累计在线学习人数超过 5 万人，90%以上学习者给予了五星级好评，在网易云课堂的在线学习人数超过 6 万人，99%的网友给予了五星级好评。同时，笔者带领厦门大学数据库实验室团队建设了国内高校首个大数据课程公共服务平台，为全国高校大数据教学免费提供一站式服务，平台每年访问量超过 100 万次，成为全国高校大数据教学知名品牌。

高校大数据教学工作的有力推进，需要各高校从事大数据教学工作的教师之间开展广泛的交流，互相学习，共同提升。为此，笔者搭建了多个专业平台来促进大数据教师之间的沟通和交流。首先，建立了全国高校首个大数据课程教师培训交流基地，为广大教师提供交流和学习的理想场所。截至 2018 年 9 月，已成功举办 9 期高校大数据教师研讨交流班和 7 次教学研讨会，共有 200 多所高校 300 余位老师参加了研讨和交流。其次，开展大数据公开课全国高校巡讲计划，上门授课，在向学生普及大数据知识体系的同时，促进不同高校教师之间分享教学理念和教学方法，加强跨校交流合作，共同推进全国高校大数据专业教学不断发展。从 2015 年 10 月 1 日启动巡讲计划以来，截至 2018 年 9 月，已经累计巡讲 10 个省、15 个高校、1 个科研院所，开展 17 场公开课，累计听众人数超过 3000 人，获得了广泛好评。再次，举办大型研讨会探讨大数据专业建设思路和方法。2017 年 5 月 12～13 日和 2018 年 5 月 12～13 日，笔者发起并举办了第 1 届、第 2 届全国高校大数据教学研讨会，累计有来自全国 500 多所院校的 700 余名教师来厦门大学参加了研讨会。

通过大量的活动，笔者与全国高校广大大数据课程教师有了更深的接触和交流，也收集到了广大一线教师的核心教学需求。很多高校教师希望全国高校大数据教学工作者能够齐心协力，加快完善大数据课程体系，并形成与课程配套的系列教材。笔者带领的厦门大学数据库实验室团队，在过去 5 年里，集中精力建设了大数据入门课程及其配套教材《大数据技术原理与应用》、大数据进阶课程及其配套教材《Spark 编程基础》。本套大数据课程系列教材的推出，标志着我们团队着力打造的从入门到进阶再到实训课程的大数据系列教材已经基本成形。多本教材之间，在知识体系上，合理分割，相互照应，前后承接，循序渐进，可以较好地服务于全国高校的大数据教学工作。

本套大数据实训课程系列教材，旨在满足高校开设大数据实训课程对教材的需求。每本教材均包含一个大数据应用案例。每个案例涉及数据预处理、数据存储与管理、数据分析和数据可视化等流程，涵盖 Linux、MySQL、Hadoop、Spark、IntelliJ IDEA 等系统和软件的安装和使用方法。案例实践将有助于学生综合运用大数据课程知识以及各种工具软件，实现数据分析全流程操作。在教材内容的编写上，力争做到“规划路径、造桥铺路、循序渐进、决胜全局”。“规划路径”是指教材的开始会对案例目的、适用对象、时间安排、预备知识、硬件要求、软件工具、数据集、案例任务和实验步骤等做总体性介绍，帮助学生形成对案例任务的框架性认识。“造桥铺路”是指一个案例的顺利完成，需要涉及各种大数据技术以及软件工具的使用，在开展案例程序编写之前，如果没有任何的准备工作，让学生直接进入案例程序的开发环节，会让很多学生遭遇很难跨越的“鸿沟”，导致实训课程无法顺利开展。为此，本套案例教材，在正式开始每个案例的程序编写之前，都有几个专门的章节，对案例涉及的相关工具和技术的使用方法，进行概要性介绍，并以简单的实例为依托，引导学生掌握基础的使用方法，为后面开展案例编程铺平道路、扫清障碍。“循序渐进”是指在教材内容编排上，做到先易后难、由浅入深，让学生在实践过程中，稳扎稳打，步步为营，在每个阶段都能够体验到收获感和成就感。“决胜全局”是指在教材的最后一章，详细阐述整个案例的实现全过程，作为学生自己开展课程设计的参考。

需要重点强调的是，在开展大数据实训课程时，一定要走出“大数据集误区”。部分高校在开展大数据实训课程时，盲目追求数据量的“大”，要求在实训环节一定要有大规模数据集（如要求 1GB 以上）。实际上，这种做法并不可取。在教学实训环节，数据集规模不宜太大，对于很多应用，有了一定量的数据以后，运行结果不会有明显差异，数据多一些，只会增加学生运行程序的时间，不会对运行结果有本质的影响，而且，数据量增加以后，需要更大的计算机存储和计算资源空间，由于很多高校都是采用“伪分布式方式”来构建大数据实训环境，会造成数据存储和计算量过大，经常会导致系统运行缓慢甚至崩溃，导致实训无法正常进行，老师和学生都会“备受煎熬”，使得宝贵的实训课程时间都耗费在计算机程序的运行上。实训环节是训练学生对数据分析全流程的各种知识、技术、工具的综合运用能力，训练学生编写程序解决问题的能力，不是为了测试计算机分析大量数据时的性能高低。在很多情况下，案例程序编写完成以后，采用 100MB

的数据和 1GB 的数据，对于学生的学习效果而言，没有本质差别，并且处理数据量过大的数据集还会耗费大量时间。本套大数据实训课程系列教材中提供的配套数据集，已经能够较好地满足实训环节的要求，可以确保实训课程的顺利开展。

本套大数据实训课程系列教材的官网是 http://dblab.xmu.edu.cn/post/ shixunkecheng/，里面包含了多本实训课程教材的相关介绍和教材官网链接。系列案例包括“电信用户行为分析”“基于协同过滤算法的电影推荐”“实时日志流处理分析”“微博用户情感分析”和“互联网广告预测分析”等。

本书的官网是 http://dblab.xmu.edu.cn/post/useranalysis/，免费提供了全部配套资源的在线学习和下载，并接受错误反馈和发布勘误信息。同时，读者在学习大数据实训课程的过程中，可能会遇到各种大数据相关问题，笔者建议读者访问厦门大学数据库实验室建设的国内高校首个大数据课程公共服务平台（http://dblab.xmu.edu.cn/post/bigdata-teaching-platform/）寻找解决方案，该平台提供了大量免费的大数据教学资源，可以帮助读者顺利解决在实训课程中遇到的诸多问题。

本书由林子雨执笔。在教材撰写过程中，厦门大学计算机科学系硕士研究生魏亮、曾冠华、程璐、林哲、郑宛玉、陈杰祥等同学以及厦门大学计算机科学系 2015 级本科生张庆晓和罗景亮等同学做了大量辅助性工作，在此，向这些同学的辛勤工作表示衷心的感谢。同时，衷心感谢夏小云老师在教材校对工作中的辛勤付出！

本书在撰写过程中，参考了大量网络资料，在此谨向网络资料作者的奉献性工作表示感谢。由于笔者能力有限，本书难免存在不足之处，还望广大读者不吝赐教。

林子雨

厦门大学计算机科学系数据库实验室

2019 年 3 月

目录

第 1 章 案例概述

本案例涉及数据预处理、数据存储与管理、数据分析和数据可视化等流程，涵盖 Linux、MySQL、Hadoop、Spark、IntelliJ IDEA、Spring 等系统和软件的安装与使用方法。

本案例适合用于高校大数据实训课程的教学。本案例将有助于学生综合运用大数据课程知识以及各种工具软件，实现数据分析全流程操作。

1.1 案例目的

本案例旨在帮助学生培养以下几个方面的能力。

- 掌握 Linux 操作系统的安装和使用方法。
- 掌握 Hadoop 的安装和使用方法。
- 掌握 HDFS 基本原理和常用 HDFS Shell 命令的使用方法。
- 掌握关系数据库的原理以及 MySQL 数据库的安装和使用方法。
- 掌握使用 IntelliJ IDEA 开发 Scala 程序的方法。
- 掌握编写 Spark 程序的方法。
- 掌握使用 Spring 框架进行网页开发的方法。
- 掌握通过网页进行数据可视化的方法。

1.2 适用对象

本案例适用于以下对象。

- 高校（本科和高职）教师。
- 高校（本科和高职）学生。
- 大数据学习者。

1.3 时间安排

本案例可以作为高校大数据实训课程的实践教学案例，建议安排 80 学时左右完成本案例。

1.4 预备知识

本案例是对大数据课程知识体系的综合实践，需要案例学习者具备如下预备知识。

- 学习过大数据相关课程，了解大数据相关技术的基本概念与原理，掌握基础的 Hadoop 使用方法和 Spark 编程方法。
- 由于本案例全部在 Linux 操作系统下完成，因此，需要使用者了解 Linux 操作系统的基本原理和使用方法。
- 了解关系数据库的原理，掌握基本的 SQL 语句编写方法。
- 了解 Scala 编程语言以及使用 Scala 语言编写 Spark 程序的方法。
- 了解 Java 语言以及 Java 程序开发方法。
- 了解 HTML 语言和网页开发的基本方法。

1.5 硬件要求

本案例可以在单机、伪分布式、分布式集群环境下完成。对于 Hadoop 而言，三种模式的区别如下。

- 单机模式：只在一台机器上运行，存储采用本地文件系统，没有采用分布式文件系统 HDFS。
- 伪分布式模式：存储采用分布式文件系统 HDFS，但是，HDFS 的名称节点和数据节点都在同一台机器上。
- 分布式模式：存储采用分布式文件系统 HDFS，而且，HDFS 的名称节点和数据节点位于不同机器上。

需要说明的是，高校采用真正分布式集群环境进行实验的必要性不强，很多高校也不具备多人同时开展分布式编程实践的大数据实验平台，因此，建议在伪分布式环境下完成本案例。

在使用伪分布式模式进行安装配置时，如果采用在 Windows 系统上安装 Linux 虚拟机的方式，则对计算机的配置要求较高，建议的计算机硬件配置为：50GB 以上硬盘和 8GB 以上内存。如果采用双操作系统方式，即开机启动后直接进入 Linux 系统，则使用普通的台式计算机或者笔记本电脑，都可以顺利完成本案例。

由于程序编译打包环节需要从国外技术网站下载相关文件，因此，要确保计算机能够接入国际互联网。

1.6 软件工具

本案例涉及的系统及软件包括：Linux、MySQL、Hadoop、HDFS、Spark、IntelliJ IDEA 等，并且采用 Scala 语言编写 Spark 程序，采用 Java 语言编写网页程序。相关软件的版本建议如下。

- Linux：Ubuntu 16.04。

- MySQL：5.7。
- Hadoop：2.7.1。
- IntelliJ IDEA：2017.3.5。
- Spark：2.1.0。
- Spring：4.3.5。
- Tomcat：8.5.27。

本书官网提供了全部软件的下载链接，要严格按照相应版本安装系统和软件，否则，可能会引起一些不必要的意外错误。

1.7 数据集

本案例采用电信用户数据集，部分样例数据被保存在“demo.txt”中，下面是数据集中的一条记录，其数据格式如下：


```
{"areacode":"0","countAll":0,"countCorrect":0,"datatime":"7903867","logid":"201803202114010303498949","requestinfo":"{\"sign\":\"4\",\"timestamp\":\"1521551641000\",\"remark\":\"4\",\"subjectPro\":\"123456\",\"interfaceUserName\":\"12345678900987654321\",\"channelno\":\"2\",\"imei\":\"A0273\",\"subjectNum\":\"13989589062\",\"imsi\":\"12345678900987654321\",\"queryNum\":\"13989589062\"}","requestip":"192.168.0.3","requesttime":"2018-03-20 21:14:01","requesttype":"1","responsecode":"010005","responsedata":"1"}
```


可以看出，在一条记录中，记录了用户访问网站的相关信息。本案例需要用到的相关字段及其含义具体如下。

- 登录时间 logid。
- 用户编号 imei（A0001～A1000）。
- IP 地址 requestip（0：192.168.0.1；1：192.168.0.2；2：192.168.0.3）。
- 区域 areacode（0：浙江省丽水市；1：福建省南平市；2：福建省福州市）。
- 渠道 channelno（0：手机；1：PC；2：平板电脑）。
- 请求类型 requesttype（0：GET；1：POST）。
- 请求结果 responsedata（0：无查询结果；1：查询结果成功）。

本书官网提供了数据集的下载地址。

1.8 案例任务

本案例需要在 Linux 系统环境下完成以下任务。

- 安装 JDK。
- 安装关系型数据库 MySQL。
- 安装大数据软件 Hadoop。
- 安装大数据软件 Spark。
- 安装开发工具 IntelliJ IDEA。
- 在 MySQL 数据库中创建数据库、表和视图。

- 使用 IDEA 工具开发 Spark 程序进行数据分析。
- 使用 IDEA 工具编写 Web 程序。
- 使用 Spring MVC 框架开发网页应用实现可视化分析。

图 1-1 给出了本案例的数据分析整体过程，具体如下。

- 把电信用户行为数据集加载到 HDFS 中。
- 使用 Scala 语言编写 Spark 程序对 HDFS 中的数据进行用户行为分析，并把结果写入 MySQL 数据库。
- 使用 Spring MVC 框架开发网页应用，对 MySQL 数据库中的数据进行可视化分析。
- 在网页中以图表形式对分析结果进行可视化呈现。

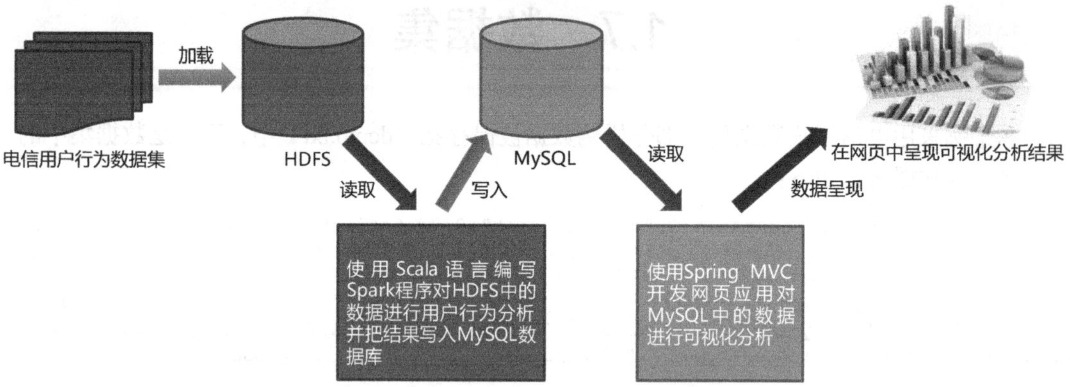

图 1-1　本案例的数据分析整体过程

1.9　实验步骤

一个案例的顺利完成，需要应用各种大数据技术以及使用各种软件工具，在开展案例程序编写之前，如果没有任何的准备工作，直接进入案例程序的开发环节，很多读者会遭遇很难跨越的“鸿沟”，导致实践内容无法顺利开展。为此，在正式开始案例程序编写之前，本书安排了相关章节，对案例涉及的相关工具和技术的使用方法，进行概要性介绍，并以简单的实例为依托，引导读者掌握基础方法，为后面开展案例编程铺平道路、扫清障碍。在本书中，案例的完成过程被分解成若干步骤，步骤之间前后衔接、层层递进、先易后难、由浅入深，让读者在实践过程中，稳扎稳打，步步为营，在每个阶段都能够体验到收获感和成就感，最终，一步步到达终点，完成案例全部过程。

本案例包含以下五个主要步骤。

- 步骤一：搭建大数据实验环境。
- 步骤二：练习使用开发工具。
- 步骤三：练习开发网页应用。
- 步骤四：练习制作可视化图表。
- 步骤五：设计实现案例全过程。

在上述五个步骤中，前四个步骤属于铺垫性学习，可帮助读者形成开展案例实践的基础能力，最后一个步骤是案例实现的全过程。五个步骤与本书各章的对应关系如表 1-1 所示。

表 1-1　　实验步骤与本书各章的对应关系

步骤	章节	作用
步骤一：搭建大数据实验环境	第 2 章　大数据实验环境搭建	提供基础指南，引导读者完成大数据实验环境搭建
步骤二：练习使用开发工具	第 3 章　IntelliJ IDEA 开发工具的安装和使用方法	通过实例学习开发工具 IntelliJ IDEA 的使用方法
步骤三：练习开发网页应用	第 4 章　使用 Spring、Spring MVC 和 MyBatis 开发网页应用	通过实例学习如何使用 Spring、Spring MVC 和 MyBatis 开发网页应用
步骤四：练习制作可视化图表	第 5 章　使用 ECharts 制作可视化图表	通过实例学习 ECharts 制作可视化图表的方法
步骤五：设计实现案例全过程	第 6 章　电信用户行为分析实现过程	详细描述案例实现的全过程

下面五个表（见表 1-2、表 1-3、表 1-4、表 1-5 和表 1-6）分别给出了每个实验步骤所需的知识储备、训练技能和任务清单。

表 1-2　　步骤一：搭建大数据实验环境

知识储备	Linux 操作系统、大数据技术体系、关系数据库、网页服务器
训练技能	Linux 系统及相关软件使用方法、JDK 的安装、Hadoop 的安装和基本使用方法、Spark 的安装和基本使用方法、MySQL 数据库的安装和基本使用方法、Tomcat 的安装和使用方法
任务清单	实践常用的 Linux 系统命令、练习使用 vim 编辑器、安装 JDK、安装 Hadoop、安装 Spark、安装 MySQL 数据库、安装 Tomcat

表 1-3　　步骤二：练习使用开发工具

知识储备	JDK 基本知识、面向对象编程、Scala 编程语言
训练技能	开发工具 InteliJ IDEA 的使用方法、Scala 程序开发方法、软件项目管理工具 Maven 的使用方法
任务清单	安装开发工具 InteliJ IDEA、安装 Scala 插件、配置 JDK、编写 Scala 程序、使用 Maven 编译打包程序

表 1-4　　步骤三：练习开发网页应用

知识储备	网页应用程序开发、Java 编程语言、JSP 语言、MVC 模型
训练技能	使用 IntelliJ IDEA 开发网页应用的方法，使用 Spring、Spring MVC 和 MyBatis 三者组合开发网页应用的方法，网页应用部署方法
任务清单	使用 Spring、Spring MVC 和 MyBatis 三者组合开发网页应用，在 IntelliJ IDEA 中使用 Tomcat 调试网页，把网页应用部署到 Tomcat 服务器中

表 1-5 步骤四：练习制作可视化图表

知识储备	数据可视化、HTML 语言、JavaScript 脚本语言
训练技能	可视化开发库 ECharts 的使用方法、网页可视化图表的制作方法
任务清单	在 HTML 中引入 ECharts、使用 ECharts 制作柱状图和饼状图

表 1-6 步骤五：设计实现案例全过程

知识储备	Scala 语言、Spark 编程、关系数据库、网页应用开发、数据可视化
训练技能	案例流程的设计与实现、Hadoop 使用方法、Spark 程序编写方法、MySQL 数据库使用方法、使用 Spring 框架进行数据可视化分析的方法、网页应用开发和部署方法
任务清单	设计案例全流程、上传数据集到 HDFS 中、在 MySQL 中创建数据库、使用 Scala 语言开发 Spark 程序对用户行为进行分析、使用 Spring 框架进行数据可视化分析

1.10 在线资源

本书官网提供了全部配套资源的在线学习和下载地址。官网地址是 http://dblab.xmu.edu.cn/post/useranalysis/。

1.10.1 在线资源一览表

为了帮助读者更好地学习和使用本案例，本书官网上提供了下载专区、在线视频、拓展阅读等栏目，具体内容如表 1-7 所示。

表 1-7 本书官网的栏目内容说明

官网栏目	内容说明
下载专区	包含了本书各个章节涉及的源代码、软件和数据集
先修课程	在开展本案例实践之前，需要读者已经学习过相关的大数据技术知识。为了帮助读者顺利开展案例实践，本书官网提供了入门级大数据课程《大数据技术原理与应用（第 2 版）》的免费在线视频和进阶级大数据课程《Spark 编程基础（Scala 版）》的免费在线视频
拓展阅读	包含了各种大数据技术在线教程
大数据课程公共服务平台	提供大数据教学资源一站式“免费”在线服务，包括课程教材、讲义 PPT、课程习题、实验指南、学习指南、授课视频和技术资料等

1.10.2 下载专区

“下载专区”栏目提供了本书各个章节涉及的源代码文件、软件和数据集文件的下载功能，为了方便读者查找相关软件和代码文件，表 1-8 给出了本书官网“下载专区”目录及其内容的概览。

表 1-8　　本书官网“下载专区”目录及其内容概览

目录		文件清单
软件		apache-tomcat-8.5.27.tar.gz hadoop-2.7.1.tar.gz idealU-2017.3.5.tar.gz jdk-8u162-linux-x64.tar.gz mysql-connector-java-5.1.40.tar.gz scala-intellij-bin-2017.3.5.zip spark-2.1.0-bin-without-hadoop.tgz ubuntukylin-16.04-desktop-amd64.iso VirtualBox_5.0.10.4061_104061_Win.1448355141.exe
代码文件	第 2 章	core-site.xml, hdfs-site.xml
	第 3 章	pom.xml, WordCount.scala
	第 4 章	WebDemo.rar
	第 5 章	example-template.html, example-code2.txt, example2.html, toolbox.html, example- code1. txt, example1.html, echarts.js
	第 6 章	SpringMVC.zip, Spark_Web.zip
数据集文件	demo.txt, data	

1.10.3　先修课程

本书作为大数据实训课程教材，与大数据入门教材《大数据技术原理与应用（第 2 版）》以及大数据进阶教材《Spark 编程基础（Scala 版）》一起，初步形成了完整的大数据教材体系，可以作为高等院校计算机、软件工程、信息管理、数据科学与大数据技术等相关专业的大数据实训课程教材，也可供相关技术人员参考。在使用本书时，需要读者已经学习过相关的大数据技术知识，如果此前未曾学习，可以参考《大数据技术原理与应用（第 2 版）》和《Spark 编程基础（Scala 版）》这两本书及其配套授课视频完成自学。

《大数据技术原理与应用（第 2 版）》定位为入门级大数据课程教材，以“构建知识体系、阐明基本原理、开展初级实践、了解相关应用”为原则，旨在为读者搭建起通向大数据知识空间的桥梁和纽带，为读者在大数据领域深耕细作奠定基础、指明方向。该书系统论述了大数据的基本概念、大数据处理架构 Hadoop、分布式文件系统 HDFS、分布式数据库 HBase、NoSQL 数据库、云数据库、分布式并行编程模型 MapReduce、大数据处理架构 Spark、流计算、图计算、数据可视化以及大数据在互联网、生物医学和物流等各个领域的应用。

《大数据基础编程、实验和案例教程》是与《大数据技术原理与应用（第 2 版）》一书配套的实验手册，侧重于介绍大数据软件的安装、使用和基础编程方法，并提供了丰富的实验和案例，两本书组合使用，可以达到更好的学习效果。

《Spark 编程基础（Scala 版）》定位为进阶级大数据课程教材，以 Scala 作为开发 Spark 应用程序的编程语言，系统介绍了 Spark 编程的基础知识。全书共 8 章，内容包括大数据技术概述、Scala 语言基础、Spark 的设计与运行原理、Spark 环境搭建和使用方法、RDD 编程、Spark SQL、Spark Streaming、Spark MLlib 等。该书每章都安排了入门级的编程实践操作，以便读者更好地学习和掌握 Spark 编程方法。

1.10.4　大数据课程公共服务平台

由厦门大学数据库实验室建设的高校大数据课程公共服务平台（见图 1-2），旨在为全国高校教师和学生提供大数据教学资源一站式“免费”在线服务，包括课程教材、讲义 PPT、课程习题、实验指南、学习指南、备课指南、授课视频和技术资料等。平台重点打造“11 个 1 工程”，即 1 套教材、1 个教师服务站、1 个学生服务站、1 个公益项目、1 堂巡讲公开课、1 个示范班级、1 门在线课程、1 个交流群（QQ 群、微信群）、1 个保障团队、1 个培训交流基地和 1 个教学研讨会。平台自 2013 年 5 月建设以来，内容不断补充完善，形成了丰富的大数据在线教学资源，吸引了大量用户访问，目前访问量超过 100 万次/年，成为全国高校大数据教学知名品牌。

BIG DATA
高校大数据课程
公 共 服 务 平 台

图 1-2　高校大数据课程公共服务平台的标志

1.11　本章小结

本章对案例目的、适用对象、时间安排、预备知识、硬件要求、软件工具、数据集、案例任务和实验步骤等做了总体性介绍，帮助读者形成对案例任务的框架性认识。此外，与本书配套的相关资源的建设，是帮助读者更加有效、高效学习本书的重要方面，因此，本章最后详细列出了与本书配套的丰富的在线资源，全部可以通过网络免费访问。

第2章 大数据实验环境搭建

大数据环境的搭建，是顺利完成本案例各个步骤实验的基础。由于本案例全部在 Linux 系统下开展实验，因此，本章首先简要介绍 Linux 操作系统的基本知识和常用 Shell 命令；然后，介绍 JDK 的安装、Scala 的安装、Hadoop 的安装配置方法与常用操作命令以及 Spark 的安装与 spark-shell 的使用方法；此外，本案例的用户行为分析结果将被写入到 MySQL 数据库，因此，本章内容将介绍 MySQL 数据库的安装和基本使用方法；最后，本案例将介绍网页服务器 Tomcat 的安装方法，Tomcat 服务器可以用来部署网页应用，从而可以支持使用网页进行可视化分析。

2.1 Linux 系统及相关软件使用方法

Hadoop 是目前处于主流地位的大数据软件，尽管 Hadoop 本身可以运行在 Linux、Windows 以及其他一些类 UNIX 系统（如 FreeBSD、OpenBSD、Solaris 等）之上，但是，Hadoop 官方真正支持的作业平台只有 Linux。这就导致其他平台在运行 Hadoop 时，往往需要安装很多其他的包来提供一些 Linux 操作系统的功能，以配合 Hadoop 的执行。例如，Windows 系统在运行 Hadoop 时，需要安装 Cygwin 等软件。鉴于 Hadoop、Spark 等大数据软件大多数都是运行在 Linux 系统上，因此，这里采用 Linux 系统安装各种常用大数据软件，开展案例实践。

Linux 是一套免费使用和自由传播的类 UNIX 操作系统，是一个基于 POSIX 和 UNIX 的多用户、多任务、支持多线程和多 CPU 的操作系统。Linux 有许多服务于不同目的的发行版本，包括对不同计算机结构的支持、对一个具体区域或语言的本地化、实时应用和嵌入式系统等，已经有超过 300 个发行版本，但是，目前在全球范围内只有 10 个左右发行版本被普遍使用，如 Fedora、Debian、Ubuntu、RedHat、SuSE、CentOS 等。

Linux 的发行版本可以大体分为两类，一类是商业公司维护的发行版本，一类是社区组织维护的发行版本，前者以著名的 RedHat 为代表，后者以 Debian 为代表。Debian 是社区类 Linux 的典范，是迄今为止最遵循 GNU 规范的 Linux 系统。Ubuntu 严格来说不能算一个独立的发行版本，Ubuntu 是基于 Debian 的 unstable 版本加强而来的。Ubuntu 就是一个在 Debian 的基础上进行改进的近乎完美的 Linux 桌面系统，在服务端和桌面端使用占比较高，网络上资料较齐全，因此，本案例采用 Ubuntu。

这里假设读者已经完成 Linux 系统的安装，如果还没有安装，请参考本书官网的“拓展阅读”栏目的“Linux 系统安装指南”，完成系统安装。

下面介绍 Linux 系统的相关知识和基本使用方法，从而帮助读者在后续的案例步骤中能够顺利使用 Linux 系统和各种大数据软件。

2.1.1 Shell

Shell 是 Linux 系统的用户界面，提供了用户与 Linux 系统内核进行交互操作的接口，它接收用户输入的命令并把它送入内核去执行。当用户在 Linux 系统中打开一个“终端”时（可以使用组合键【Ctrl+Alt+T】)，就进入了 Shell 命令提示符状态，在里面输入的用户命令，都会被送入 Linux 内核去执行。每个 Linux 系统的用户可以拥有自己的 Shell，从而满足他们自己专门的 Shell 需要。正如 Linux 本身拥有很多发行版本一样，Shell 也有多种不同的版本，主要如下。

- Bourne Shell：由贝尔实验室开发。
- BASH：是 GNU 的 Bourne Again Shell，是 GNU 操作系统上默认的 Shell。
- Korn Shell：是对 Bourne Shell 的发展，在大部分内容上与 Bourne Shell 兼容。
- C Shell：是 SUN 公司 Shell 的 BSD 版本。
- Z Shell：Z 是最后一个字母，也就是终极 Shell，集成了 BASH、ksh 的重要特性，同时又增加了自己独有的特性。

2.1.2 root 用户

对于 Linux 系统而言，超级用户一般命名为 root，相当于 Windows 系统中的 Administrator 用户。root 是系统中唯一的超级用户，具有系统中所有的权限，如启动或停止一个进程、删除或增加用户、增加或者禁用硬件等。Linux 中的 root 用户比 Windows 系统中的 Administrator 用户的能力更强，足以把整个系统的大部分文件删掉，导致系统完全毁坏，不能再次使用。所以，用 root 进行不当的操作是相当危险的，轻微的情况会造成死机，严重时甚至不能开机。因此，在实际使用中，除非确实需要，一般情况下都不推荐使用 root 用户登录 Linux 系统进行日常的操作。建议单独建立一个普通的用户，来学习大数据软件安装和开展编程实践。例如，本案例中，全部采用单独建立的 hadoop 用户来开展实验。

2.1.3 创建普通用户

本案例需要创建一个名称为 hadoop 的普通用户，后续所有操作都会使用该用户名登录到 Linux 系统。使用 root 用户（或已经创建的其他用户）登录 Linux 系统，然后，打开一个终端（可以使用组合键【Ctrl+Alt+T】)，使用如下命令创建一个名为 hadoop 的用户（或者读者也可以替换成自己的用户名）:

```
$ sudo useradd -m hadoop -s /bin/bash
```

这条命令创建了可以登录的 hadoop 用户，并使用/bin/bash 作为 Shell。

接着使用如下命令为 hadoop 用户设置密码：

```
$ sudo passwd hadoop
```

需要按照提示输入两次密码。值得注意的是，Windows 系统中，用户输入密码，都会在屏幕上显示“*”号作为反馈，但是，在 Linux 系统中，当输入密码时，不会在屏幕上显示“*”号作为反馈，这时，不要误以为系统死机或者键盘出了问题，只要输入完密码后按 Enter 键即可。

然后，需要为 hadoop 用户增加管理员权限，这样可以避免在后续软件安装和程序部署过程中可能出现的一些比较棘手的权限问题，命令如下：

```
$ sudo adduser hadoop sudo
```

最后，单击屏幕右上角的“齿轮”图标，选择“注销”，注销当前登录的用户，返回到 Linux 系统的登录界面（见图 2-1）。在登录界面中选择刚创建的 hadoop 用户并输入密码进行登录。

图 2-1　Linux 系统登录界面

再次说明，本案例以后的步骤中，全部采用 hadoop 用户登录 Linux 系统。

2.1.4　sudo 命令

sudo 是 Linux 系统管理指令，管理员可以授权一些普通用户去执行一些需要 root 权限执行的操作，这样不仅减少了 root 用户的登录和管理时间，同样也提高了系统的安全性。本案例在执行软件安装时，都是采用 hadoop 用户登录，而不是 root 用户登录，因此，使用 hadoop 用户登录 Linux 系统以后，当需要执行“只有 root 用户有权限执行的命令”时，都要在命令前面加上 sudo，才能够顺利执行，如果不加上 sudo，就会被拒绝执行。当使用 sudo 命令时，系统会要求输入当前用户的密码。

2.1.5　常用的 Linux 系统命令

本着“最小化学习”的基本原则，这里只介绍本案例后续步骤需要用到的 Linux 命令，并以实例的形式进行介绍（见表 2-1），更多 Linux 命令请参考其他网络资料和书籍。

表 2-1　Linux 常用操作命令及其含义

命　令	含　义
cd　/home/hadoop	把/home/hadoop 设置为当前目录
cd　..	返回上一级目录
cd　~	进入到当前 Linux 系统登录用户的主目录（或主文件夹）。在 Linux 系统中，~代表的是用户的主文件夹，即“/home/用户名”这个目录，如果当前登录用户名为 hadoop，则~就代表“/home/hadoop/”这个目录
ls	查看当前目录中的文件

续表

命令	含义
ls -l	查看文件和目录的权限信息
cat /proc/version	查看 Linux 系统内核版本信息
cat /home/hadoop/word.txt	把/home/hadoop/word.txt 这个文件全部内容显示到屏幕上
cat file1 file2 > file3	把当前目录下的 file1 和 file2 两个文件进行合并生成文件 file3
head -5 word.txt	把当前目录下的 word.txt 文件中的前 5 行内容显示到屏幕上
cp /home/hadoop/word.txt /usr/local/	把/home/hadoop/word.txt 文件复制到“/usr/local”目录下
rm ./word.txt	删除当前目录下的 word.txt 文件
rm -r ./test	删除当前目录下的 test 目录及其下面的所有文件
rm -r test*	删除当面目录下所有以 test 开头的目录和文件
ifconfig	查看本机 IP 地址信息
exit	退出当前 Shell 环境

2.1.6 文件解压缩

大数据软件安装包通常都是一个压缩文件，文件名以.tar.gz 为后缀（或者简写为.tgz），这种压缩文件必须经过解压缩以后才能够安装。在 Linux 系统中，可以使用 tar 命令对后缀名为.tar.gz（或.tgz）的压缩文件进行解压。通常可以采用如下形式的命令：

```
$ tar -zxf /home/hadoop/Downloads/hbase-1.1.2-bin.tar.gz -C /usr/local
```

上面命令表示把“/home/hadoop/Downloads/hbase-1.1.2-bin.tar.gz”这个文件解压缩后保存到“/usr/local”目录下。其中，各个参数的含义如下。

- x：从 tar 包中把文件提取出来。
- z：表示 tar 包是被 gzip 压缩过的，所以解压时需要用 gunzip 解压。
- f：表示后面跟着的是文件。
- C：表示文件解压后转到指定的目录下。

如果是 zip 格式的压缩文件，可以采用 unzip 命令，具体如下：

```
$ sudo unzip ～/Downloads/apache-maven-3.3.9-bin.zip -d /usr/local
```

该命令表示把文件“～/Downloads/apache-maven-3.3.9-bin.zip”解压缩到“/usr/local”目录下。

2.1.7 常用的目录

Linux 系统的根目录“/”下，存在很多个目录，其中有两个目录，是本案例学习过程中经常用到的，一个是“/home”目录，一个是“/usr”目录。“/home”目录包含了各个用户的用户目录，每当在 Linux 系统中新建一个普通用户时，系统就会自动为这个用户创建用户主目录（主文件夹），例如，创建 hadoop 用户时，就会自动创建用户主目录“/home/hadoop”及其下面的各个子目录。假设当前采用 hadoop 用户登录了 Linux 系统，这时执行下面命令：

```
$ cd ～
```

该命令执行后，就会进入 hadoop 用户的主文件夹，也就是进入“/home/hadoop”目录。

“/usr”目录是“UNIX Software Resource”的简写，表示这里是各种软件安装的目录。对于“/usr”

目录而言，只需要关注它下面的子目录“/usr/local”，一般用户安装的软件都建议安装到该目录下，所以，本案例所有大数据软件都会被安装到“/usr/local”这个目录下。

2.1.8 目录的权限

Linux 系统对文件权限有着严格的规定，如果一个用户不具备权限，将无法访问目录及其下面的文件。例如，使用 hadoop 用户登录 Linux 系统以后，从网络上下载了 HBase 安装包文件，把文件解压缩到“/usr/local/”目录下，会得到一个类似“/usr/local/hbase”这样的目录，这时，hadoop 用户并不是“/usr/local/hbase”这个目录的所有者，无法对该目录进行相关操作，从而无法正常使用 HBase。这时，就必须采用 chown 命令进行授权，让 hadoop 用户拥有对该目录的权限，具体命令如下：

```
$ sudo chown -R hadoop /usr/local/hbase
```

本案例在安装其他大数据软件时，都会涉及类似问题，所以，必须熟练使用该命令。

2.1.9 更新 APT

APT 是一个非常优秀的软件管理工具，Linux 系统采用 APT 来安装和管理各种软件。成功安装 Linux 系统以后，需要及时更新 APT 软件，否则，后续一些软件可能无法正常安装。登录 Linux 系统，打开一个终端（可以使用组合键【Ctrl+Alt+T】），进入 Shell 命令提示符状态，然后输入如下命令：

```
$ sudo apt-get update
```

apt-get 命令执行以后，Linux 系统就会开始从网络上下载 APT 的各种更新。若出现“Hash 校验和不符”的提示（见图 2-2），则可通过更改软件源来解决。若没有该问题，则不需要更改。另外，从软件源下载某些软件的过程中，可能由于网络方面的原因出现没法下载的情况，那么建议更改软件源。不过，需要说明的是，在后续安装各种大数据软件过程中，即使出现“Hash 校验和不符”的提示，一般也不会影响 Hadoop 等软件的正常安装。

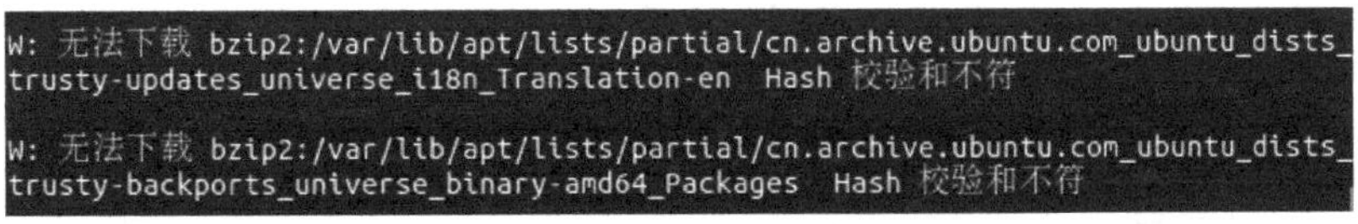

图 2-2 “校验和不符”的提示信息

如果需要更改软件源，需要在 Linux 系统桌面右上角单击“齿轮”图标，在弹出的菜单中选择单击“系统设置”，然后在弹出的界面中单击“软件和更新”图标，会弹出如图 2-3 所示的界面。

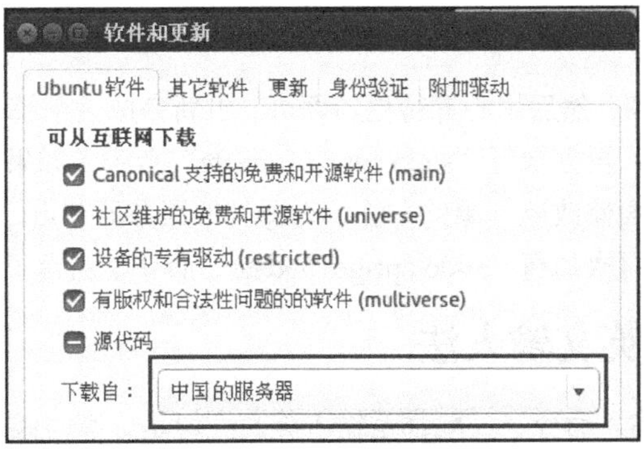

图 2-3 “软件和更新”界面

单击“下载自”右侧的下拉列表框，选择“其他节点”，会弹出如图 2-4 所示的界面。

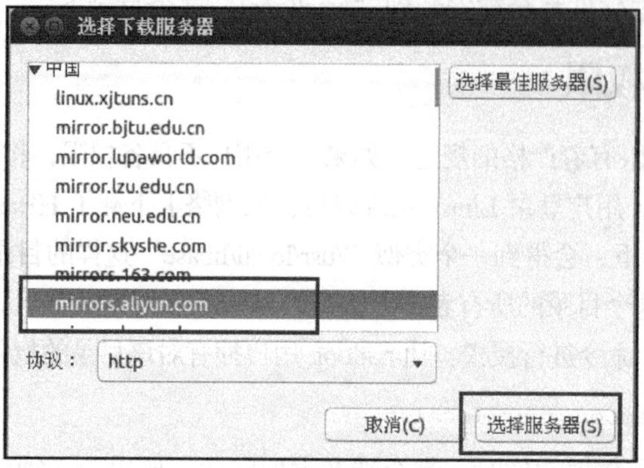

图 2-4 “选择下载服务器”界面

在服务器列表中选择“mirrors.aliyun.com”，并单击右下角的“选择服务器”按钮，这时，需要输入用户密码。然后，会显示如图 2-5 所示的界面。

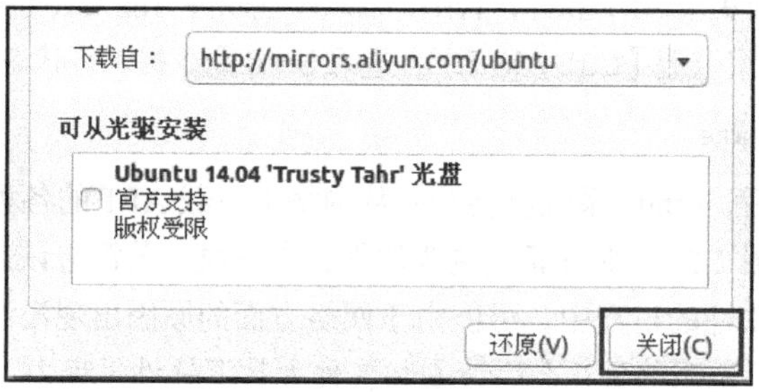

图 2-5 “选择服务器”相关界面

只要在该界面上单击“关闭”按钮即可，然后，会出现如图 2-6 所示的界面。

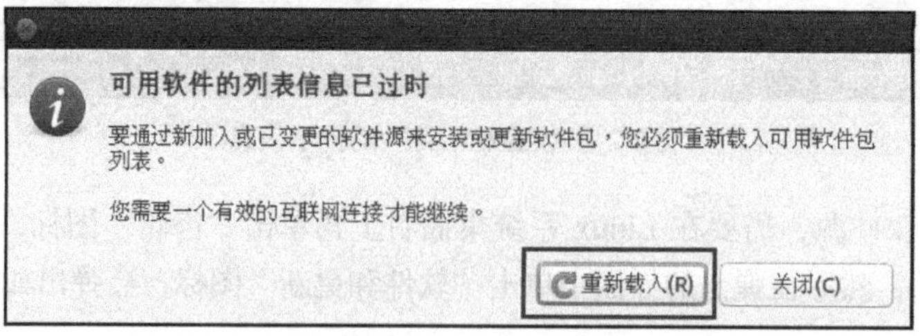

图 2-6 “可用软件的列表信息已过时”提示界面

单击“重新载入”按钮，然后耐心等待更新即可。更新完成后系统会自动关闭“软件和更新”窗口。经过上述步骤以后，再去执行“sudo apt-get update”命令，如果这时执行 apt-get 命令还是提示错误，则继续按照上面修改软件源的方法，选择其他服务器节点，如 mirrors.163.com，再次进行尝试。更新成功后，再次执行“sudo apt-get update”命令就正常了。

2.1.10 切换中英文输入法

在 Ubuntu 的终端中输入命令，一般都是输入英文。但是，有时候也会需要输入中文。Linux 系统的中英文输入法的切换方式是使用【Shift】键来切换，或者也可以单击系统桌面顶部菜单的输入法按钮进行切换。Ubuntu 自带的 Sunpinyin 中文输入法，已经可以很好地满足中文输入要求，不需要额外安装中文输入法。

2.1.11　vim 编辑器的安装和使用方法

vim 编辑器是 Linux 系统上最著名的“文本/代码”编辑器，是 vi 编辑器的加强版，可以帮助我们完成文件的创建和代码的编写。登录 Linux 系统（本案例全部统一使用 hadoop 用户登录），打开一个终端，然后执行下面命令完成 vim 编辑器的安装：

```
$ sudo apt-get install vim
```

执行上面命令以后，如果屏幕上出现信息要求进行确认，在提示处输入“y”即可。

下面通过演示一个实例来了解 vim 编辑器的使用方法。假设要在“/home/hadoop/”目录下新建一个文件“word.txt”，里面包含一些单词。可以执行下面命令来创建一个“word.txt”文件：

```
$ cd ~
$ vim word.txt
```

通过上面命令就打开了 vim 编辑器，然后，需要键盘输入一个英文字母“i”，进入编辑状态以后才能修改内容，这时，就可以在 word.txt 文件中输入一些单词。修改后，需要按键盘上的【Esc】键退出 vim 的编辑状态，之后有以下几种选择。

- 从键盘输入“:wq”三个字符，然后按【Enter】键，表示保存文件并退出。
- 从键盘输入“:q”两个字符，然后按【Enter】键，表示不保存并退出。如果本次编辑过程只是查看了文件内容，没有对文件做任何修改，则可以顺利退出。但是，如果已经修改了文件内容，则 vim 编辑器不允许就这样退出，会给出提示信息，这时，要想不保存就退出 vim 编辑器，就要采用下面一种方式，即输入“:q!”。
- 从键盘输入“:q!”三个字符，然后按【Enter】键，表示不保存并强制退出。

这里我们从键盘输入“:wq”三个字符，然后按【Enter】键，表示保存文件并退出 vim 编辑器。这样，就成功创建了 word.txt 文件，这时使用 ls 命令查看，就会发现“/home/hadoop/”目录下多了一个 word.txt 文件。如果要查看 word.txt 文件中的内容，可以采用以下两种方式。第一种方式是仍然使用 vim 编辑器打开 word.txt 文件，查看其内容。第二种方式是使用 cat 命令，这种方式要比前一种简单得多。

这里需要指出的是，在 Linux 系统中使用 vim 编辑器创建一个文件时，并不是以扩展名来区分文件的，不管是否有扩展名，都是生成文本文件，.txt 扩展名只是我们自己人为添加的，方便自己查看用。也就是说，创建 word.txt 和 word 这两个文件，对于 Linux 系统而言都是默认创建的文本类型的文件，和是否有.txt 扩展名没有关系。

2.2　JDK 的安装

无论是 Hadoop，还是 Spark，都需要安装 Java 运行环境，因此，需要在 Ubuntu 系统中安装 JDK。由于本案例使用的是 Hadoop 2.7.1 和 Spark 2.1.0（要求必须 Java 8 及以上版本），因此，需要安装 Java 8。如果 Ubuntu 中已经安装了 Java 7，则版本太旧，必须删除，然后，安装 Java 8。

为了确保安装正确版本的 JDK，这里采用手工方式安装。可以到本书官网的“下载专区”的

“软件”目录中下载 JDK 安装文件“jdk-8u162-linux-x64.tar.gz”，保存到本地的“～/Downloads”目录下，然后在 Linux 终端中执行如下命令对安装文件进行解压缩：

```
$ cd /usr/lib
$ sudo mkdir jvm  #创建/usr/lib/jvm目录用来存放JDK文件
$ cd ～  #进入hadoop用户的主目录
$ cd Downloads  # JDK安装包jdk-8u162-linux-x64.tar.gz在该目录下
$ sudo tar -zxvf ./jdk-8u162-linux-x64.tar.gz -C /usr/lib/jvm #把文件解压到/usr/lib/jvm目录下
```

JDK 文件解压缩以后，可以执行如下命令查看“/usr/lib/jvm”目录的内容：

```
$ cd /usr/lib/jvm
$ ls
```

可以看到，在“/usr/lib/jvm”目录下有个“jdk1.8.0_162”子目录。

下面在 Linux 终端中继续执行如下命令，设置环境变量：

```
$ cd ～
$ vim ～/.bashrc
```

上面命令使用 vim 编辑器打开了 hadoop 这个用户的环境变量配置文件，在这个文件的开头位置，添加如下几行内容：

```
export JAVA_HOME=/usr/lib/jvm/jdk1.8.0_162
export JRE_HOME=${JAVA_HOME}/jre
export CLASSPATH=.:${JAVA_HOME}/lib:${JRE_HOME}/lib
export PATH=${JAVA_HOME}/bin:$PATH
```

保存 bashrc 文件并退出 vim 编辑器。然后，继续执行如下命令让 bashrc 文件的配置立即生效：

```
$ source ～/.bashrc
```

这时，可以使用如下命令查看是否安装成功：

```
$ java -version
```

如果能够在屏幕上返回如下信息，则说明安装成功：

```
$ java -version
java version "1.8.0_162"
Java(TM) SE Runtime Environment (build 1.8.0_162-b12)
Java HotSpot(TM) 64-Bit Server VM (build 25.162-b12, mixed mode)
```

2.3 Scala 的安装

Scala 于 2004 年 1 月公开发布 1.0 版本以来，目前仍处于快速发展阶段，每隔几个月就有新的版本发布。Spark 从 2.0 版本开始都采用 Scala 2.11 编译，因为本案例使用的 Spark 版本是 2.1.0，其对应的 Scala 版本是 2.11.8，所以，本案例中的 Scala 选用 2017 年 4 月发布的 2.11.8 版本。

Scala 运行在 Java 虚拟机（JVM）之上，因此，在安装 Scala 之前，要首先按照“2.2 JDK 的安装”的内容，在 Linux 系统中安装 JDK。然后，下载 Scala 安装包完成 Scala 的安装。可以到 Scala 官方网站（http://www.scala-lang.org/download/2.11.8.html）下载与 Linux 系统对应的安装包“scala-2.11.8.tgz”，或者也可以直接从本书官网的“下载专区”的“软件”目录中下载

“scala-2.11.8.tgz”，这里假设下载后的文件被保存在“～/Downloads”目录下。然后，可以执行如下命令进行安装：

```
$ cd ~
$ sudo tar -zxf ~/Downloads/scala-2.11.8.tgz -C /usr/local   #解压到/usr/local 中
$ cd /usr/local/
$ sudo mv ./scala-2.11.8/ ./scala   #将目录名改为 scala
$ sudo chown -R hadoop ./scala      #修改目录权限，让 hadoop 用户拥有对 scala 目录操作的权限
```

接下来需要把 scala 命令添加到 PATH 环境变量中，这里我们在～/.bashrc 中进行设置。可以使用 vim 编辑器打开.bashrc 文件，命令如下：

```
$ vim ~/.bashrc
```

然后，修改 PATH 环境变量设置，把 scala 命令所在的目录“/usr/local/scala/bin”增加到 PATH 环境变量中，具体方法是在.bashrc 文件的最开头位置增加如下一行语句：

```
export PATH=$PATH:/usr/local/scala/bin
```

保存文件并退出 vim 编辑器。然后执行如下命令让该环境变量生效：

```
$ source ~/.bashrc   # 使变量设置生效
```

设置好以后，可以使用 scala 命令来检验一下是否设置正确：

```
$ scala
```

输入 scala 命令以后，屏幕上会显示 Scala 和 Java 版本信息，并进入“scala>”提示符状态，这时就可以开始使用 Scala 解释器了，可以输入 Scala 语句来调试 Scala 代码。

2.4　Hadoop 的安装和基本使用方法

2.4.1　安装 Hadoop 前的准备工作

本小节介绍安装 Hadoop 之前的一些准备工作，包括创建 hadoop 用户、更新 APT 和安装 SSH 等。

1. 创建 hadoop 用户

本案例全部采用 hadoop 用户登录 Linux 系统，并为 hadoop 用户增加了管理员权限。在前面的“2.1.3 创建普通用户”这个部分内容中，已经介绍了 hadoop 用户创建和增加权限的方法，请按照该方法创建 hadoop 用户，并且使用 hadoop 用户登录 Linux 系统，然后再开始下面的实验步骤。

2. 更新 APT

为了确保 Hadoop 安装过程顺利进行，建议用 hadoop 用户登录 Linux 系统后打开一个终端，参照“2.1.9 更新 APT”这个部分的内容，执行下面命令更新 APT 软件：

```
$ sudo apt-get update
```

3. 安装 SSH

SSH 是 Secure Shell 的缩写，是建立在应用层和传输层基础之上的安全协议。SSH 是目前较可靠、专为远程登录会话和其他网络服务提供安全性的协议。利用 SSH 协议可以有效防止远程管

理过程中的信息泄露问题。SSH 最初是 UNIX 系统上的一个程序，后来又迅速扩展到其他操作平台。SSH 由客户端和服务端的软件组成，服务端是一个守护进程，它在后台运行并响应来自客户端的连接请求，客户端包含 ssh 程序以及 scp（远程拷贝）、slogin（远程登录）、sftp（安全文件传输）等其他的应用程序。

为什么在安装 Hadoop 之前要配置 SSH 呢？这是因为，Hadoop 的名称节点（也就是 HDFS 中的 NameNode）需要启动集群中所有机器的 Hadoop 守护进程，这个过程需要通过 SSH 登录来实现。Hadoop 并没有提供 SSH 输入密码登录的形式，因此，为了能够顺利登录集群中的每台机器，需要将所有机器配置为“名称节点可以无密码登录”。

Ubuntu 默认已安装了 SSH 客户端，因此，这里还需要安装 SSH 服务端，请在 Linux 的终端中执行以下命令：

```
$ sudo apt-get install openssh-server
```

安装后，可以使用如下命令登录本机：

```
$ ssh localhost
```

执行该命令后会出现如图 2-7 所示的提示信息（SSH 首次登录提示），输入“yes”，然后按提示输入密码 hadoop，就登录到本机了。

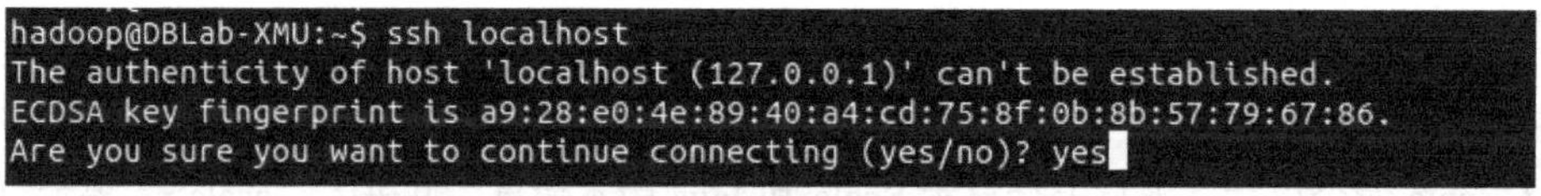
hadoop@DBLab-XMU:~$ ssh localhost
The authenticity of host 'localhost (127.0.0.1)' can't be established.
ECDSA key fingerprint is a9:28:e0:4e:89:40:a4:cd:75:8f:0b:8b:57:79:67:86.
Are you sure you want to continue connecting (yes/no)? yes

图 2-7　SSH 登录提示信息

这里在理解上会有一点“绕弯”。也就是说，原本我们登录进入 Linux 系统以后，就是在本机上，这时，在终端中输入的每条命令都是直接提交给本机去执行的，然后，我们又在本机上使用 SSH 方式登录到本机，这时，我们在终端中输入的命令，是通过 SSH 方式提交给本机处理的。如果换成包含两台独立计算机的场景，SSH 登录会更容易理解。例如，有两台计算机 A 和 B 都安装了 Linux 系统，计算机 B 上安装了 SSH 服务端，计算机 A 上安装了 SSH 客户端，计算机 B 的 IP 地址是 59.77.16.33，我们在计算机 A 上执行命令“ssh 59.77.16.33”，就实现了通过 SSH 方式登录计算机 B 上面的 Linux 系统，我们在计算机 A 的 Linux 终端中输入的命令，都会提交给计算机 B 上的 Linux 系统执行，也就是说，在计算机 A 上操作计算机 B 中的 Linux 系统。现在，我们只有一台计算机，就相当于计算机 A 和计算机 B 都在同一台机器上，所以，理解起来就会有点“绕弯”。

但是，这样登录需要每次输入密码，所以，需要配置成“SSH 无密码登录”会比较方便，而且，Hadoop 集群中名称节点要登录某台机器（数据节点）时，也不可能人工输入密码，所以，也需要设置成 SSH 无密码登录。具体方法是，首先，输入命令“exit”退出刚才的 SSH，回到原先的终端窗口；然后，可以利用 ssh-keygen 生成密钥，并将密钥加入到授权中，命令如下：

```
$ cd ~/.ssh/              # 若没有该目录，请先执行一次 ssh localhost
$ ssh-keygen -t rsa       # 会有提示，都按 Enter 键即可
$ cat ./id_rsa.pub >> ./authorized_keys  # 加入授权
```

此时，再执行“ssh localhost”命令，无须输入密码就可以直接登录了，如图 2-8 所示。

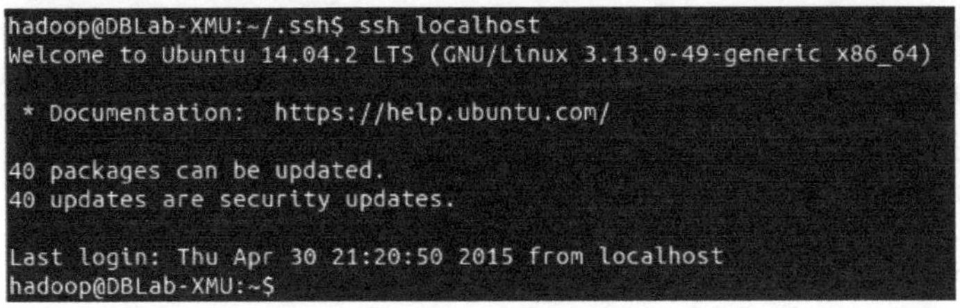

图 2-8　SSH 登录后的提示信息

2.4.2　安装 Hadoop

Hadoop 包括以下三种安装模式。

- 单机模式：只在一台机器上运行，存储采用本地文件系统，没有采用分布式文件系统 HDFS。
- 伪分布式模式：存储采用分布式文件系统 HDFS，但是，HDFS 的名称节点和数据节点都在同一台机器上。
- 分布式模式：存储采用分布式文件系统 HDFS，并且，HDFS 的名称节点和数据节点位于不同机器上。

本案例采用伪分布式模式安装 Hadoop，这里介绍 Hadoop 伪分布式模式的具体安装方法。如果读者要搭建分布式 Hadoop 集群，可以参考本书官网的“拓展阅读”栏目中的文章“Hadoop 集群安装配置教程”。

1. 下载安装文件

本案例采用的 Hadoop 版本是 2.7.1，可以到 Hadoop 官网下载安装文件，也可以到本书官网的“下载专区”中下载安装文件，单击进入下载专区后，在“软件”这个文件夹中，找到文件“hadoop-2.7.1.tar.gz”，下载到本地，这里假设下载的文件被保存到了“/home/hadoop/Downloads/”目录下。

下载完安装文件以后，需要对文件进行解压。按照 Linux 系统使用的默认规范，用户安装的软件一般都存放在“/usr/local/”目录下。使用 hadoop 用户登录 Linux 系统，打开一个终端，执行如下命令：

```
$ sudo tar -zxf ~/Downloads/hadoop-2.7.1.tar.gz -C /usr/local    # 解压到/usr/local 中
$ cd /usr/local/
$ sudo mv ./hadoop-2.7.1/ ./hadoop      # 将文件夹名改为 hadoop
$ sudo chown -R hadoop ./hadoop         # 修改文件权限
```

Hadoop 解压后即可使用，可以输入如下命令来检查 Hadoop 是否可用，如果成功，则会显示 Hadoop 版本信息：

```
$ cd /usr/local/hadoop
$ ./bin/hadoop version
```

这时得到的是 Hadoop 的单机模式，因为本案例需要配置成伪分布式模式，因此还需要继续修改相关配置文件。

2. 修改配置文件

需要配置相关文件，才能够让 Hadoop 在伪分布式模式下顺利运行。Hadoop 的配置文件位于“/usr/local/hadoop/etc/hadoop/”中，进行伪分布式模式配置时，需要修改两个配置文件，即 core-site.xml 和 hdfs-site.xml。

可以使用 vim 编辑器打开“core-site.xml”文件，它的初始内容如下：

```
<configuration>
</configuration>
```

修改以后，core-site.xml 文件的内容如下：

```
<configuration>
    <property>
        <name>hadoop.tmp.dir</name>
        <value>file:/usr/local/hadoop/tmp</value>
        <description>A base for other temporary directories.</description>
    </property>
    <property>
        <name>fs.defaultFS</name>
        <value>hdfs://localhost:9000</value>
    </property>
</configuration>
```

在上面的配置文件中，hadoop.tmp.dir 用于保存临时文件，若没有配置 hadoop.tmp.dir 这个参数，则默认使用的临时目录为“/tmp/hadoop-hadoop”，而这个目录在 Hadoop 重启时有可能被系统清理掉，从而导致出现一些意想不到的问题，因此，必须配置这个参数。fs.defaultFS 这个参数，用于指定 HDFS 的访问地址，其中，9000 是端口号，也可以配置成其他可用的端口号（如 9001）。

同样，需要修改配置文件“hdfs-site.xml”，修改后的内容如下：

```
<configuration>
    <property>
        <name>dfs.replication</name>
        <value>1</value>
    </property>
    <property>
        <name>dfs.namenode.name.dir</name>
        <value>file:/usr/local/hadoop/tmp/dfs/name</value>
    </property>
    <property>
        <name>dfs.datanode.data.dir</name>
        <value>file:/usr/local/hadoop/tmp/dfs/data</value>
    </property>
</configuration>
```

在“hdfs-site.xml”文件中，dfs.replication 这个参数用于指定副本的数量，因为，在分布式文件系统 HDFS 中，数据会被冗余存储多份，以保证可靠性和可用性。但是，由于这里采用伪分布式模式，只有一个节点，这就意味着 HDFS 的数据只可能有一个副本，因此，设置 dfs.replication 的值为 1。dfs.namenode.name.dir 用于设定名称节点的元数据的保存目录，dfs.datanode.data.dir 用于设定数据节点的数据保存目录，这两个参数必须设定，否则后面会出错。

也可以直接到本书官网的“下载专区”下载配置好的“core-site.xml”和“hdfs-site.xml”，两个文件都位于“代码”目录下的“第 2 章”子目录下。

需要指出的是，Hadoop 的运行方式（如运行在单机模式下还是运行在伪分布式模式下）是由配置文件决定的，启动时 Hadoop 会读取配置文件，然后根据配置文件来决定运行在什么模式下。因此，如果需要从伪分布式模式切换回单机模式，只需要删除 core-site.xml 中的配置项即可。

3. 执行名称节点格式化

修改配置文件以后，要执行名称节点的格式化，命令如下：

```
$ cd /usr/local/hadoop
$ ./bin/hdfs namenode -format
```

如果格式化成功，会看到“successfully formatted”和“Exitting with status 0”的提示信息（见图 2-9），若为“Exitting with status 1”，则表示出现错误。

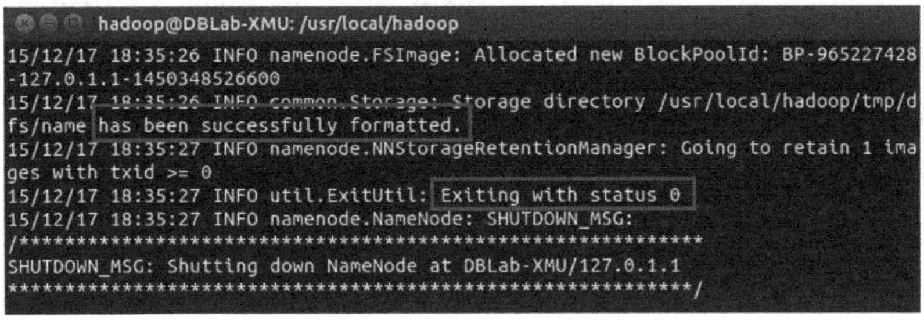

图 2-9　执行名称节点格式化后的提示信息

如果在执行这一步时提示错误信息“Error: JAVA_HOME is not set and could not be found”，则说明之前设置 JAVA_HOME 环境变量的时候，没有设置成功，请按前面的教程先设置好 JAVA_HOME 变量，否则，后面的过程都无法顺利进行。

4. 启动 Hadoop

在 Linux 终端中执行下面命令启动 Hadoop：

```
$ cd /usr/local/hadoop
$ ./sbin/start-dfs.sh  #start-dfs.sh 是个完整的可执行文件，中间没有空格
```

如果出现如图 2-10 所示的 SSH 提示，输入“yes”即可：

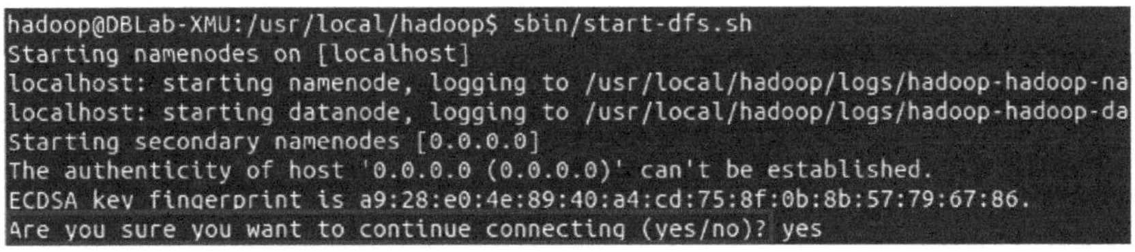

图 2-10　启动 Hadoop 后的提示信息

Hadoop 启动完成后，可以通过命令“jps”来判断是否成功启动，命令如下：

```
$ jps
```

若 Hadoop 成功启动，则会列出如下进程：NameNode、DataNode 和 SecondaryNameNode。如果看不到 SecondaryNameNode 进程，请运行命令“./sbin/stop-dfs.sh”，关闭 Hadoop 相关进程，然后，再次尝试启动。如果看不到 NameNode 或 DataNode 进程，则表示配置不成功，请仔细检查之前步骤，或通过查看启动日志排查原因。

5. 运行 Hadoop 伪分布式实例

若要使用 HDFS，则首先需要在 HDFS 中创建用户目录（本案例全部统一采用 hadoop 用户名登录 Linux 系统），命令如下：

```
$ cd /usr/local/hadoop
$ ./bin/hdfs dfs -mkdir -p /user/hadoop
```

上面的命令是分布式文件系统HDFS的操作命令，会在后面的“2.4.3 HDFS操作常用Shell命令”中做详细介绍。

接着需要把本地文件系统的“/usr/local/hadoop/etc/hadoop”目录中的所有xml文件作为输入文件，复制到分布式文件系统HDFS中的“/user/hadoop/input”目录中，命令如下：

```
$ cd /usr/local/hadoop
$ ./bin/hdfs dfs -mkdir input  #在HDFS中创建hadoop用户对应的input目录
$ ./bin/hdfs dfs -put ./etc/hadoop/*.xml input  #把本地文件复制到HDFS中
```

复制完成后，可以通过如下命令查看HDFS中的文件列表：

```
$ ./bin/hdfs dfs -ls input
```

执行上述命令以后，可以看到input目录下的文件信息。

现在就可以运行Hadoop自带的grep程序，命令如下：

```
$ ./bin/hadoop jar ./share/hadoop/mapreduce/hadoop-mapreduce-examples-*.jar grep
input output 'dfs[a-z.]+'
```

运行结束后，可以通过如下命令查看HDFS中的output文件夹中的内容：

```
$ ./bin/hdfs dfs -cat output/*
```

6. 关闭Hadoop

如果要关闭Hadoop，可以执行下面命令：

```
$ cd /usr/local/hadoop
$ ./sbin/stop-dfs.sh
```

下次启动Hadoop时，无须进行名称节点的初始化（否则会出错），也就是说，不需要再次执行“hdfs namenode -format”命令，每次启动Hadoop只需要直接执行start-dfs.sh命令即可。

2.4.3 HDFS操作常用Shell命令

Hadoop支持很多Shell命令，如hadoop fs、hadoop dfs和hdfs dfs都是HDFS最常用的Shell命令，可以用来查看HDFS文件系统的目录结构、上传和下载数据、创建文件等。这三个命令既有联系有又区别，具体如下。

- hadoop fs：适用于任何不同的文件系统，如本地文件系统和HDFS文件系统。
- hadoop dfs：只能适用于HDFS文件系统。
- hdfs dfs：跟hadoop dfs命令的作用一样，也只能适用于HDFS文件系统。

在本案例中，统一使用hdfs dfs命令对HDFS进行操作。

1. 目录操作

需要注意的是，Hadoop系统安装好以后，第一次使用HDFS时，需要首先在HDFS中创建用户目录。本案例全部采用hadoop用户登录Linux系统，因此，需要在HDFS中为hadoop用户创建一个用户目录，命令如下：

```
$ cd /usr/local/hadoop
$ ./bin/hdfs dfs -mkdir -p /user/hadoop
```

该命令中表示在HDFS中创建一个“/user/hadoop”目录，“-mkdir”是创建目录的操作，“-p”

表示如果是多级目录，则父目录和子目录一起创建，这里“/user/hadoop”就是一个多级目录，因此必须使用参数“-p”，否则会出错。

“/user/hadoop”目录就成为 hadoop 用户对应的用户目录，可以使用如下命令显示 HDFS 中与当前用户 hadoop 对应的用户目录下的内容：

```
$ ./bin/hdfs dfs -ls .
```

该命令中，“-ls”表示列出 HDFS 某个目录下的所有内容，“.”表示 HDFS 中的当前用户目录，也就是“/user/hadoop”目录，因此，上面的命令和下面的命令是等价的：

```
$ ./bin/hdfs dfs -ls /user/hadoop
```

如果要列出 HDFS 上的所有目录，可以使用如下命令：

```
$ ./bin/hdfs dfs -ls/
```

下面，可以使用如下命令创建一个 input 目录：

```
$ ./bin/hdfs dfs -mkdir input
```

在创建 input 目录时，采用了相对路径形式，实际上，这个 input 目录创建成功以后，它在 HDFS 中的完整路径是“/user/hadoop/input”。如果要在 HDFS 的根目录下创建一个名称为 input 的目录，则需要使用如下命令：

```
$ ./bin/hdfs dfs -mkdir /input
```

可以使用 rm 命令删除一个目录，例如，可以使用如下命令删除刚才在 HDFS 中创建的“/input”目录（不是“/user/hadoop/input”目录）：

```
$ ./bin/hdfs dfs -rm -r /input
```

上面命令中，“-r”参数表示删除“/input”目录及其子目录下的所有内容。如果要删除的一个目录包含了子目录，则必须使用“-r”参数，否则会执行失败。

2. 文件操作

在实际应用中，经常需要从本地文件系统向 HDFS 中上传文件，或者把 HDFS 中的文件下载到本地文件系统中。

首先，使用 vim 编辑器，在本地 Linux 文件系统的“/home/hadoop/”目录下创建一个文件“myLocalFile.txt”，里面可以随意输入一些单词，例如，输入如下三行：

```
Hadoop
Spark
XMU DBLAB
```

然后，可以使用如下命令把本地文件系统的“/home/hadoop/myLocalFile.txt”上传到 HDFS 中的当前用户目录的 input 目录下，也就是上传到 HDFS 的“/user/hadoop/input/”目录下：

```
$ ./bin/hdfs dfs -put /home/hadoop/myLocalFile.txt  input
```

可以使用 ls 命令查看一下文件是否成功上传到 HDFS 中，具体如下：

```
$ ./bin/hdfs dfs -ls input
```

该命令执行后会显示类似如下的信息：

```
Found 1 items
-rw-r--r--   1 hadoop supergroup       36 2018-09-15 22:15 input/ myLocalFile.txt
```

下面使用如下命令查看 HDFS 中的 myLocalFile.txt 这个文件的内容：

```
$ ./bin/hdfs dfs -cat input/myLocalFile.txt
```

下面把 HDFS 中的“myLocalFile.txt”文件下载到本地文件系统中的“/home/hadoop/Downloads/”这个目录下，命令如下：

```
$ ./bin/hdfs dfs -get input/myLocalFile.txt /home/hadoop/Downloads
```

可以使用如下命令，到本地文件系统查看下载下来的文件“myLocalFile.txt”：

```
$ cd ~
$ cd Downloads
$ ls
$ cat myLocalFile.txt
```

最后，了解一下如何把文件从 HDFS 中的一个目录复制到 HDFS 中的另外一个目录。例如，如果要把 HDFS 的“/user/hadoop/input/myLocalFile.txt”文件，复制到 HDFS 的另外一个目录“/input”中（注意，这个 input 目录位于 HDFS 根目录下），可以使用如下命令：

```
$ ./bin/hdfs dfs -cp input/myLocalFile.txt  /input
```

2.5 Spark 的安装和基本使用方法

Spark 的部署模式主要有四种：Local 模式（单机模式）、Standalone 模式（集群模式并且使用 Spark 自带的简单集群管理器）、YARN 模式（集群模式并且使用 YARN 作为集群管理器）和 Mesos 模式（集群模式并且使用 Mesos 作为集群管理器）。本案例采用 Local 模式（单机模式）安装 Spark。需要特别强调的是，如果没有特殊说明，本案例的大量操作默认都是在 Local 模式下进行的。如果读者需要在分布式模式下运行 Spark，可以参照本书官网的“拓展阅读”栏目的文章“Spark 集群搭建及程序运行”。

Spark 和 Hadoop 可以部署在一起，相互协作，由 Hadoop 的 HDFS、HBase 等组件负责数据的存储和管理，由 Spark 负责数据的计算。

需要注意的是，只有完成 Linux 系统、JDK 和 Hadoop 的安装以后，才能安装 Spark。

2.5.1 下载安装文件

登录 Linux 系统（本案例统一采用 hadoop 用户登录），打开浏览器，访问 Spark 官网（http://spark.apache.org/downloads.html）（见图 2-11），选择 2.1.0 版本的 Spark 安装文件进行下载。

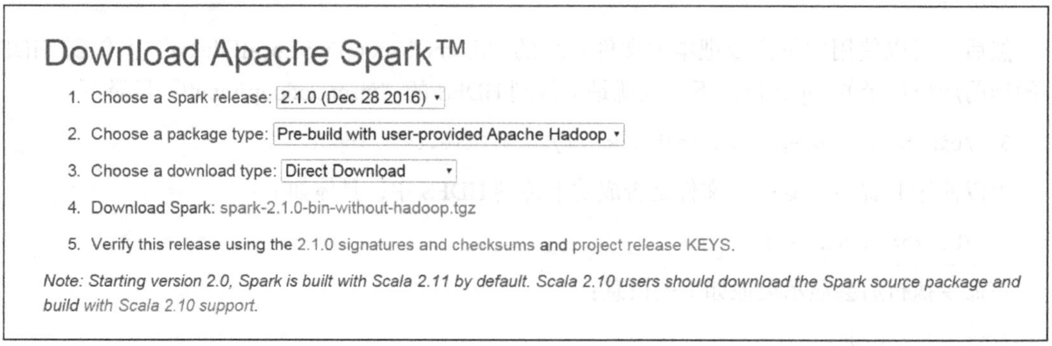
Download Apache Spark™
1. Choose a Spark release: 2.1.0 (Dec 28 2016)
2. Choose a package type: Pre-build with user-provided Apache Hadoop
3. Choose a download type: Direct Download
4. Download Spark: spark-2.1.0-bin-without-hadoop.tgz
5. Verify this release using the 2.1.0 signatures and checksums and project release KEYS.
Note: Starting version 2.0, Spark is built with Scala 2.11 by default. Scala 2.10 users should download the Spark source package and build with Scala 2.10 support.

图 2-11 Spark 官网下载页面

除了到 Spark 官网下载安装文件，也可以直接到本书官网的“下载专区”的“软件”目录中下载 Spark 安装文件“spark-2.1.0-bin-without-hadoop.tgz”，这里假设下载到本地以后保存到 Linux 系统的“/home/hadoop/Downloads”目录下。

下载安装文件以后，需要对文件进行解压缩。按照 Linux 系统使用的默认规范，用户安装的软件一般都是存放在“/usr/local/”目录下。登录 Linux 系统以后，使用组合键【Ctrl+Alt+T】打开一个终端，执行如下命令：

```
$ sudo tar -zxf ~/Downloads/spark-2.1.0-bin-without-hadoop.tgz -C /usr/local/
$ cd /usr/local
$ sudo mv ./spark-2.1.0-bin-without-hadoop ./spark
$ sudo chown -R hadoop:hadoop ./spark # hadoop是当前登录Linux系统的用户名
```

经过上述操作以后，Spark 就被解压缩到“/usr/local/spark”目录下。

2.5.2 配置相关文件

安装文件解压缩以后，还需要修改 Spark 的配置文件“spark-env.sh”。首先，可以复制一份由 Spark 安装文件自带的配置文件模板，命令如下：

```
$ cd /usr/local/spark
$ cp ./conf/spark-env.sh.template ./conf/spark-env.sh
```

然后，使用 vim 编辑器打开“spark-env.sh”文件进行编辑，在该文件的第一行添加以下配置信息：

```
export SPARK_DIST_CLASSPATH=$(/usr/local/hadoop/bin/hadoop classpath)
```

有了上面的配置信息以后，Spark 就可以把数据存储到 Hadoop 分布式文件系统 HDFS 中，也可以从 HDFS 中读取数据。如果没有配置上面的信息，Spark 就只能读写本地数据，无法读写 HDFS 数据。

配置完成后就可以直接使用 Spark，不需要像 Hadoop 那样运行启动命令。通过运行 Spark 自带的实例 SparkPi，可以验证 Spark 是否安装成功，命令如下：

```
$ cd /usr/local/spark
$ bin/run-example SparkPi
```

执行时会输出很多屏幕信息，不容易找到最终的输出结果，为了从大量的输出信息中快速找到我们想要的执行结果，可以通过“grep”命令进行过滤：

```
$ bin/run-example SparkPi 2>&1 | grep "Pi is roughly"
```

上面命令涉及 Linux Shell 中关于管道的知识，可以查看网络资料学习管道命令的用法，这里不再赘述。过滤后的运行结果如图 2-12 所示，可以得到 π 的 5 位小数近似值。

图 2-12 SparkPi 程序运行结果

2.5.3 Spark 和 Hadoop 的交互

经过上面的步骤以后，就在单台机器上按照“Hadoop（伪分布式）+Spark（Local 模式）”这种方式完成了 Hadoop 和 Spark 组合环境的搭建。Hadoop 和 Spark 可以相互协作，由 Hadoop 的 HDFS、HBase 等组件负责数据的存储和管理，由 Spark 负责数据的计算。

为了能够让 Spark 操作 HDFS 中的数据，需要先启动 HDFS。打开一个 Linux 终端，在 Linux Shell 中输入如下命令启动 HDFS：

```
$ cd /usr/local/hadoop
$ ./sbin/start-dfs.sh
```

HDFS 启动完成后，可以通过命令“jps”来判断是否成功启动，命令如下：

```
$ jps
```

若成功启动，则会列出如下进程：NameNode、DataNode 和 SecondaryNameNode。然后，Spark 就可以对 HDFS 中的数据进行读取或写入操作。

使用结束以后，可以使用如下命令关闭 HDFS：

```
$./sbin/stop-dfs.sh
```

2.5.4 在 spark-shell 中运行代码

spark-shell 提供了简单的方式来学习 API，并且提供了交互的方式来分析数据。用户输入一条语句，spark-shell 会立即执行语句并返回结果，这就是交互式解释器（Read-Eval-Print Loop，REPL）。它为我们提供了交互式执行环境，表达式计算完成以后就会立即输出结果，而不必等到整个程序运行完毕，因此可以即时查看中间结果并对程序进行修改，这样可以在很大程度上提升程序开发效率。spark-shell 支持 Scala 和 Python 编程语言，由于 Spark 框架本身就是使用 Scala 语言开发的，所以，使用 spark-shell 命令会默认进入 Scala 的交互式执行环境。如果要进入 Python 的交互式执行环境，则需要执行 pyspark 命令。

与其他 Shell 工具不一样的是，在其他 Shell 工具中，用户只能使用单机的硬盘和内存来操作数据，而 spark-shell 可用来与分布存储在多台机器上的内存或者硬盘上的数据进行交互，并且处理过程的分发由 Spark 自动控制完成，不需要用户参与。

1. spark-shell 命令

在 Linux 终端中运行“spark-shell”命令，就可以启动进入 spark-shell 交互式执行环境。spark-shell 命令及其常用的参数如下：

```
$ ./bin/spark-shell  --master  <master-url>
```

Spark 的运行模式取决于传递给 SparkContext 的<master-url>的值。<master-url>可以是表 2-2 中的任一种形式。

表 2-2　spark-shell 命令中的<master-url>参数及其含义

<master-url>	含　义
local	使用一个 Worker 线程本地化运行 Spark（完全不并行）
local[*]	使用与逻辑 CPU 个数相同数量的线程来本地化运行 Spark（“逻辑 CPU 个数”等于“物理 CPU 个数”乘以“每个物理 CPU 包含的 CPU 核数”）
local[K]	使用 K 个 Worker 线程本地化运行 Spark（理想情况下，K 应该根据运行机器的 CPU 核数来确定）
spark://HOST:PORT	Spark 采用独立（standalone）集群模式，连接到指定的 Spark 集群，默认端口是 7077

续表

<master-url>	含 义
yarn-client	Spark 采用 YARN 集群模式，以客户端模式连接 YARN 集群，集群的位置可以在 HADOOP_CONF_DIR 环境变量中找到；当用户提交了作业之后，不能关掉 Client，Driver Program 驻留在 Client 中，负责调度作业的执行；该模式适合运行交互类型的作业，常用于开发测试阶段
yarn-cluster	Spark 采用 YARN 集群模式，以集群模式连接 YARN 集群，集群的位置可以在 HADOOP_CONF_DIR 环境变量中找到；当用户提交了作业之后，就可以关掉 Client，作业会继续在 YARN 上运行；该模式不适合运行交互类型的作业，常用于企业生产环境
mesos://HOST:PORT	Spark 采用 Mesos 集群模式，连接到指定的 Mesos 集群，默认接口是 5050

在 Spark 中采用 Local 模式启动 spark-shell 的命令主要包含以下参数。

- --master：这个参数表示当前的 spark-shell 要连接到哪个 Master，如果是 local[*]，就是使用 Local 模式（单机模式）启动 spark-shell，其中，中括号内的星号表示需要使用几个 CPU 核心（core），也就是启动几个线程模拟 Spark 集群。
- --jars：这个参数用于把相关的 JAR 包添加到 CLASSPATH 中；如果有多个 JAR 包，可以使用逗号分隔符连接它们。

例如，要采用 Local 模式，在四个 CPU 核心（core）上运行 spark-shell，命令如下：

```
$ cd  /usr/local/spark
$ ./bin/spark-shell  --master local[4]
```

或者，可以在 CLASSPATH 中添加 code.jar，命令如下：

```
$ cd  /usr/local/spark
$ ./bin/spark-shell  --master  local[4]  --jars  code.jar
```

可以执行“spark-shell --help”命令，获取完整的选项列表，具体如下：

```
$ cd /usr/local/spark
$ ./bin/spark-shell  --help
```

2. 启动 spark-shell

可以通过下面命令启动 spark-shell 环境：

```
$ cd  /usr/local/spark
$ ./bin/spark-shell
```

启动 spark-shell 后，就会进入“scala>”命令提示符状态，如图 2-13 所示。当使用 spark-shell 命令没有带上任何参数时，默认使用 Local[*]模式启动进入 spark-shell 交互式执行环境。

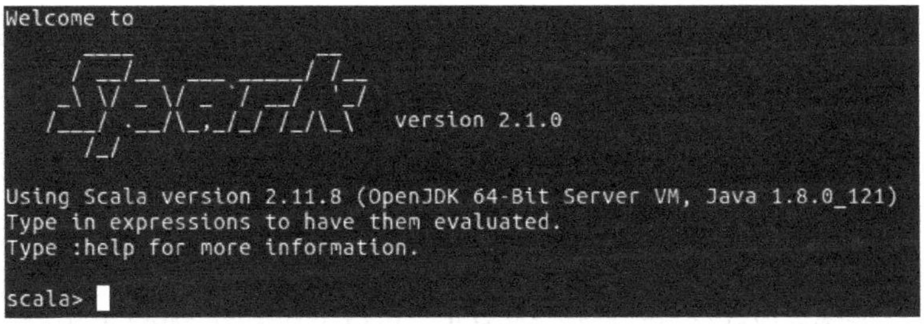

图 2-13 spark-shell 交互式执行环境

现在，就可以在里面输入 Scala 代码进行调试了。例如，下面在 Scala 命令提示符“scala>”

后面输入一个表达式“8 * 2 + 5”，然后按【Enter】键，就会立即得到结果：

```
scala> 8*2+5
res0: Int = 21
```

下面读取一个本地文件“README.md”并统计该文件的行数，命令如下：

```
scala > val  textFile = sc.textFile("file:///usr/local/spark/README.md")
scala > textFile.count()
```

一个 spark-shell 本身就是一个 Driver，Driver 会生成一个 SparkContext 对象来访问 Spark 集群，这个对象代表了对 Spark 集群的一个连接。spark-shell 启动时已经自动创建了一个 SparkContext 对象，是一个叫作 sc 的变量。因此，上面语句中直接使用了 sc.textFile()。

最后，可以使用命令“:quit”退出 spark-shell，命令如下：

```
scala>:quit
```

或者，也可以直接使用组合键【Ctrl+D】，退出 spark-shell。

2.6 MySQL 数据库的安装和基本使用方法

MySQL 是一个关系数据库管理系统，由瑞典 MySQL AB 公司开发，目前属于 Oracle 旗下产品。MySQL 是最流行的关系数据库管理系统之一，在 Web 应用方面，MySQL 是最好的关系数据库管理系统应用软件之一。

2.6.1 安装 MySQL

1. 执行安装命令

在安装 MySQL 之前，需要更新一下软件源以获得最新版本，命令如下：

```
$ sudo apt-get update
```

然后，执行如下命令安装 MySQL：

```
$ sudo apt-get install mysql-server
```

上述命令会安装以下包：

- apparmor
- mysql-client-5.7
- mysql-common
- mysql-server
- mysql-server-5.7
- mysql-server-core-5.7

因此，无须再安装 mysql-client 等。安装过程会提示设置 MySQL 数据库 root 用户的密码，本案例统一设置密码为 hadoop，设置完成后等待自动安装即可。

2. 启动 MySQL 服务

默认情况下，安装完成就会自动启动 MySQL。可以手动关闭 MySQL 服务，然后再次启动 MySQL 服务，命令如下：

```
$ service mysql stop
```

```
$ service mysql start
```

可以执行如下命令来确认是否启动成功：

```
$ sudo netstat -tap | grep mysql
```

如图 2-14 所示，如果 MySQL 节点处于 LISTEN 状态，则表示启动成功：

```
dblab@ubuntu:~$ sudo netstat -tap | grep mysql
tcp        0      0 localhost:mysql         *:*                     LISTEN
6359/mysqld
```

图 2-14　MySQL 节点处于 LISTEN 状态的信息

3. 进入 MySQL Shell 环境

执行如下命令进入 MySQL Shell 交互式环境：

```
$ mysql -u root -p
```

该命令执行以后，系统会提示输入 MySQL 数据库的 root 用户的密码，本案例把密码统一设置为 hadoop。然后，就进入了“mysql>”命令提示符状态，如图 2-15 所示。

```
dblab@ubuntu:~$ mysql -u root -p
Enter password:
Welcome to the MySQL monitor.  Commands end with ; or \g.
Your MySQL connection id is 4
Server version: 5.7.15-0ubuntu0.16.04.1 (Ubuntu)

Copyright (c) 2000, 2016, Oracle and/or its affiliates. All rights reserved.

Oracle is a registered trademark of Oracle Corporation and/or its
affiliates. Other names may be trademarks of their respective
owners.

Type 'help;' or '\h' for help. Type '\c' to clear the current input statement.

mysql>
```

图 2-15　进入 MySQL Shell 环境

在“mysql>”命令提示符之后，就可以输入各种 SQL 语句，对 MySQL 数据库进行操作。

4. 解决 MySQL 出现的中文乱码问题

当向 MySQL 数据库插入中文数据时，可能会出现中文乱码问题，原因是 character_set_server 默认设置是 latin1，不是中文编码。要查询 MySQL 数据库当前的字符编码格式，可以使用如下命令：

```
mysql> show variables like "char%";
```

执行该命令以后，会出现如图 2-16 所示的信息。

```
mysql> show variables like "char%";
+--------------------------+----------------------------+
| Variable_name            | Value                      |
+--------------------------+----------------------------+
| character_set_client     | utf8                       |
| character_set_connection | utf8                       |
| character_set_database   | utf8                       |
| character_set_filesystem | binary                     |
| character_set_results    | utf8                       |
| character_set_server     | latin1                     |
| character_set_system     | utf8                       |
| character_sets_dir       | /usr/share/mysql/charsets/ |
+--------------------------+----------------------------+
8 rows in set (0.00 sec)
```

图 2-16　MySQL 数据库的字符编码格式信息

可以单个设置编码方式，例如，使用如下命令：

```
mysql> set character_set_server=utf8;
```

但是，通过这种方式设置字符编码格式，重启 MySQL 服务以后就会失效。因此，建议按照如下方式修改编码格式。

（1）修改配置文件

在 Linux 系统中新打开一个终端，使用 vim 编辑器编辑“/etc/mysql/mysql.conf.d/mysql.cnf”文件，命令如下：

```
$ vim /etc/mysql/mysql.conf.d/mysql.cnf
```

注意，上面的命令是在 Linux Shell 命令提示符下执行的，不是在“mysql>”命令提示符下执行，一定要注意区分。打开“mysql.cnf”文件以后，在“[mysqld]”下面添加一行“character_set_server=utf8”，如图 2-17 所示。

```
[mysqld]
#
# * Basic Settings
#
user            = mysql
pid file        = /var/run/mysqld/mysqld.pid
socket          = /var/run/mysqld/mysqld.sock
port            = 3306
basedir         = /usr
datadir         = /var/lib/mysql
tmpdir          = /tmp
lc-messages-dir = /usr/share/mysql
character_set_server=utf8
skip-external-locking
```

图 2-17　在配置文件中修改 MySQL 数据库字符编码格式

（2）重启 MySQL 服务

在 Linux 终端的 Shell 命令提示符（不是“mysql>”命令提示符）下执行如下命令重启 MySQL 服务：

```
$ service mysql restart
```

（3）登录 MySQL 查看当前编码格式

重启 MySQL 服务以后，再次使用如下命令查询 MySQL 数据库当前的字符编码格式：

```
mysql> show variables like "char%";
```

执行该命令以后，会出现如图 2-18 所示的信息。

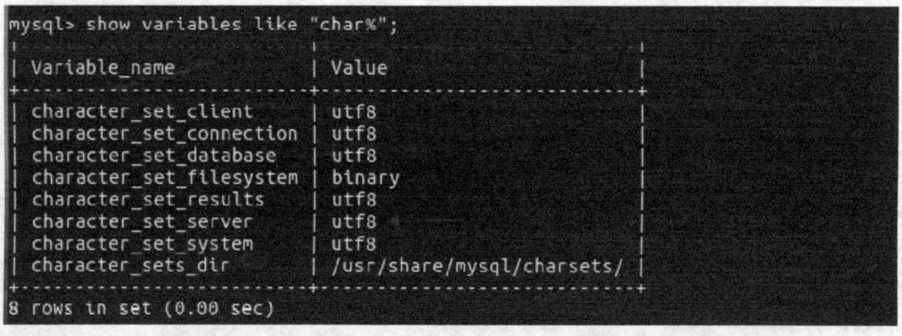

```
mysql> show variables like "char%";
+--------------------------+----------------------------+
| Variable_name            | Value                      |
+--------------------------+----------------------------+
| character_set_client     | utf8                       |
| character_set_connection | utf8                       |
| character_set_database   | utf8                       |
| character_set_filesystem | binary                     |
| character_set_results    | utf8                       |
| character_set_server     | utf8                       |
| character_set_system     | utf8                       |
| character_sets_dir       | /usr/share/mysql/charsets/ |
+--------------------------+----------------------------+
8 rows in set (0.00 sec)
```

图 2-18　修改 MySQL 数据库字符编码格式后的效果

从图 2-18 中可以看出，字符编码格式已经修改为 utf8，这样，MySQL 数据库就不会出现中文乱码的问题。

2.6.2 MySQL 常用操作

1. 显示数据库

可以在“mysql>”命令提示符下输入如下命令显示数据库：

```
mysql> show databases;
```

注意，每条命令后面都需要跟上英文的分号“;”。

MySQL 在安装完成以后就会包含两个数据库，即 mysql 和 test。数据库 mysql 非常重要，它里面有 MySQL 的系统信息，我们修改密码和新增用户，实际上就是用这个库中的相关表进行操作。

2. 显示数据库中的表

对每个数据库进行操作之前，需要使用如下的 use 命令打开该数据库：

```
mysql> use mysql;
```

然后，再使用如下命令来显示数据库中的表：

```
mysql> show tables;
```

3. 显示数据表的结构

显示数据表的结构，可以采用如下格式的命令：

```
describe 表名;
```

4. 查询表中的记录

查询表中的记录，可以采用如下格式的命令：

```
select * from 表名;
```

例如，显示数据库 mysql 中的 user 表中的记录，可以使用如下命令：

```
mysql> select * from user;
```

5. 创建数据库

创建数据库的命令格式如下：

```
create database 库名;
```

例如，创建一个名称为“aaa”的数据库，命令如下：

```
mysql> create database aaa;
```

6. 创建表

创建一个新表时，可以采用如下格式的命令：

```
use 库名;
create table 表名 (字段设定列表);
```

例如，在刚刚创建的数据库 aaa 中建立表 person，表中有 id（序号，自动增长）、xm（姓名）、xb（性别）和 csny（出身年月）四个字段，命令如下：

```
mysql> use aaa;
mysql> create table person (id int(3) auto_increment not null primary key, xm varchar(10),xb varchar(2),csny date);
```

可以用 describe 命令查看建立的 person 表的结构，命令如下：

```
mysql> describe person;
```

执行 describe 命令以后，会出现如图 2-19 所示的信息。

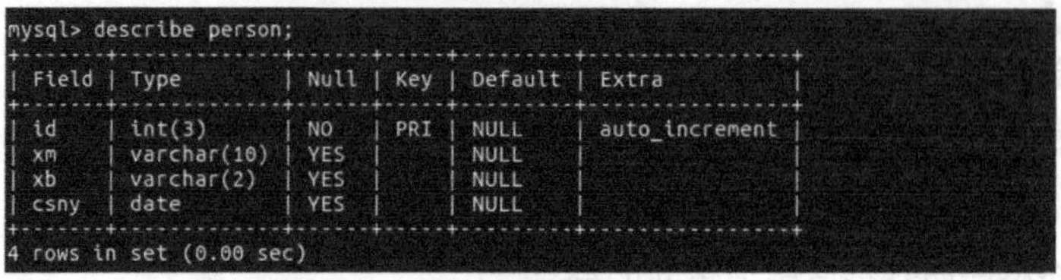

```
mysql> describe person;
+-------+-------------+------+-----+---------+----------------+
| Field | Type        | Null | Key | Default | Extra          |
+-------+-------------+------+-----+---------+----------------+
| id    | int(3)      | NO   | PRI | NULL    | auto_increment |
| xm    | varchar(10) | YES  |     | NULL    |                |
| xb    | varchar(2)  | YES  |     | NULL    |                |
| csny  | date        | YES  |     | NULL    |                |
+-------+-------------+------+-----+---------+----------------+
4 rows in set (0.00 sec)
```

图 2-19　describe 命令显示结果

7. 增加记录

例如，可以执行如下命令向 person 表中增加两条相关记录：

```
mysql>insert into person values(null,'张三','男','1997-01-02');
mysql>insert into person values(null,'李四','女','1996-12-02');
```

因为在创建表时设置了 id 自增，因此无须插入 id 字段，用 null 代替即可。

可用“select”命令查询 person 表的记录来验证插入记录是否成功：

```
mysql> select * from person;
```

执行该命令后会得到如图 2-20 所示的结果。

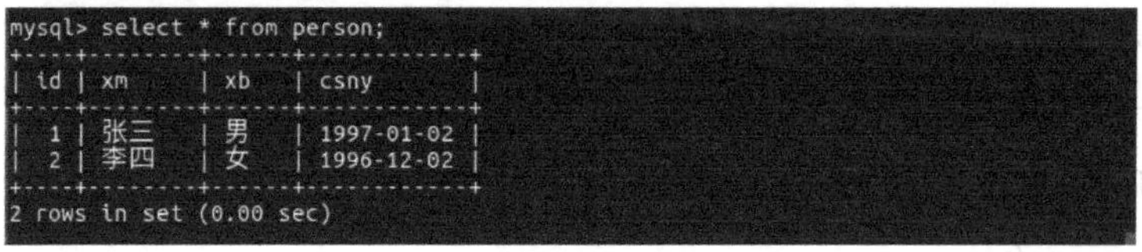

```
mysql> select * from person;
+----+--------+------+------------+
| id | xm     | xb   | csny       |
+----+--------+------+------------+
|  1 | 张三   | 男   | 1997-01-02 |
|  2 | 李四   | 女   | 1996-12-02 |
+----+--------+------+------------+
2 rows in set (0.00 sec)
```

图 2-20　查询结果

8. 修改记录

例如，将张三的出生年月改为“1971-01-10”，命令如下：

```
mysql> update person set csny='1971-01-10' where xm='张三';
```

9. 删除记录

例如，可以执行如下命令删除张三的记录：

```
mysql> delete from person where xm='张三';
```

10. 删除数据库和表

删除数据库和表的命令格式如下：

```
drop database 库名;
drop table 表名;
```

11. 查看 MySQL 版本

可以使用如下命令查看 MySQL 版本信息：

```
mysql> show variables like 'version';
```

或者也可以使用如下命令查看 MySQL 版本信息：

```
mysql> select version();
```

2.7　安装 Tomcat

在开发大数据应用时，用户经常需要使用网页来呈现数据挖掘和分析的结果。因此，需要在 Linux 中搭建 Tomcat 服务器，提供网页服务。

Tomcat 服务器是一个免费的开放源代码的 Web 应用服务器，属于轻量级应用服务器，在中小型系统和并发访问用户不是很多的场合下被普遍使用，是开发和调试 JSP 程序的首选。对于一个初学者来说，可以这样认为，当在一台机器上配置好 Tomcat 服务器，可利用它来响应 HTML 页面的访问请求。

2.7.1　安装方式的选择

在 Linux 系统中安装 Tomcat 时，可以采用两种方式，第一种方式是自动安装（不建议），第二种方式是手动安装（建议）。建议采用手动方式而不是自动方式安装 Tomcat 的原因是：对大数据应用开发而言，需要在 Eclipse 或 IDEA 工具中启动 Tomcat 服务，来测试网页程序，而如果采用自动方式安装了 Tomcat，则 Eclipse 中会出现启动 Tomcat 失败的情况。因为，采用自动方式安装时，Tomcat 安装文件会被放到“/usr/share/tomcat”目录下，而相关配置信息文件会被保存到“/var/lib/tomcat”目录下，Eclipse 默认是到 Tomcat 安装目录去找配置文件，这样就会找不到配置文件，导致 Eclipse 给出报错信息。所以，建议使用手动方式安装 Tomcat，这样，安装文件和配置信息文件都会被安装到同一个目录下，Eclipse 就可以顺利启动 Tomcat 服务。

2.7.2　下载安装文件

启动 Linux 系统，在 Linux 系统中打开浏览器（如火狐浏览器），到网上下载 Tomcat 安装包，例如，可以访问清华大学镜像服务器，具体地址如下：

```
https://mirrors.tuna.tsinghua.edu.cn/apache/tomcat/tomcat-8/v8.5.27/bin/
```

访问该网址后显示的页面如图 2-21 所示。

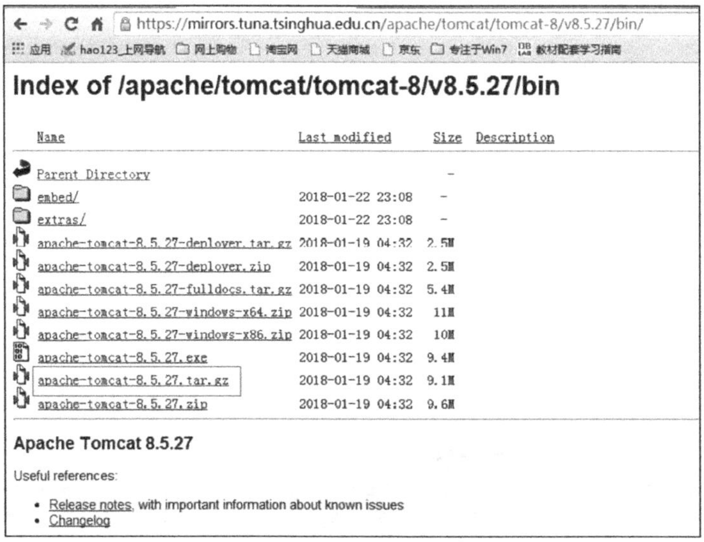

图 2-21　Tomcat 安装包下载页面

选择下载“apache-tomcat-8.5.27.tar.gz”，保存到 Linux 本地文件系统的“～/Downloads”目录下。或者，也可以直接访问本书官网，到“下载专区”的“软件”目录中下载“apache-tomcat-8.5.27.tar.gz”文件。

2.7.3 安装和启动 Tomcat

在 Linux 中打开一个命令行终端（可以使用组合键【Ctrl+Alt+T】)，在终端中执行如下命令，进行 Tomcat 的安装：

```
$ cd ～/Downloads
$ sudo tar -zxvf apache-tomcat-8.5.27.tar.gz -C /usr/local          #解压缩
$ cd /usr/local
$ sudo mv apache-tomcat-8.5.27.tar.gz tomcat  #更名
$ sudo chown -R hadoop ./tomcat  #把目录权限赋予给当前登录的用户 hadoop
```

Tomcat 安装成功后，可以使用如下命令查看 Tomcat 版本信息：

```
$ cd /usr/local/tomcat
$ ./bin/version.sh
```

启动 Tomcat 服务的命令如下：

```
$ cd /usr/local/tomcat
$ ./bin/startup.sh
```

启动以后，可以在 Linux 系统中打开浏览器，在地址栏输入如下内容：

```
http://localhost:8080
```

如果能够看到如图 2-22 所示的网页信息，则说明 Tomcat 服务已经成功启动。

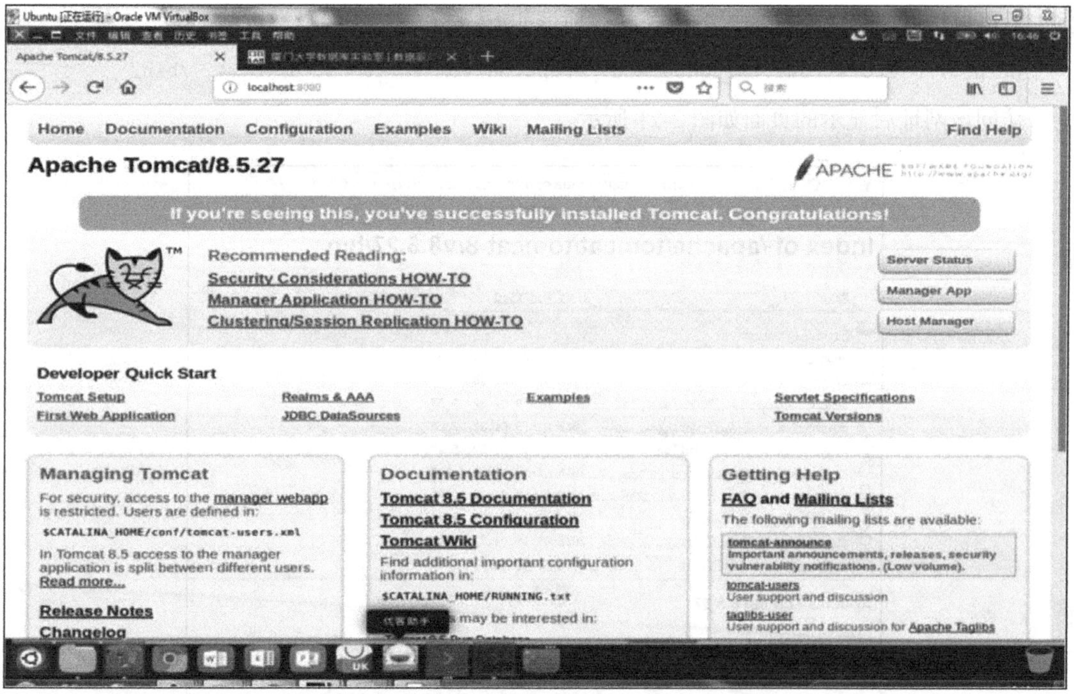

图 2-22　Tomcat 服务器部署成功后呈现的网页

停止 Tomcat 服务的命令如下：

```
$ cd /usr/local/tomcat
$ ./bin/shutdown.sh
```

2.8　本章小结

大数据环境的构建，是顺利完成本案例各个步骤实验的基础。本章简要介绍了 Linux 操作系统常用的命令和软件的使用方法、JDK 的安装方法、Scala 的安装方法、Hadoop 的安装配置方法及其常用操作命令、Spark 的安装方法和 spark-shell 使用方法、MySQL 数据库的安装和基本使用方法、网页服务器 Tomcat 的安装方法。通过对本章内容的学习，读者已经可以搭建起基本的大数据实验环境，为开展后续实验铺平道路。

第3章 IntelliJ IDEA 开发工具的安装和使用方法

IntelliJ IDEA（简称“IDEA”）是使用 Java 语言开发的集成开发环境，是被业界公认为最好的 Java 开发工具之一，尤其在智能代码助手、代码自动提示、重构、J2EE 支持、各类版本工具（git、svn、github 等）、JUnit、CVS 整合、代码分析、创新的 GUI 设计等方面，具有非常好的特性。

本案例采用 IDEA 进行程序开发，因此，本章将详细讲解 IDEA 的安装、Scala 插件的安装以及使用 IDEA 开发 Scala 程序的方法。

3.1 下载和安装 IDEA

IDEA 分为社区版（Community Edition）和商业版（Ultimate Edition）。社区版包含的功能比较有限，无法满足本案例的开发需求，因此，为完成本案例的学习需要安装商业版。访问 IDEA 官网（https://www.jetbrains.com/idea/）下载 IDEA 商业版安装包“ideaIU-2017.3.5.tar.gz”，也可以直接到本书官网的“下载专区”的“软件”目录下，下载安装文件“ideaIU-2017.3.5.tar.gz”，保存到本地，这里假设保存到“~/Downloads”目录下。

登录 Linux 系统（本案例全部采用用户名 hadoop 登录 Linux 系统），打开一个 Linux 终端，执行如下命令进行 IDEA 的安装：

```
$ cd ~  #进入用户主目录
$ sudo tar -zxvf /home/hadoop/Downloads/ideaIU-2017.3.5.tar.gz -C /usr/local  #解压文件
$ cd /usr/local
$ sudo mv ./idea-IU-173.4674.33 ./idea   #重命名，方便操作
$ sudo chown -R hadoop ./idea   #为当前 Linux 用户 hadoop 赋予针对 idea 目录的权限
```

3.2 下载 Scala 插件安装包

本案例采用 Scala 语言编写 Spark 应用程序，因此，需要为 IDEA 添加 Scala 插件。可以直接到本书官网的“下载专区”的“软件”目录下，下载 Scala 插件安装包“scala-intellij-bin-2017.3.5.zip”。也可以访问 Scala 插件网站（http://plugins.jetbrains.com/plugin/1347-scala），进入网站后（见图 3-1），可以看到

一个版本列表，一定要找到与已经安装的 IDEA 版本号一致的 Scala 插件（例如，本案例使用的 IDEA 版本号是 2017.3.5），如果在版本列表中没有找到“2017.3.5”，可以单击列表下面的“PREVIOUS UPDATES”按钮，这时会出现更多的版本，找到“2017.3.5”这个版本，单击右侧“DOWNLOAD”下载即可，可以保存到本地的“~/Downloads”目录下，供后面安装 Scala 插件环节使用。

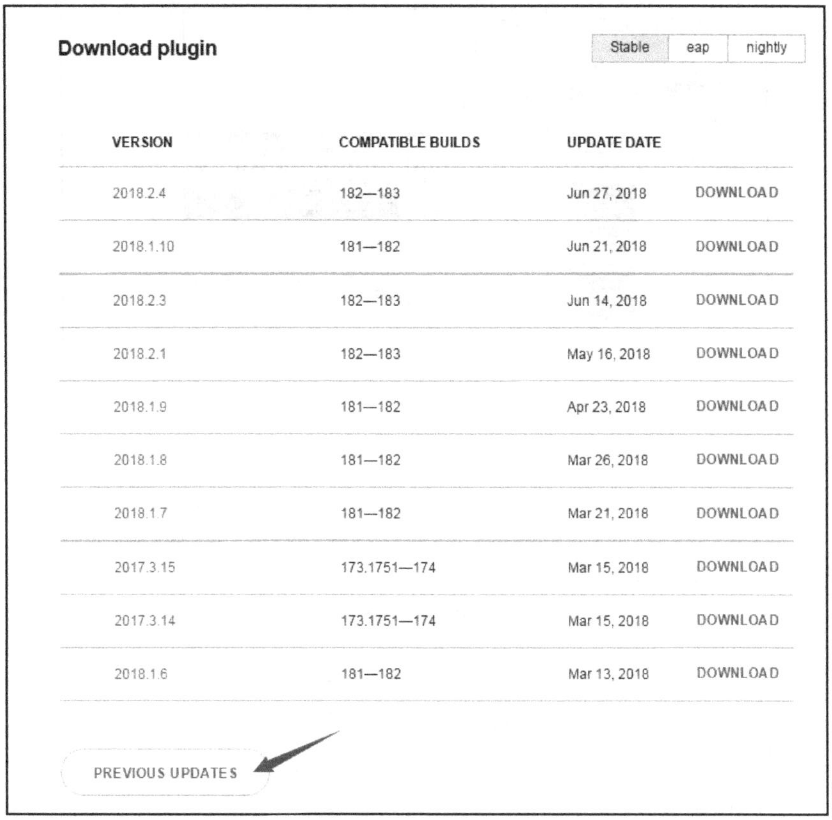

图 3-1　Scala 插件下载页面

3.3　启动 IDEA

打开一个 Linux 终端，使用如下命令启动开发工具 IDEA：

```
$ cd /usr/local/idea
$ ./bin/idea.sh
```

第 1 次启动时，会弹出如图 3-2 所示的界面，单击“OK”即可。

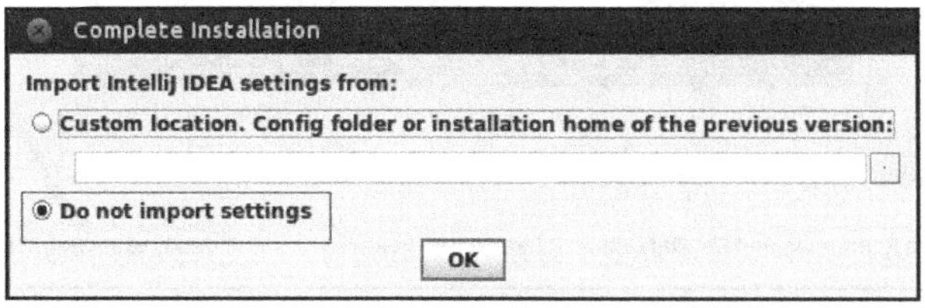

图 3-2　IDEA 的导入设置界面

在弹出的界面中（见图 3-3），单击“Next:Desktop Entry”。

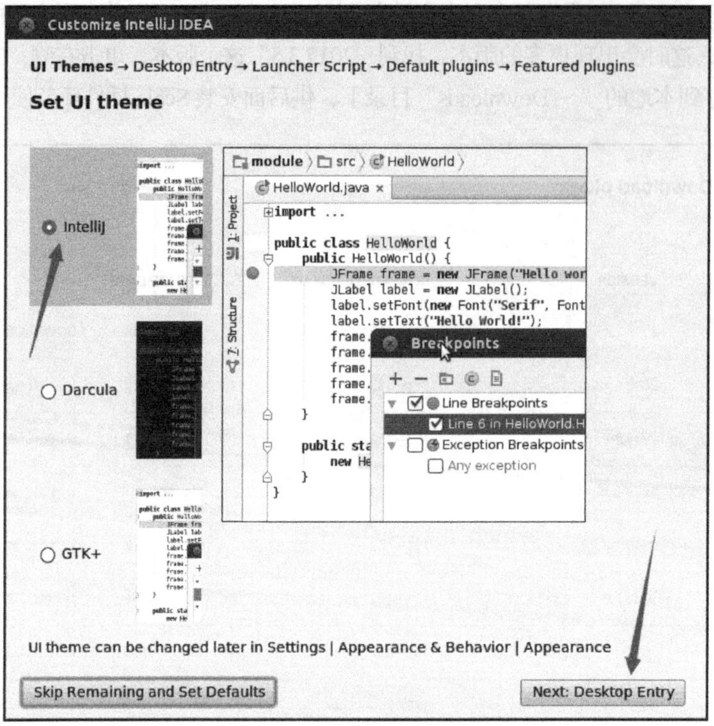

图 3-3　IDEA 的设置主题界面

在弹出的界面中（见图 3-4），单击“Next:Launcher Script”。

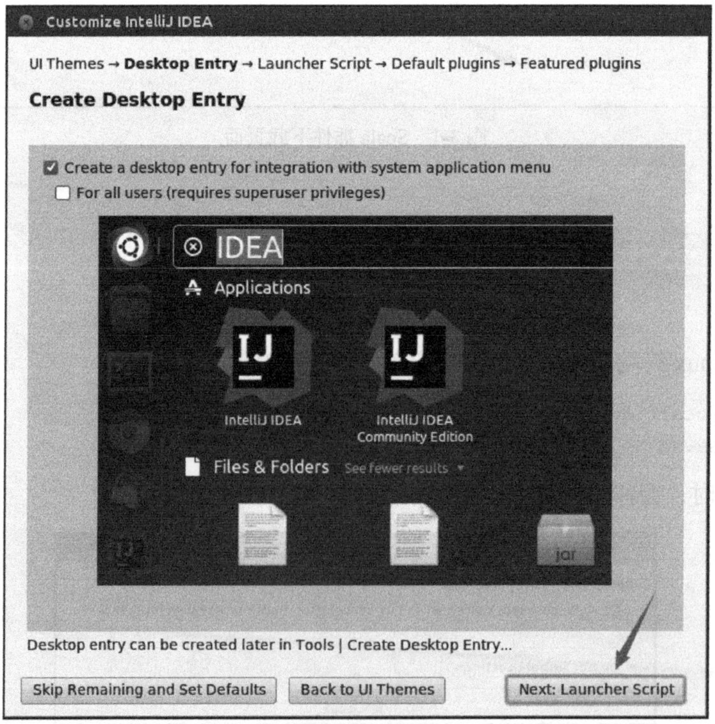

图 3-4　IDEA 的桌面设置界面

在弹出的界面中（见图 3-5），单击“Next: Default plugins”。

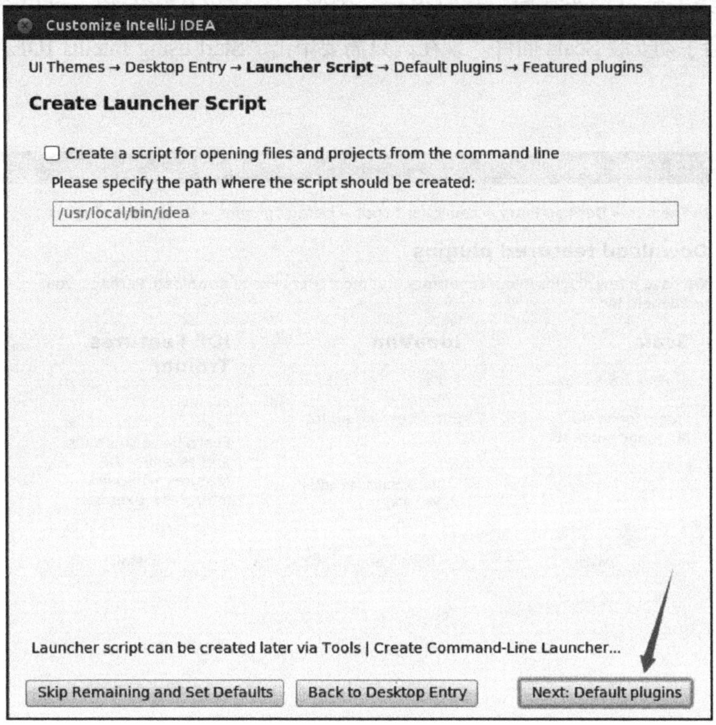

图 3-5　创建脚本

在弹出的界面中（见图 3-6），单击“Next: Featured plugins”。

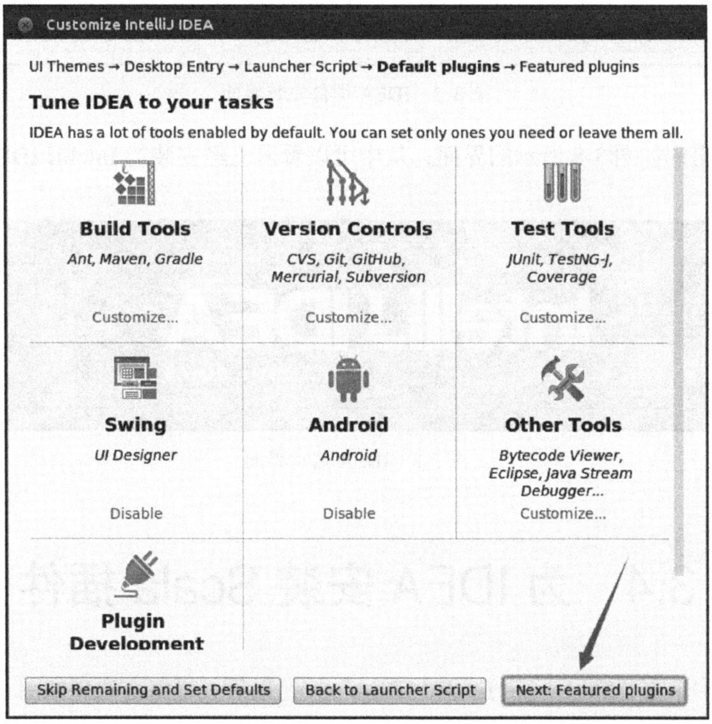

图 3-6　IDEA 插件定制界面

然后，会弹出如图 3-7 所示的界面，如果打算在线安装 Scala 插件，则单击 Scala 下面的“Install”按钮。但是，在线安装过程非常慢，耗时很长，因此，不建议在线安装，这里不要单击“Install”按钮，后面我们会手动安装 Scala 插件。现在，只需要单击“Start using IntelliJ IDEA”按钮，就启动进入 IDEA。

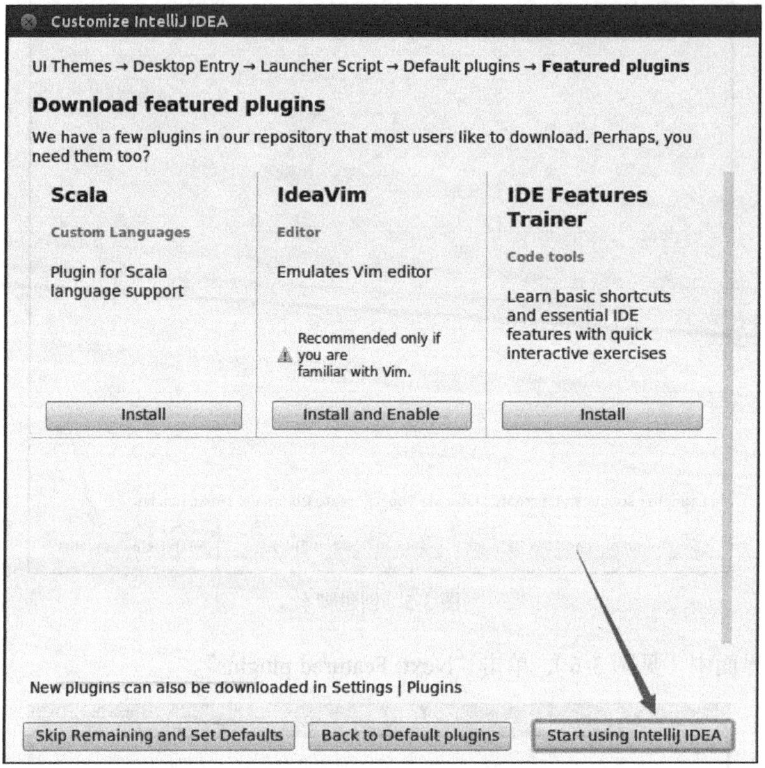

图 3-7　IDEA 插件安装界面

启动过程会出现如图 3-8 所示的界面，从中可以看出已经安装的 IntelliJ IDEA 的版本信息。

图 3-8　IDEA 启动界面

3.4　为 IDEA 安装 Scala 插件

在上面步骤中单击“Start using IntelliJ IDEA”按钮以后，最终会出现如图 3-9 所示的界面，请单击界面右下角的“Configure”。

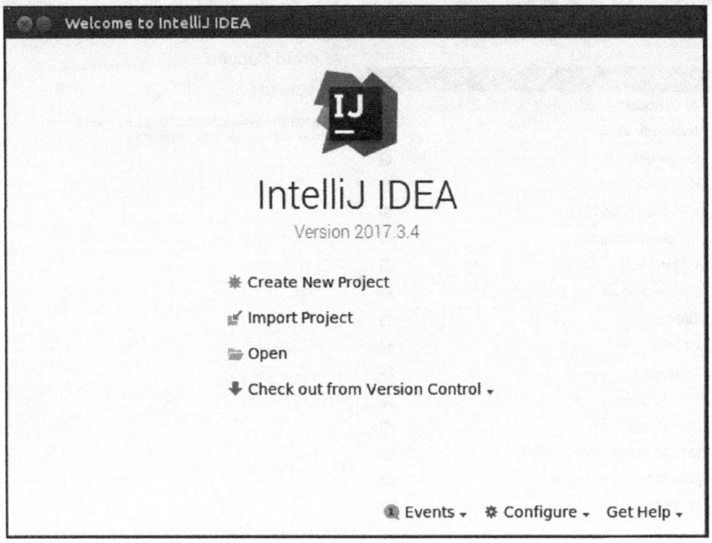

图 3-9 IDEA 欢迎界面

在弹出的界面中（见图 3-10），单击“Plugins”。

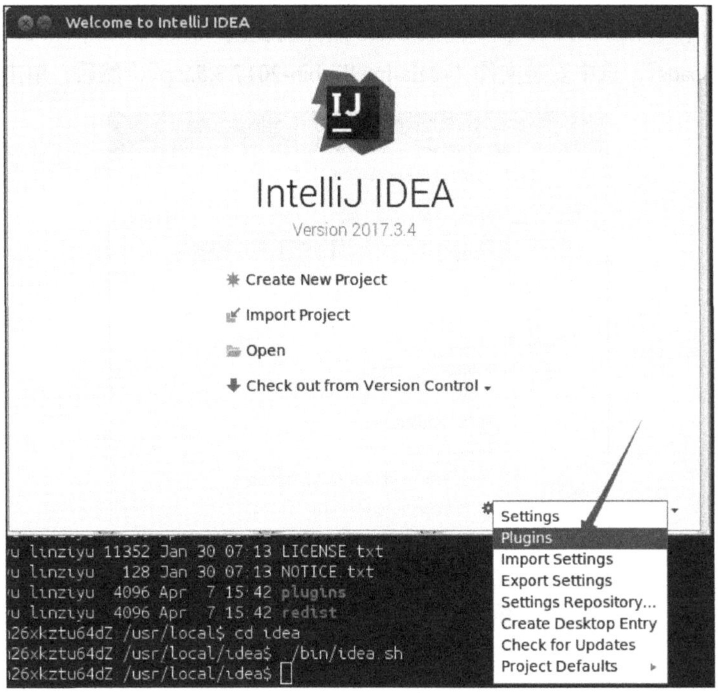

图 3-10 欢迎界面中的 Plugins 菜单

然后，会弹出如图 3-11 所示的“Plugins”界面，单击界面右下角的“Install plugin from disk…”按钮。注意，如果已经进入了 IDEA 开发界面，也可以从菜单“File”下的子菜单“Settings…”进入打开“Plugins”界面。

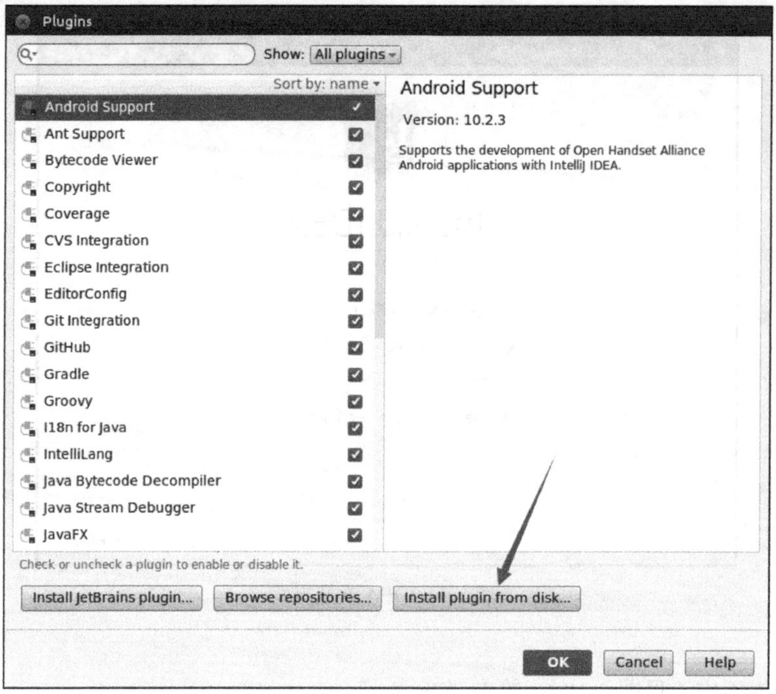

图 3-11　“Plugins”界面

在弹出的界面中（见图 3-12），找到前面 Scala 插件安装包“scala-intellij-bin-2017.3.5.zip”所保存的目录“~/Downloads”，选中安装文件“scala-intellij-bin-2017.3.5.zip”，然后，单击“OK”按钮。

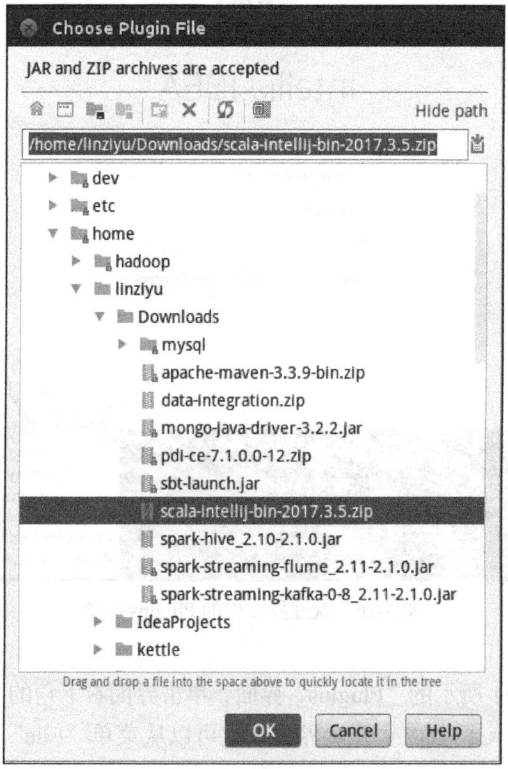

图 3-12　选择插件安装包

在弹出的界面中（见图 3-13），单击右上角的“Restart IntelliJ IDEA”，重新启动 IDEA。

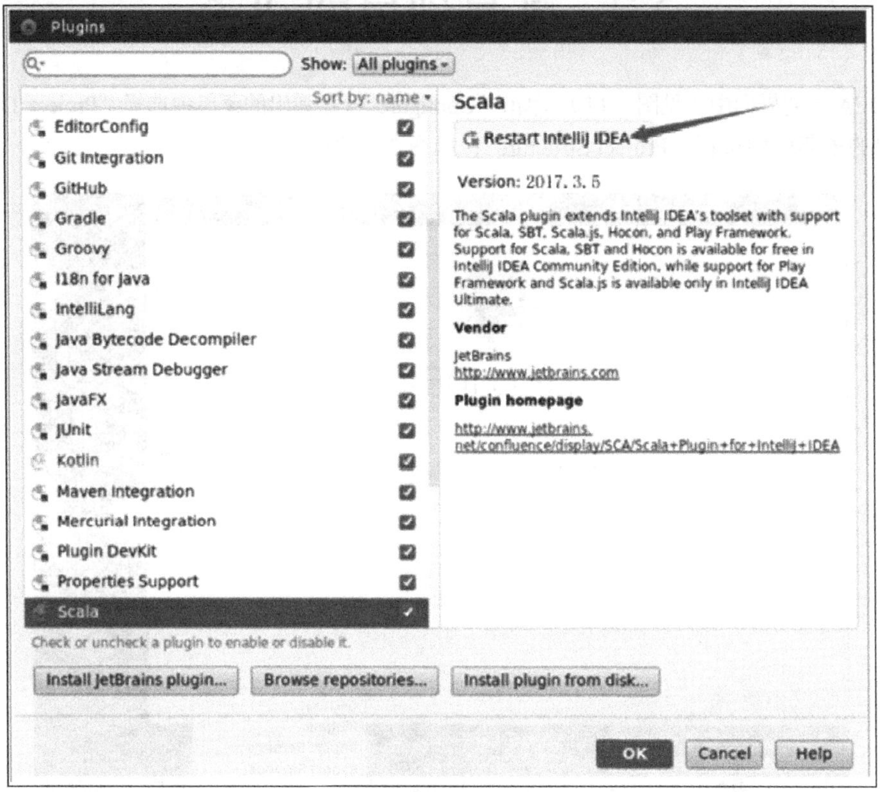

图 3-13　重新启动 IDEA

重启以后，会再次出现欢迎界面（见图 3-14）。

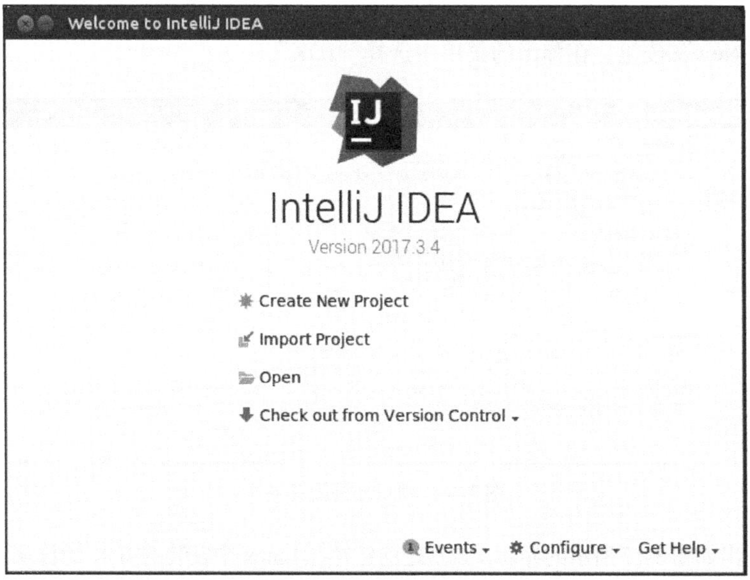

图 3-14　IDEA 欢迎界面

3.5 配置项目的 JDK

在 IDEA 欢迎界面中（见图 3-14），单击“Configure”，在弹出的菜单中选择“Project Defaults”，再在弹出的子菜单中选择“Project Structure”，如图 3-15 所示。

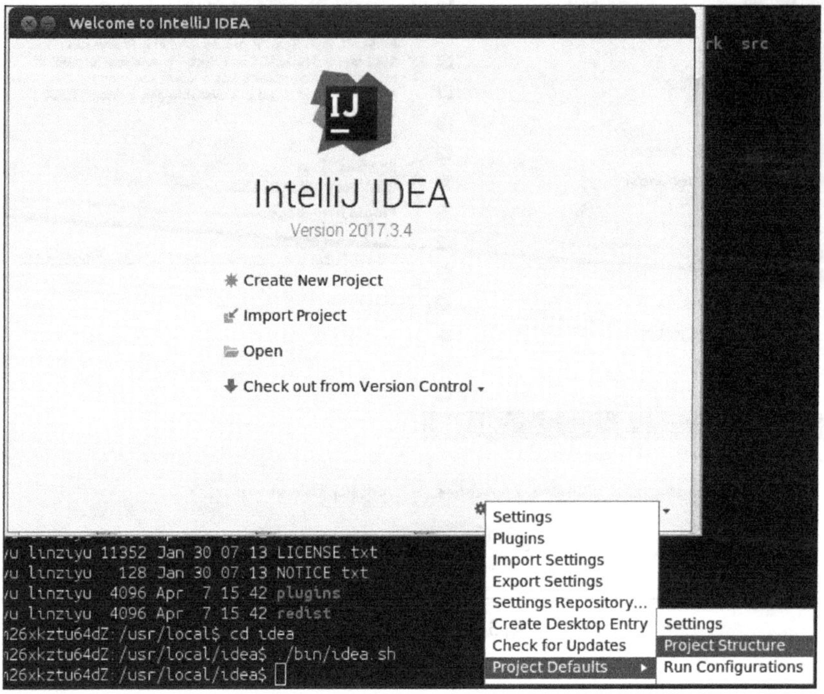

图 3-15 项目结构菜单

在弹出的界面中（见图 3-16），单击左侧“Project Settings”中的“Project”，在右边单击<No SDK>后面的“New”按钮，在弹出的菜单中选择“JDK”。

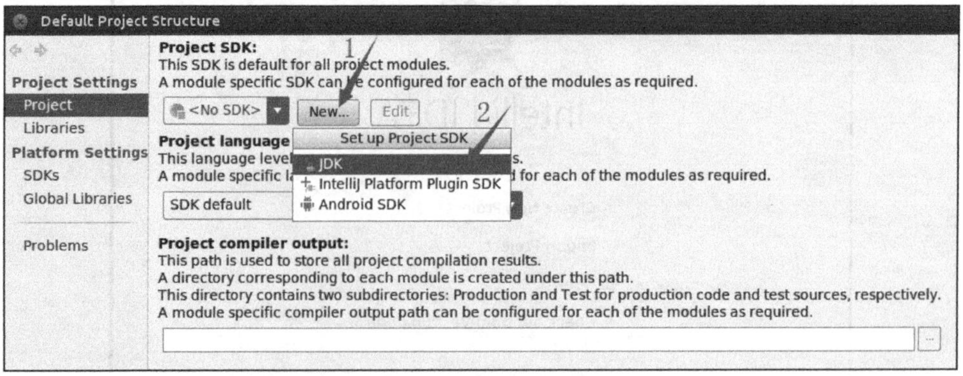

图 3-16 项目结构设置界面

然后，会弹出如图 3-17 所示的界面，找到之前已经在 Linux 中安装的 JDK 的目录（参见“2.2 JDK 的安装”），也就是“/usr/lib/jvm/jdk1.8.0_162”，单击“OK”按钮。

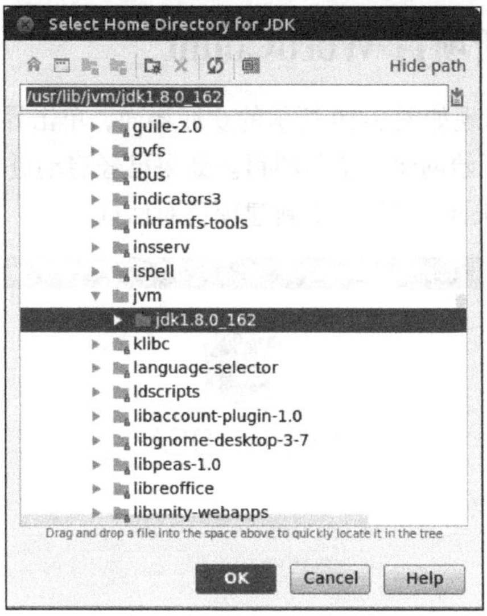

图 3-17　选择 JDK 目录

这时会返回如图 3-18 所示的界面，在界面中单击“OK”按钮。

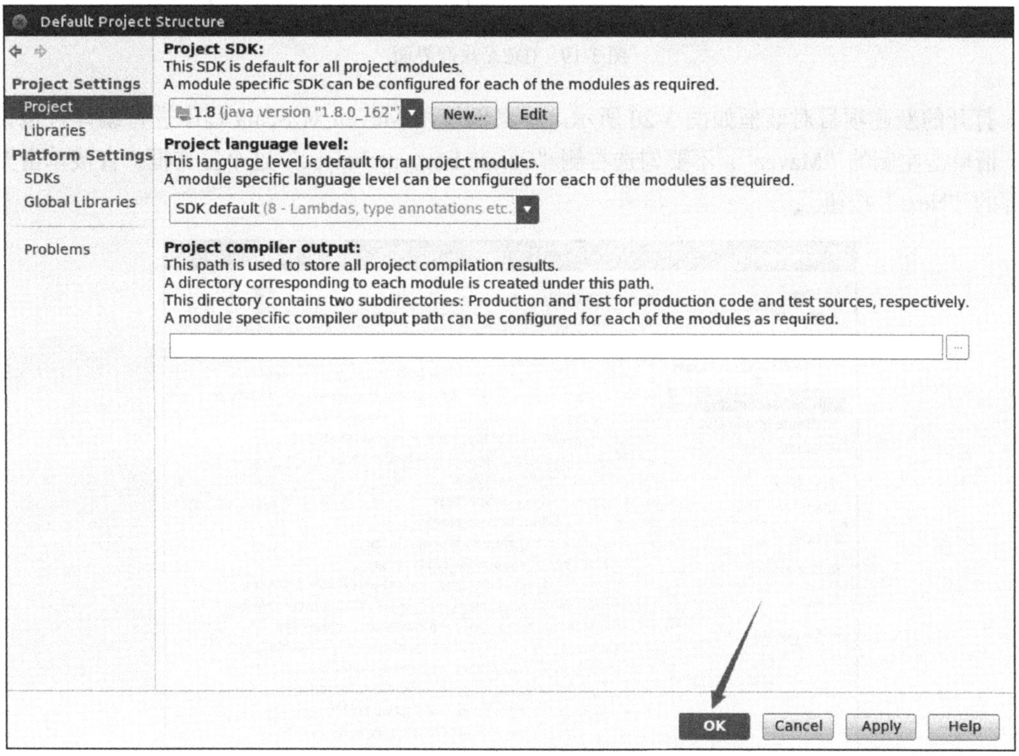

图 3-18　完成 JDK 设置后的项目结构界面

3.6　使用 IDEA 开发 WordCount 程序

这里以一个词频统计程序为例，介绍如何使用 IDEA 开发 Scala 程序。

3.6.1 创建一个新项目 WordCount

在首次启动 IDEA 时会出现如图 3-19 所示的欢迎界面，单击界面中的“Create New Project”，打开一个新建项目对话框，开始创建一个新项目。如果已经启动进入了 IDEA 开发界面，也可以通过菜单“File ->New ->Project”打开一个新建项目对话框。

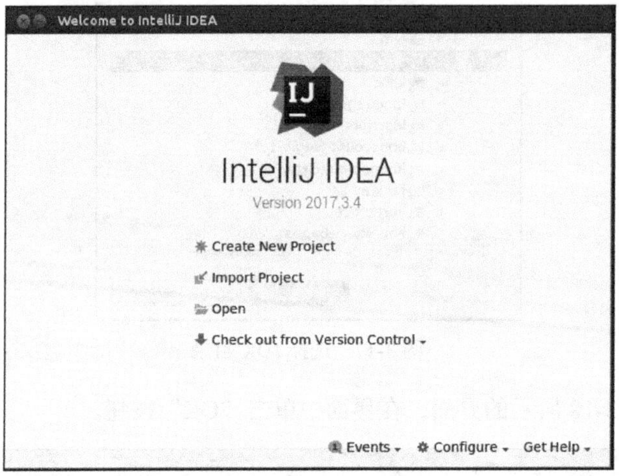

图 3-19　IDEA 欢迎界面

打开的新建项目对话框如图 3-20 所示。本案例使用 Maven 对 Scala 程序进行编译打包，所以，请单击左侧的“Maven”，不要勾选右侧“Create from_archetype”这个复选框，直接单击界面底部的“Next”按钮。

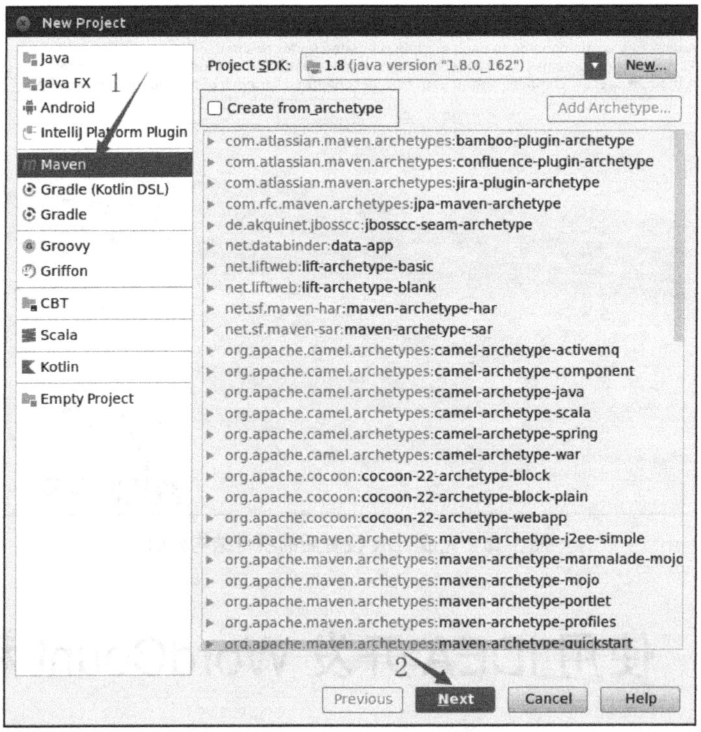

图 3-20　新建 Maven 项目

在弹出的界面中（见图 3-21），在“GroupId”中填入“dblab”，在“ArtifactId”中填入“WordCount”，然后，单击“Next”按钮。

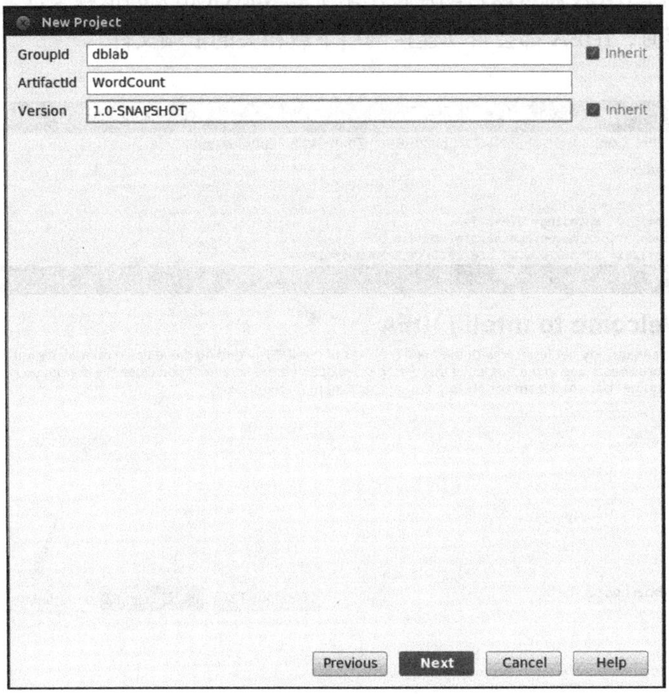

图 3-21　设置 Maven 项目信息

在弹出的界面中（见图 3-22），单击“Finish”按钮。

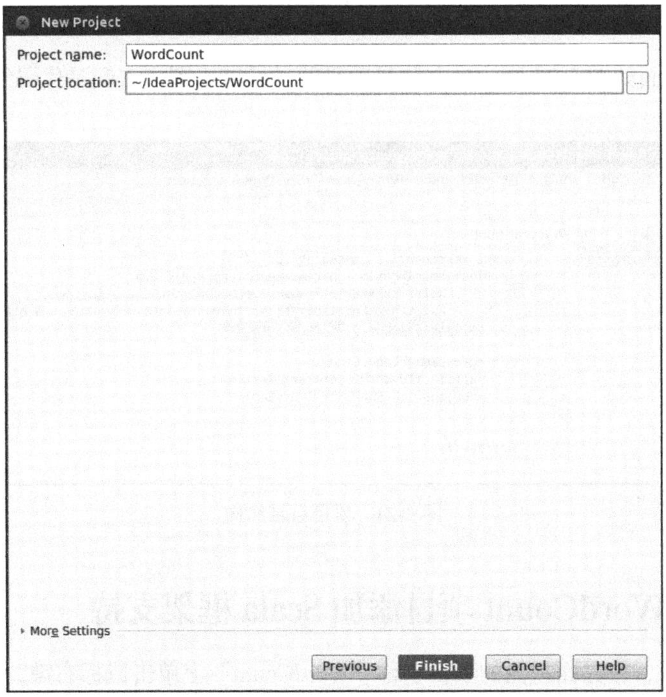

图 3-22　设置项目名称

然后，会进入如图 3-23 所示的项目界面，界面中出现一个 “Tip of the Day” 提示框，直接单击 “Close” 按钮。另外，需要单击界面底部 “Maven projects need to be imported” 这个区域的 “Enable Auto-Import”。这样，IDEA 就可以自动连接网络下载 Maven 相关的依赖文件，以后每次修改项目中的 pom.xml 内容时，IDEA 都会自动连接网络下载相关的依赖文件。

图 3-23　项目提示信息界面

此时的项目界面如图 3-24 所示，左侧是项目的目录结构图，右侧是代码编辑区域。

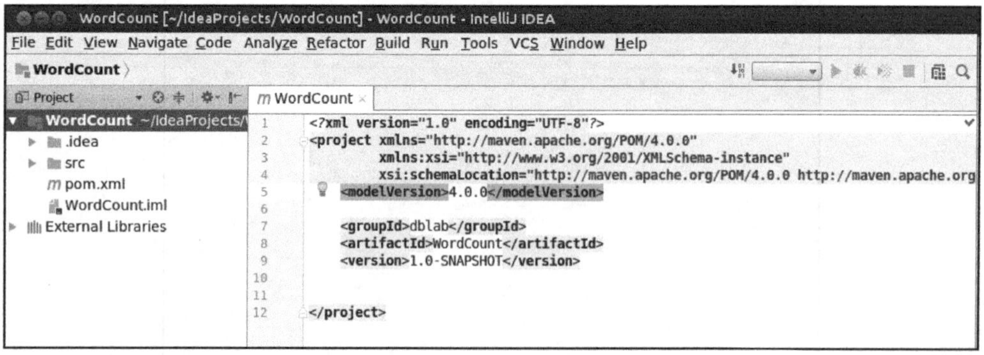

图 3-24　项目目录结构

3.6.2　为 WordCount 项目添加 Scala 框架支持

如图 3-25 所示，在界面左侧的项目名称 “WordCount” 上单击鼠标右键，在弹出的菜单中选择 “Add Framework Support…”。

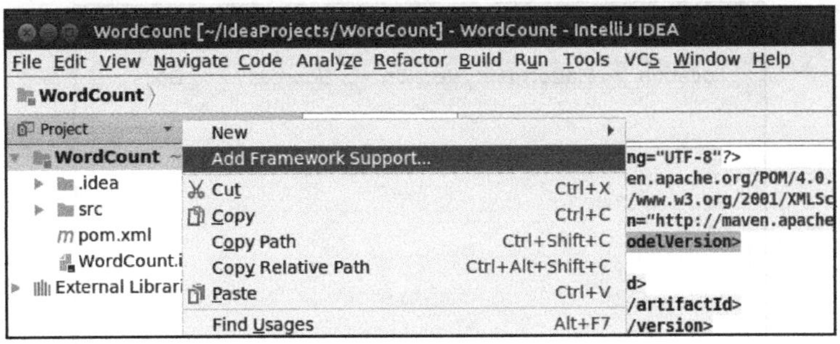

图 3-25　添加框架支持

在弹出的界面中（见图 3-26），勾选界面左侧的“Scala”复选框，再单击“Use Library”右边的“Create”按钮。

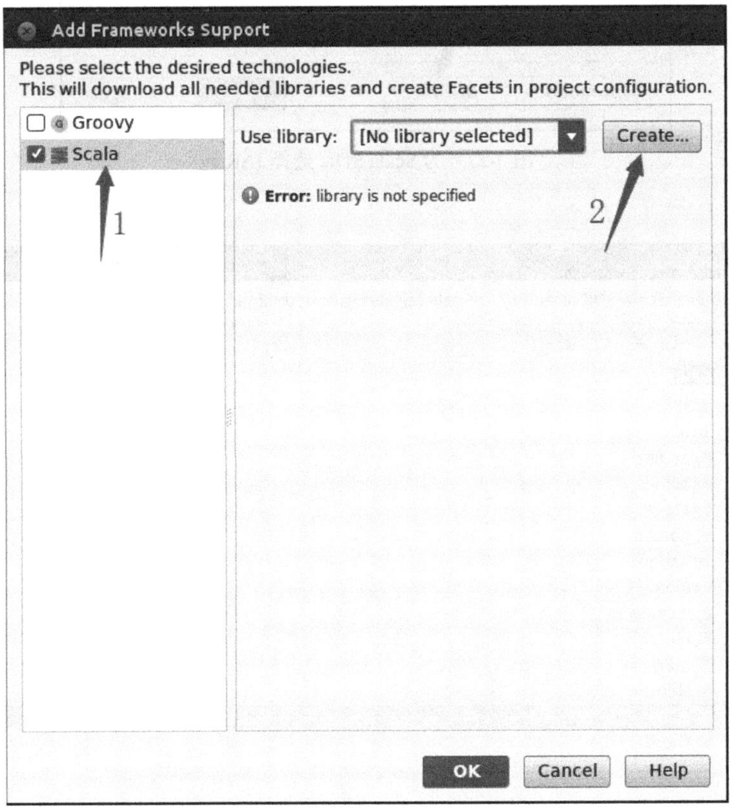

图 3-26　添加框架支持的设置界面

在弹出的界面中（见图 3-27），单击界面底部的“Browse…”按钮；然后会弹出如图 3-28 所示的界面，需要找到之前 Scala 的安装目录“/usr/local/scala”（参见“2.3 Scala 的安装”）；再单击界面底部的“OK”按钮。

图 3-27　为 Scala SDK 选择 JAR 包

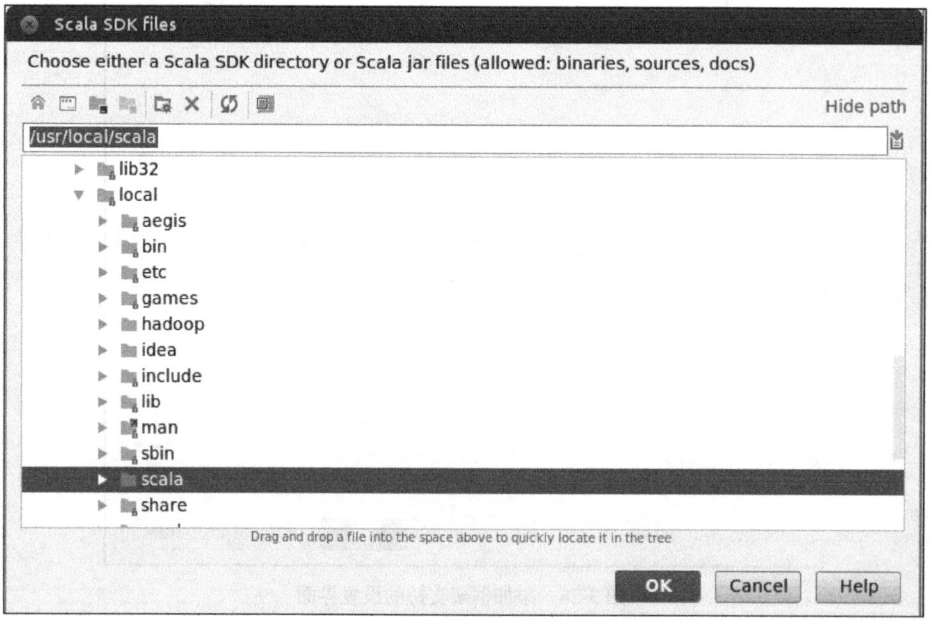

图 3-28　Scala SDK 文件目录

这时会返回如图 3-29 所示的界面，单击界面底部的“OK”按钮。

注意界面底部的状态信息（见图 3-30），会显示正在构建索引。

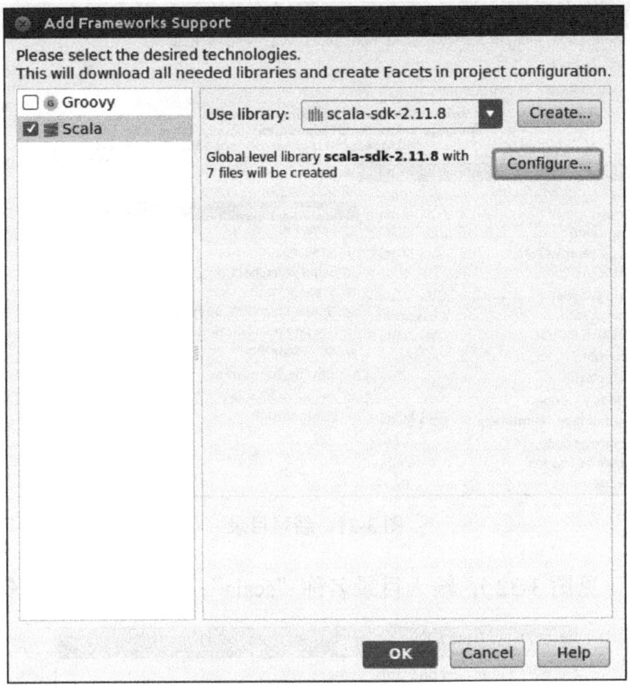

图 3-29 添加框架支持界面

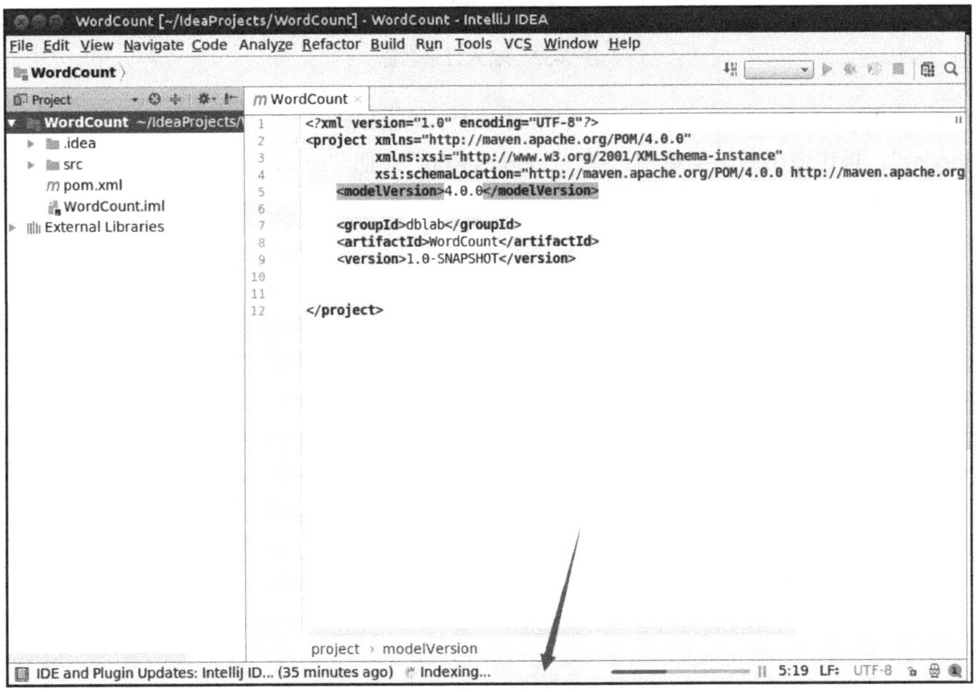

图 3-30 项目界面底部状态条

3.6.3 设置项目目录

如图 3-31 所示，在界面左侧的项目栏中，在“src”目录的“main”子目录上，单击鼠标右键，在弹出的菜单中选择“New”，然后在弹出的菜单中选择“Directory”，创建一个新目录。

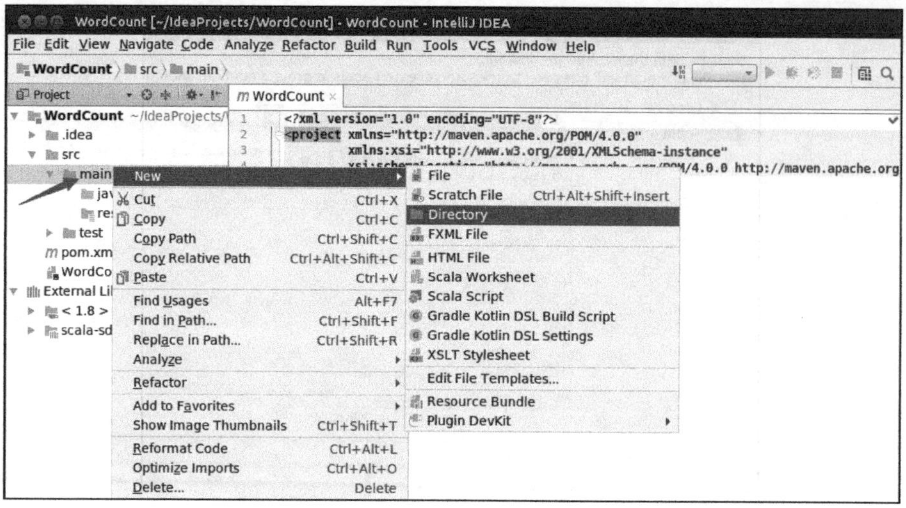

图 3-31 新建目录

在弹出的界面中（见图 3-32），输入目录名称“scala”，单击“OK”按钮。

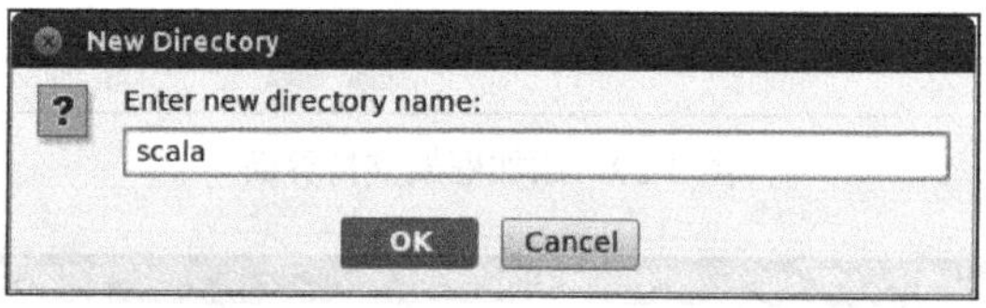

图 3-32 输入目录名称

然后，如图 3-33 所示，在“scala”这个子目录上，单击鼠标右键，在弹出的菜单中选择“Mark Directory as”，再在弹出的子菜单中选择“Sources Root”，把“scala”目录设置为源代码目录。

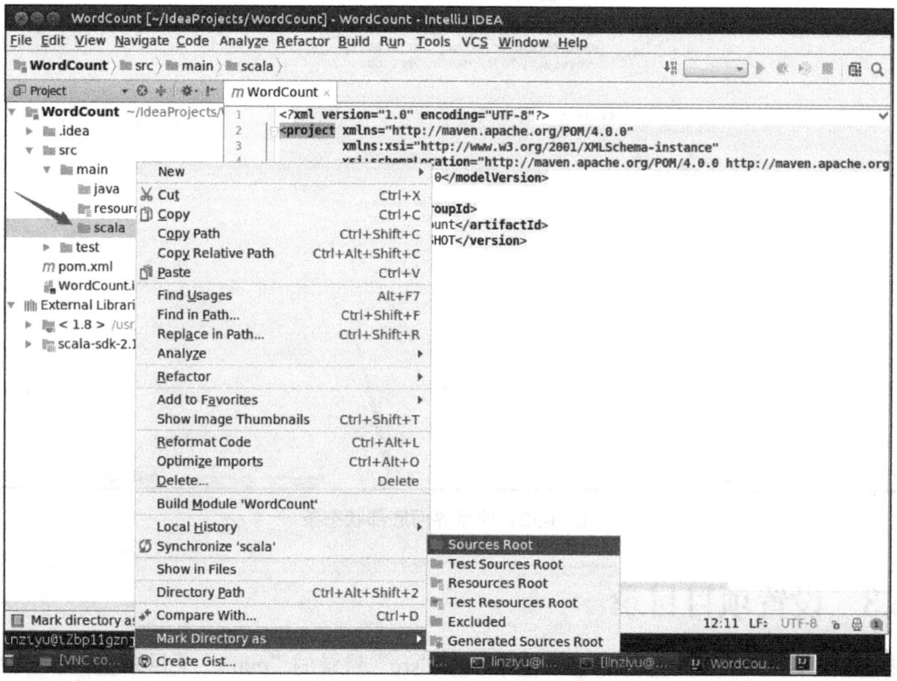

图 3-33 设置源代码目录

如图 3-34 所示，在“java”子目录上，单击鼠标右键，在弹出的菜单中单击“Delete…”，删除这个目录。

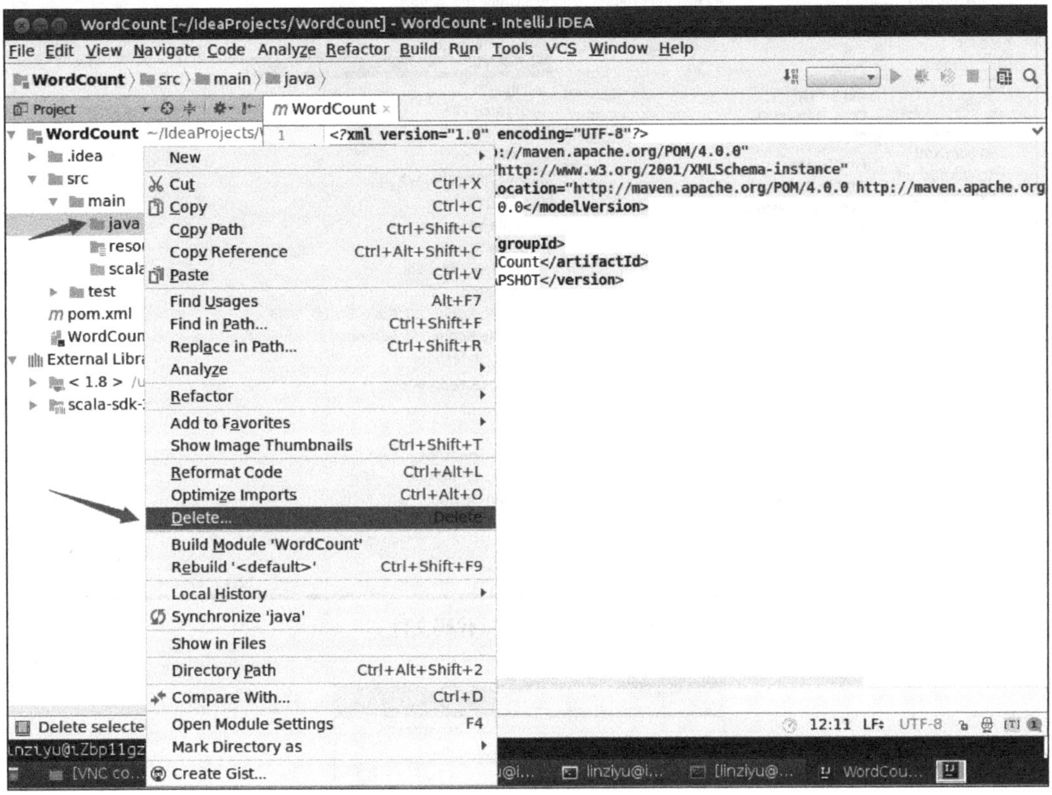

图 3-34　删除目录

删除目录时，会弹出一个删除确认界面（见图 3-35），询问是否删除，可以直接单击“Delete”按钮。

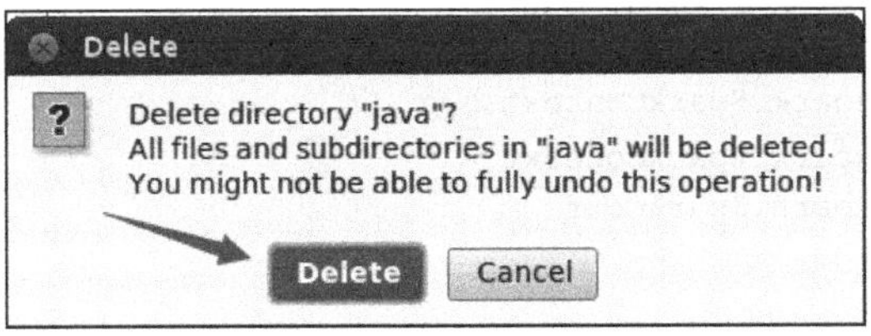

图 3-35　删除文件确认界面

3.6.4　新建 Scala 代码文件

在 scala 目录上单击鼠标右键（见图 3-36），在弹出的菜单中单击“New”，然后在弹出的菜单中选择“Scala Class”，新建一个 Scala 代码文件。

在弹出的界面中（见图 3-37），在“Name”后面输入“WordCount”，在“Kind”后面选择“Object”，单击“OK”按钮。

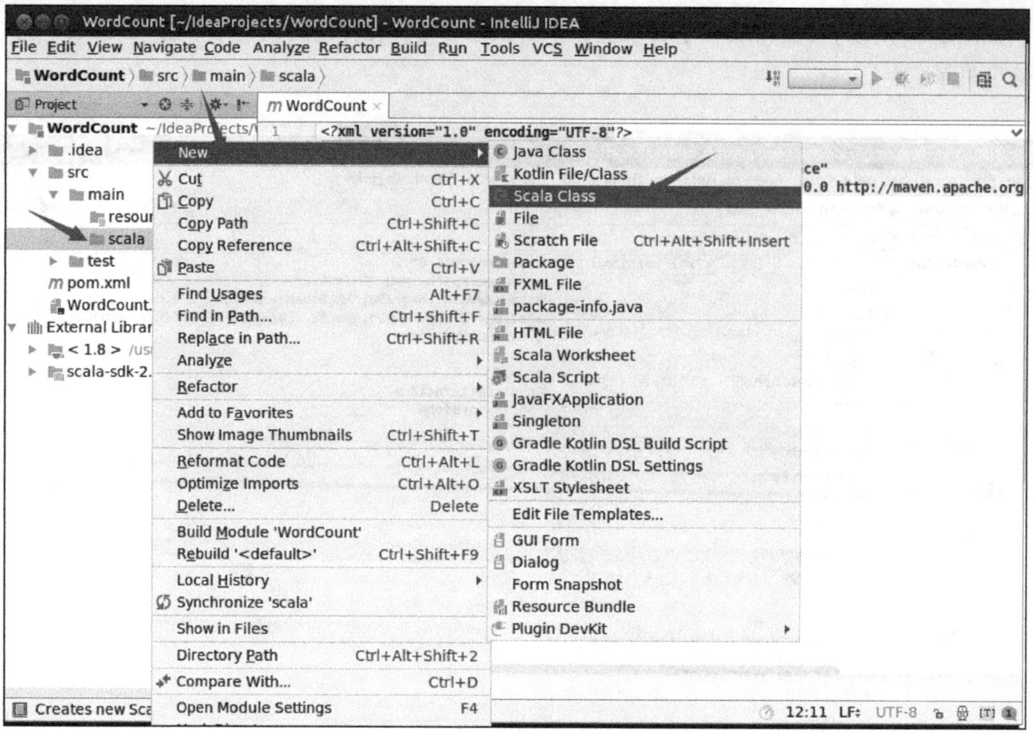

图 3-36　新建 Scala 代码文件

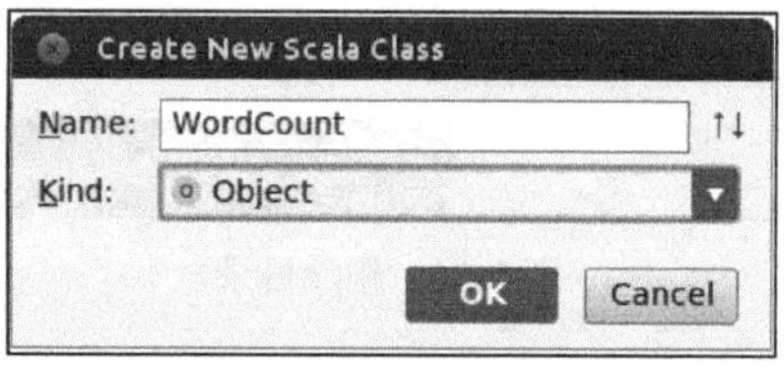

图 3-37　设置类的名称和类型

这时可以看到，在项目界面中生成了一个“WordCount.scala”代码文件，清空这个文件里面的内容，然后把如下代码复制到文件中：

```
import org.apache.spark.SparkContext
import org.apache.spark.SparkContext._
import org.apache.spark.SparkConf

object WordCount {
  def main(args: Array[String]) {
    val inputFile =  "file:///usr/local/spark/mycode/wordcount/word.txt"
    val conf = new SparkConf().setAppName("WordCount").setMaster("local")
    val sc = new SparkContext(conf)
    val textFile = sc.textFile(inputFile)
    val wordCount = textFile.flatMap(line => line.split(" ")).map(word => (word,1)).
reduceByKey((a, b) => a + b)
    wordCount.foreach(println)
  }
}
```

该代码文件“WordCount.scala”可以直接到本书官网的“下载专区”中下载，文件位于“代码/第 3

章”目录下。需要注意的是，上面代码是对 Linux 系统中的“/usr/local/spark/mycode/wordcount/word.txt”这个文件进行词频统计，统计出“word.txt”中每个单词出现的次数，所以，一定要在 Linux 系统中创建这个 word.txt 文件，并且在里面随便输入几行英文单词，用来做词频统计。

3.6.5　配置 pom.xml 文件

打开项目中的“pom.xml”文件，清空这个文件里面的内容，然后，把如下代码复制到里面：

```
<?xml version="1.0" encoding="UTF-8"?>
<project xmlns="http://maven.apache.org/POM/4.0.0"
         xmlns:xsi="http://www.w3.org/2001/XMLSchema-instance"
         xsi:schemaLocation="http://maven.apache.org/POM/4.0.0 http://maven.apache.
org/xsd/maven-4.0.0.xsd">
    <modelVersion>4.0.0</modelVersion>
    <groupId>dblab</groupId>
    <artifactId>WordCount</artifactId>
    <version>1.0-SNAPSHOT</version>
    <properties>
        <spark.version>2.1.0</spark.version>
        <scala.version>2.11</scala.version>
    </properties>
    <dependencies>
        <dependency>
            <groupId>org.apache.spark</groupId>
            <artifactId>spark-core_${scala.version}</artifactId>
            <version>${spark.version}</version>
        </dependency>
        <dependency>
            <groupId>org.apache.spark</groupId>
            <artifactId>spark-streaming_${scala.version}</artifactId>
            <version>${spark.version}</version>
        </dependency>
        <dependency>
            <groupId>org.apache.spark</groupId>
            <artifactId>spark-sql_${scala.version}</artifactId>
            <version>${spark.version}</version>
        </dependency>
        <dependency>
            <groupId>org.apache.spark</groupId>
            <artifactId>spark-hive_${scala.version}</artifactId>
            <version>${spark.version}</version>
        </dependency>
        <dependency>
            <groupId>org.apache.spark</groupId>
            <artifactId>spark-mllib_${scala.version}</artifactId>
            <version>${spark.version}</version>
        </dependency>
    </dependencies>
    <build>
        <plugins>
            <plugin>
                <groupId>org.scala-tools</groupId>
                <artifactId>maven-scala-plugin</artifactId>
                <version>2.15.2</version>
```

```
                <executions>
                    <execution>
                        <goals>
                            <goal>compile</goal>
                            <goal>testCompile</goal>
                        </goals>
                    </execution>
                </executions>
            </plugin>
            <plugin>
                <artifactId>maven-compiler-plugin</artifactId>
                <version>3.6.0</version>
                <configuration>
                    <source>1.8</source>
                    <target>1.8</target>
                </configuration>
            </plugin>
            <plugin>
                <groupId>org.apache.maven.plugins</groupId>
                <artifactId>maven-surefire-plugin</artifactId>
                <version>2.19</version>
                <configuration>
                    <skip>true</skip>
                </configuration>
            </plugin>
        </plugins>
    </build>
</project>
```

该代码文件“pom.xml”可以直接到本书官网的“下载专区”中下载，文件位于“代码/第 3 章”目录下。然后，如图 3-38 所示，界面底部就会出现正在运行后台进程的相关信息。

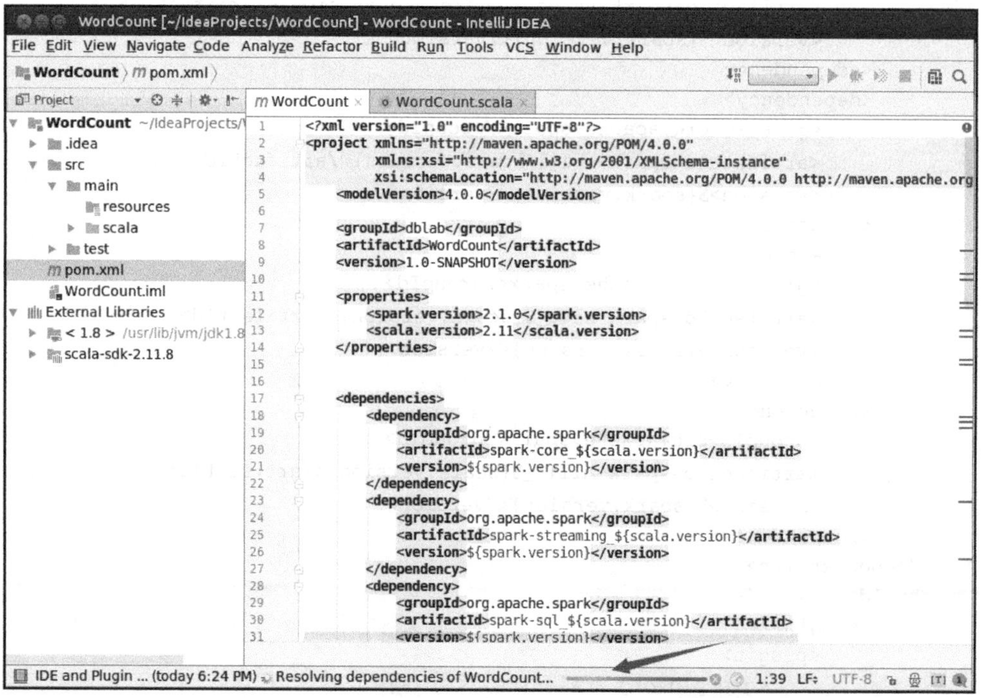

图 3-38　修改“pom.xml”文件时项目界面底部状态条信息

3.6.6　更新 Maven 的依赖文件

打开项目中的“pom.xml”文件，在该文件内容窗口内的任意位置，单击鼠标右键，如图 3-39 所示，在弹出的菜单中单击“Maven”，再在弹出的菜单中单击“Generate Sources and Update Folders”。然后，IDEA 就会开始到网络上下载相关的依赖文件。界面底部状态条会显示正在运行“Resolving dependencies of WordCount…”，表示 IDEA 正在从网络上下载相关的依赖文件。由于是第一次运行，所以，需要从网络上下载大量依赖文件，会耗费较长时间（有些计算机需要运行 0.5～1 小时）。以后再运行时，就不需要再次下载，速度就会快很多。

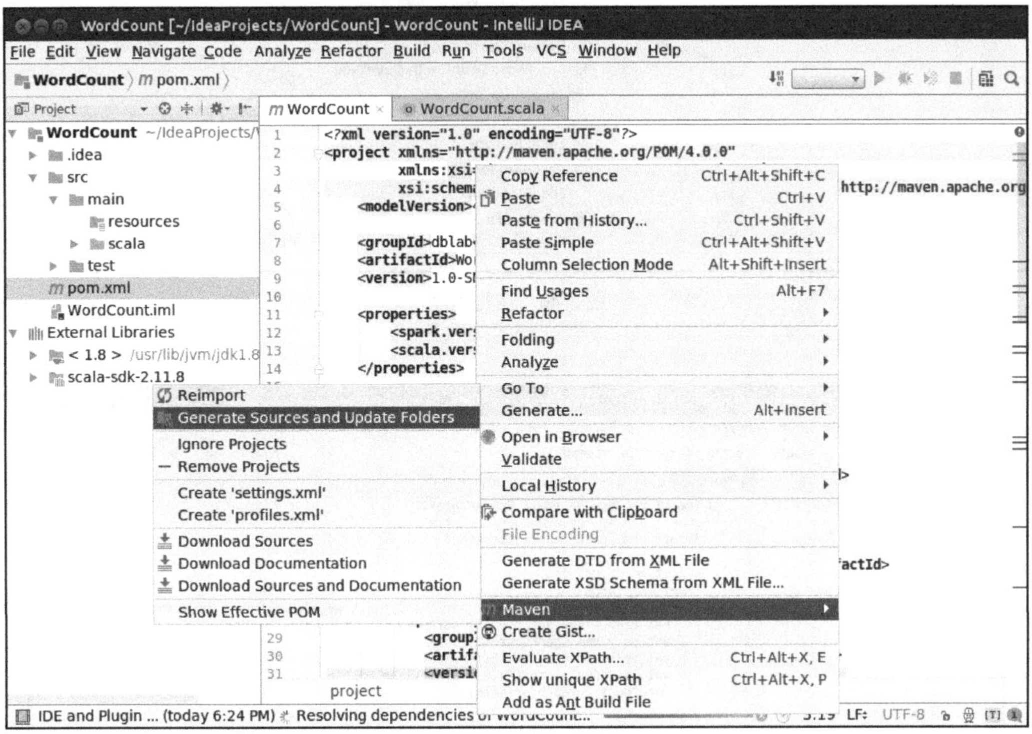

图 3-39　更新 Maven 依赖文件

如果界面底部的圆圈一直在转动，状态条一直在闪动，就说明 IDEA 一直在下载文件。当圆圈静止，长条形的状态条不动时，表明下载结束，就可以进行后续的操作。

3.6.7　运行 WordCount 程序

如图 3-40 所示，在项目中打开“WordCount.scala”代码文件，在该代码文件内容窗口内的任意位置，单击鼠标右键，在弹出的菜单中单击“Run 'WordCount'”，运行 WordCount 程序。

这时，IDEA 就开始对 WordCount.scala 程序进行编译，在编译过程中，IDEA 界面底部状态条会显示相关信息（见图 3-41）。

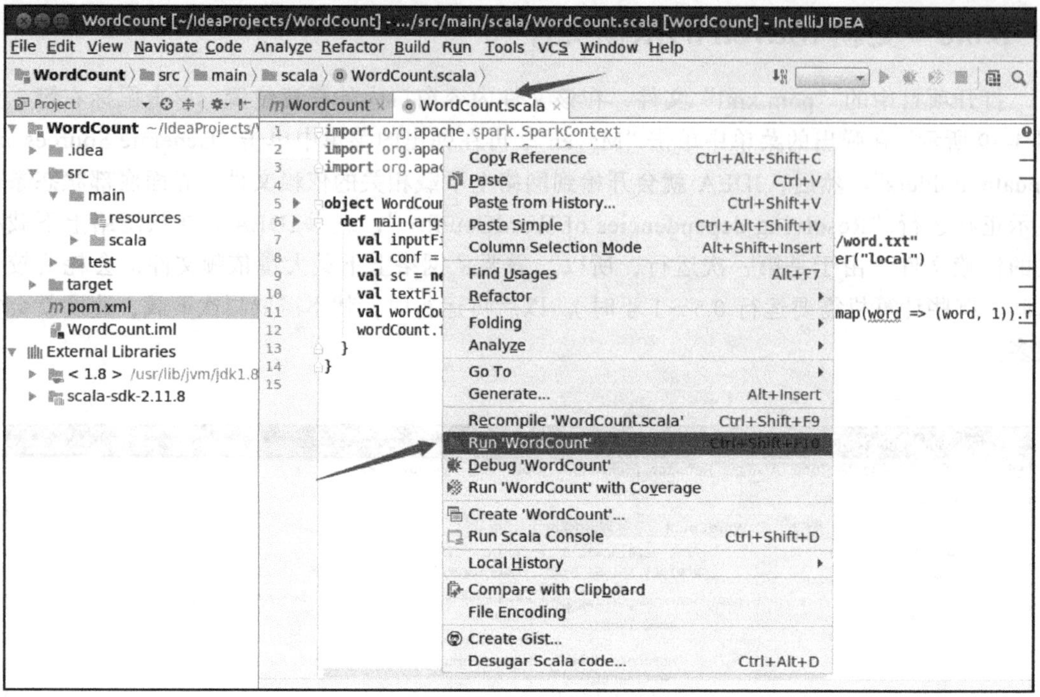

图 3-40　运行程序

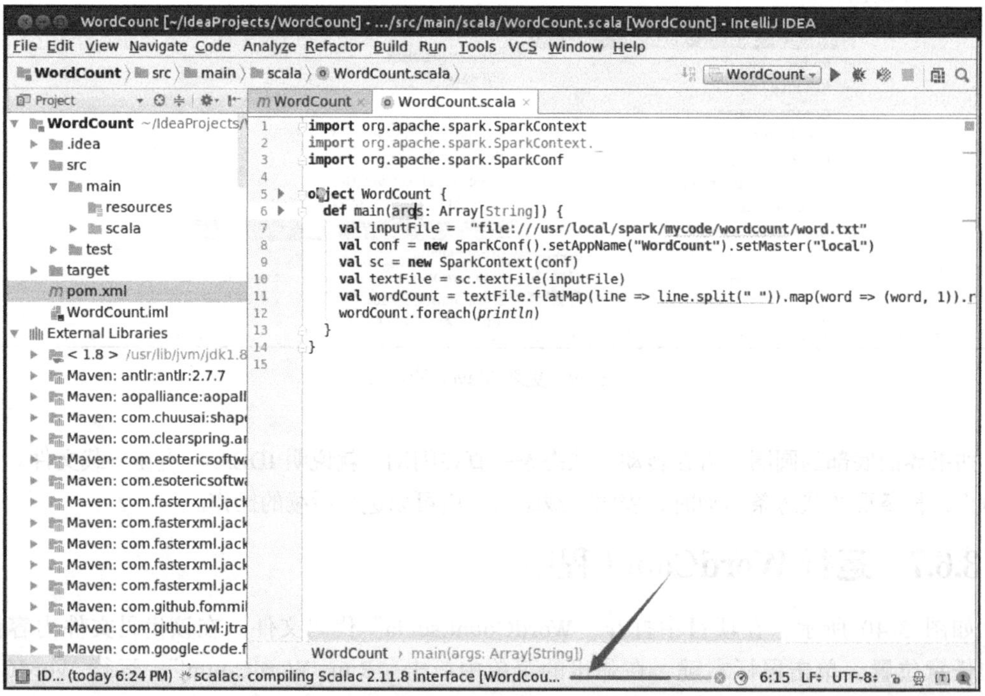

图 3-41　程序编译过程中界面底部的状态条信息

如果程序正确，编译过程没有错误，最终会运行得到词频统计结果（见图 3-42）。

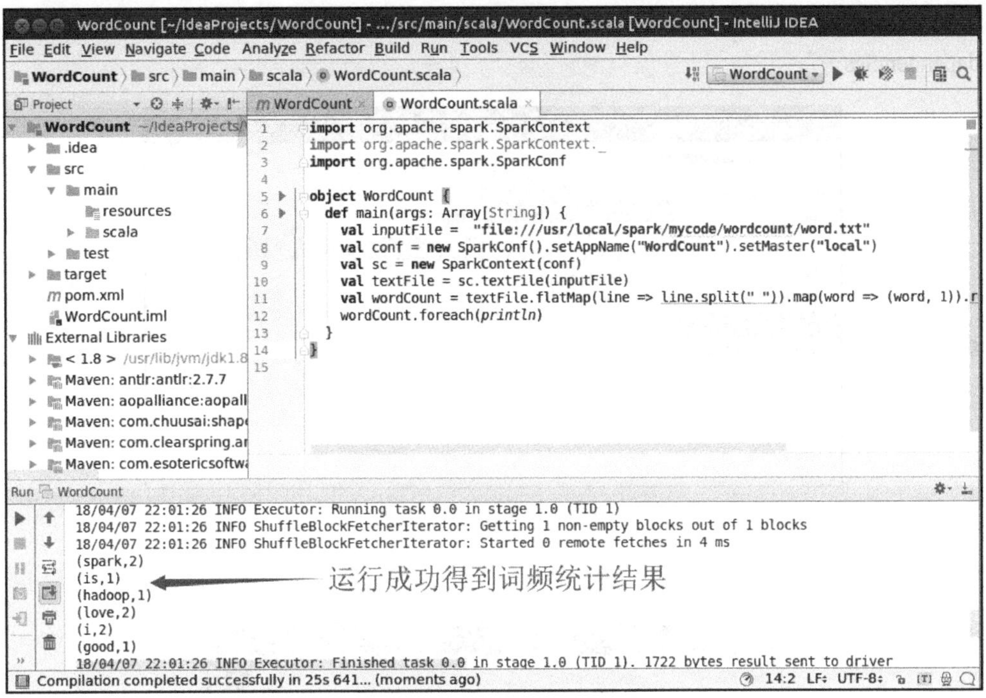

图 3-42　程序运行结果

3.6.8　打包 WordCount 程序生成 JAR 包

在 IDEA 中调试成功以后，需要把程序打包成 JAR 包，部署到 Linux 平台上运行。首先，如图 3-43 所示，在 IDEA 中打开菜单“File ->Project Structure…”。

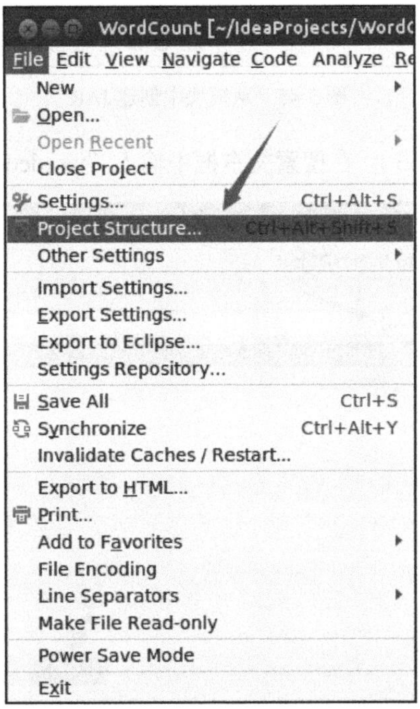

图 3-43　项目结构菜单

然后，会弹出如图 3-44 所示的界面，依次单击“Artifacts”、绿色加号、“JAR”和“From modules with dependencies…”。

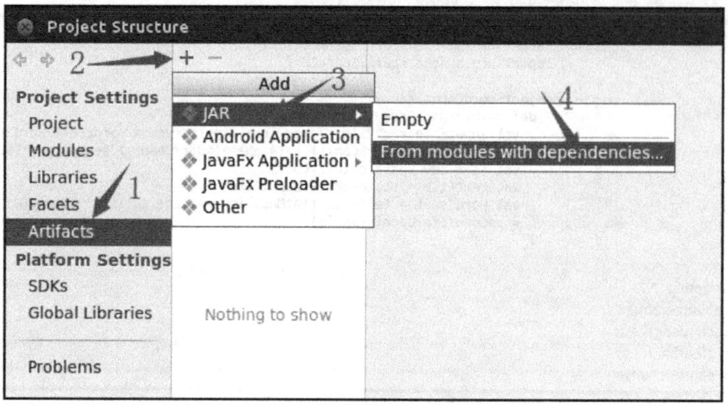

图 3-44　设置项目结构

在弹出的界面中（见图 3-45），单击“Main Class”右边的省略号按钮。

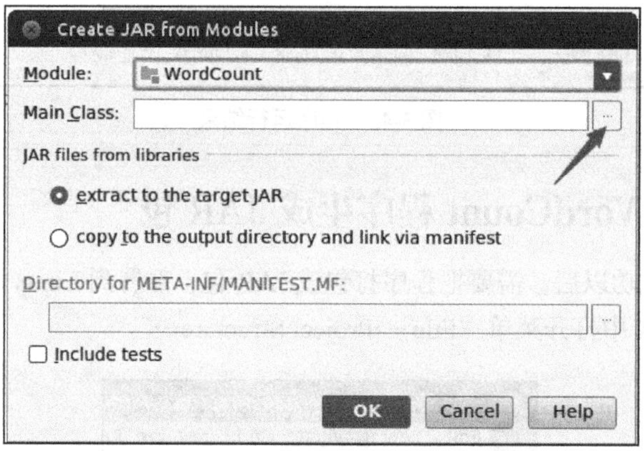

图 3-45　从模块中创建 JAR

在弹出的界面中（见图 3-46），在搜索文本框中输入“wordcount”，再单击“OK”按钮。

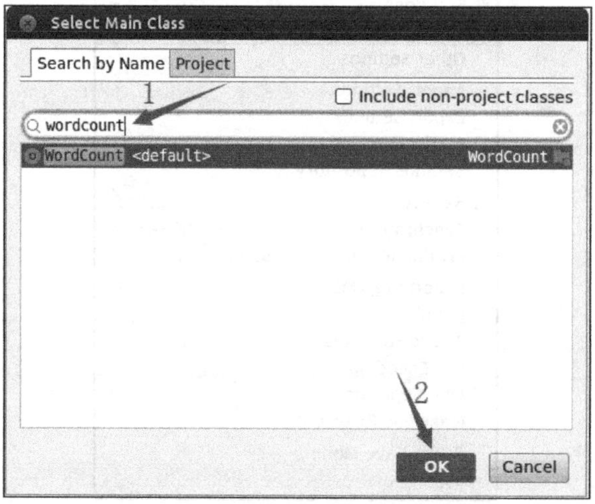

图 3-46　选择一个主类

在弹出的界面中（见图 3-47），单击“OK”按钮。

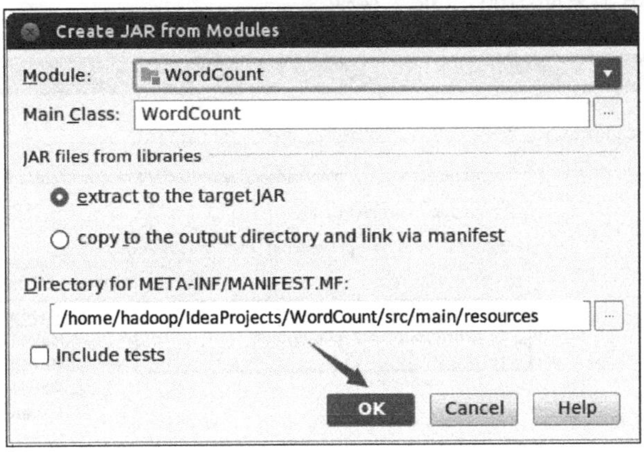

图 3-47　完成主类设置后返回的界面

然后，返回到了如图 3-48 所示的界面。这时，对于图 3-48 中用矩形框包围起来的条目，要删除多余的条目，只保留“WordCount.jar”以及“'WordCount' compile output”。具体方法是，用鼠标左键单击矩形框区域内的任意位置，利用组合键【Ctrl+A】全选功能，选中矩形框中的全部选项，然后，使用 Crtl 键加上鼠标左键单击某个条目进行反选，也就是按住【Ctrl】键的同时，用鼠标左键分别单击“WordCount.jar”和“'WordCount' compile output”这两个条目，从而不选中这两个条目，最后，单击界面中的删除按钮（红色减号图标），这样就把其他条目都删除，只保留了“WordCount.jar”以及“'WordCount' compile output”。

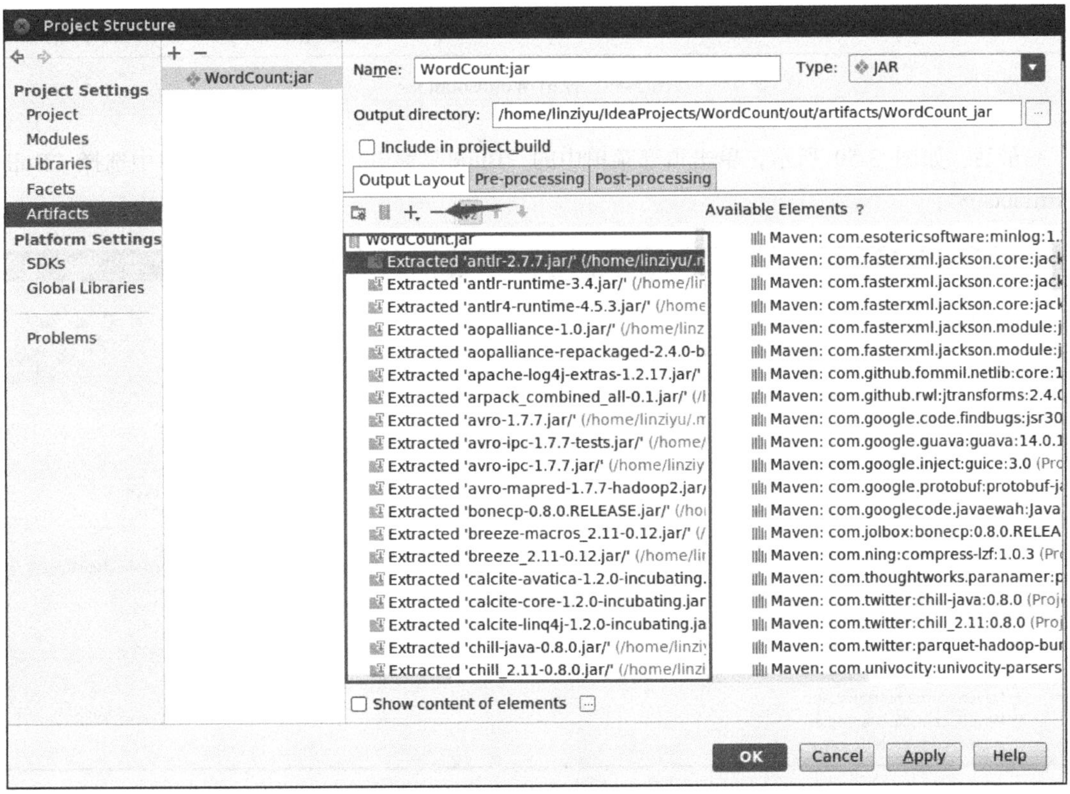

图 3-48　删除多余条目

删除以后，剩下的两个条目就是“WordCount.jar”以及“'WordCount' compile output,”如图 3-49 所示，然后，单击界面中的“OK”按钮。

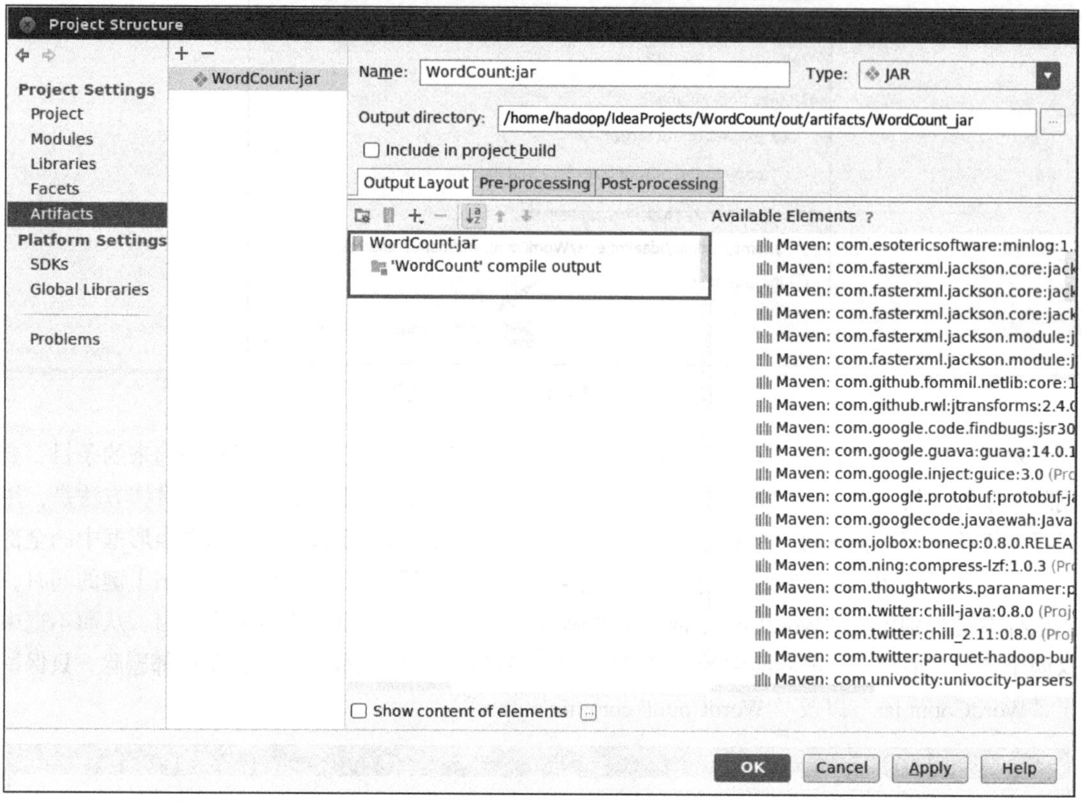

图 3-49　保留 WordCount.jar

最后，如图 3-50 所示，单击顶部菜单中的“Build”菜单，在弹出的子菜单中选择“Build Artifacts…”。

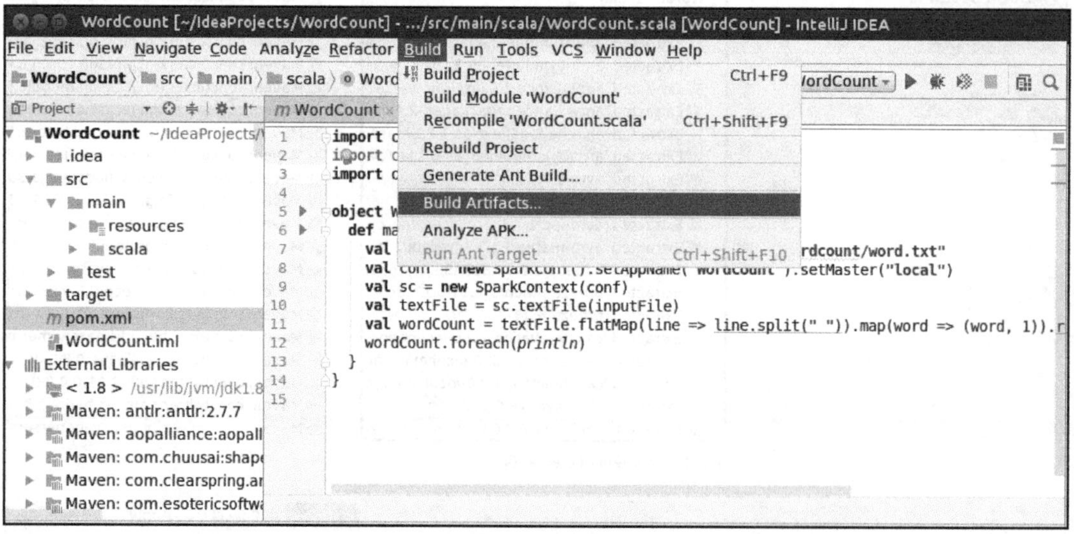

图 3-50　编译菜单

然后，会弹出如图 3-51 所示的界面，单击“Build”选项，就开始编译打包了。

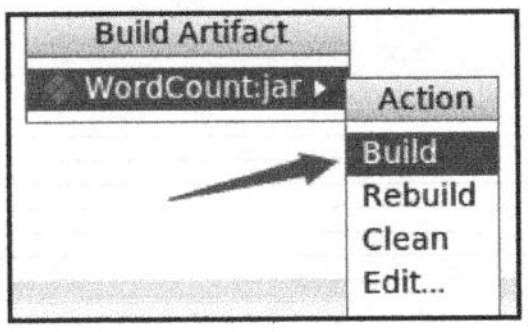

图 3-51　选择相应的编译选项

打包成功以后，生成的 JAR 包文件位于“~/IdeaProjects/WordCount/out/artifacts/WordCount_jar/WordCount.jar”。

3.6.9　把 JAR 包提交到 Spark 中运行

下面可以在 Linux 系统中打开一个命令行终端，执行如下 Shell 命令，运行 WordCount.jar 程序：

```
$ cd /usr/local/spark
$ ./bin/spark-submit --class "WordCount"  \
> ~/IdeaProjects/WordCount/out/artifacts/WordCount_jar/WordCount.jar
```

然后，程序就开始运行，得到词频统计结果。注意，上面命令中，第二行命令末尾的“\”表示换行，也就是说，命令太长，一行写不下，可以使用“\”手动断开换行，然后在下一行的“>”之后继续输入命令。

3.7　本章小结

本案例使用 IDEA 工具开发 Spark 程序，因此，读者需要掌握使用 IDEA 工具开发 Scala 程序的方法。本章介绍了 IDEA 工具的安装，并用手动安装方式在 IDEA 中安装了 Scala 插件，最后，通过一个简单的词频统计实例，详细呈现了在 IDEA 中开发 Scala 程序的全过程，包括项目创建、Scala 代码编写、使用 Maven 编译打包程序等。通过本章的编程实践，读者已经熟悉了在 IDEA 中使用 Maven 编译 Scala 程序的方法，可以很好地应用到后面的案例程序开发中。

第 4 章 使用 Spring、Spring MVC 和 MyBatis 开发网页应用

大数据案例开发的可视化环节，常常会使用网页对数据分析结果进行可视化展现。本案例使用 Spring、Spring MVC 和 MyBatis 三者组合框架开发网页应用。本章首先介绍什么是 MVC 模型，然后，再分别介绍 Spring 框架、Spring MVC 框架和 MyBatis，并通过一个简单的网页应用开发实例，来详细介绍如何使用 Spring、Spring MVC 和 MyBatis 开发网页应用，最后，将介绍如何在 IntelliJ IDEA 中使用 Tomat 调试网页程序。

4.1 MVC 模型

MVC 是模型（Model）、视图（View）和控制器（Controller）的缩写，是一种软件设计典范，具体含义如下。

（1）模型（Model）：是程序的主体部分，主要包含业务数据和业务逻辑。在模型层，还会涉及用户发布的服务，在服务中会根据不同的业务需求，更新业务模型中的数据。

（2）视图（View）：是程序呈现给用户的部分，是用户和程序交互的接口，用户会根据具体的业务需求，在视图层输入自己特定的业务数据，并通过界面的事件交互，将对应的输入参数提交给后台控制器进行处理。

（3）控制器（Controller）：接收用户请求，并根据数据业务逻辑来执行服务的调用和更新业务模型的数据和状态，处理结束后把模型返回的结果数据提交给视图，由视图负责展示给用户。

总体而言，MVC 的处理过程如下（见图 4-1）：控制器接收用户的请求，调用相应的模型来进行业务处理，并返回数据给控制器；控制器调用相应的视图来显示处理的结果，并通过视图呈现给用户，实现人机交互。

MVC 在代码的组织方式上，实现了业务逻辑、数据与界面的分离，这样可以带来如下好处。

（1）降低代码之间的耦合度。在 MVC 模式中，三层各司其职，任何一层的需求发生变化时，只需要更改相应的层中的代码，就不会影响到其他层中的代码。

（2）有利于团队开发中实现分工协作。在 MVC 模式中，应用程序的开发已经实现了层级架构，这样就可以更好地实现开发团队成员之间的分工协作。例如，网页设计人员可以负责视图层的开发，对领域业务比较熟悉的人员可以专门负责开发模型层，而其他开发人员可以开发控制层。

（3）有利于组件的重用。采用分层设计以后，使得组件的重用变得更加便利。

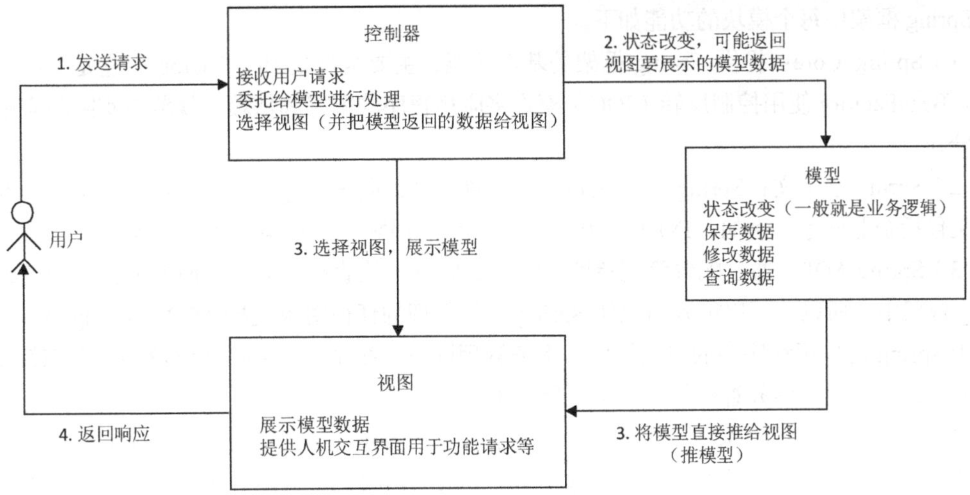

图 4-1　MVC 的处理过程

但是，需要注意的是，MVC 只是一种架构的模式，本身不引入新的功能，只是帮助我们将开发的代码进行更加合理的组织，使流程控制逻辑、业务逻辑与展示逻辑分离开来。

目前，像 Spring、Hibernate、Struts 等主流框架，都是遵循 MVC 模式设计的。

4.2　Spring 框架

Spring 是一个开放源代码的、遵循 MVC 模式的设计层面框架，它解决的是业务逻辑层和其他各层的松耦合问题，因此，它将面向接口的编程思想贯穿整个系统应用。

Spring 框架是一个分层架构，由七个定义良好的模块组成。Spring 架构在 Spring Core 基础之上，Spring Core 定义了创建、配置和管理 Bean 的方式，组成 Spring 框架的每个模块（或组件）都可以单独存在，或者与其他一个或多个模块联合实现（见图 4-2）。

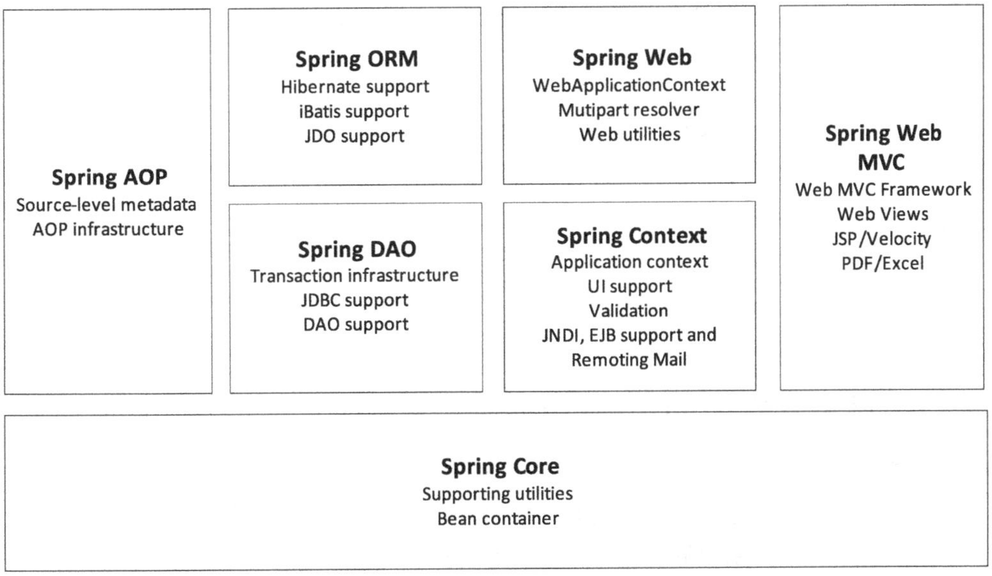

图 4-2　Spring 框架的组成

Spring 框架中每个模块的功能如下。

（1）Spring Core：提供 Spring 框架的基本功能，主要组件是 BeanFactory，它是工厂模式的实现。BeanFactory 使用控制反转（IOC）模式将应用程序的配置和依赖性规范与实际的应用程序代码分开。

（2）Spring 上下文：Spring 上下文是一个配置文件，向 Spring 框架提供上下文信息。Spring 上下文包括企业服务，例如，JNDI、EJB、电子邮件、国际化、校验和调度功能。

（3）Spring AOP：通过配置管理特性，Spring AOP 模块直接将面向切面的编程功能集成到了 Spring 框架中。所以，可以很容易地使 Spring 框架管理的任何对象支持 AOP。Spring AOP 模块为基于 Spring 的应用程序中的对象提供了事务管理服务。通过使用 Spring AOP，不用依赖 EJB 组件，就可以将声明性事务管理集成到应用程序中。

（4）Spring DAO：JDBC DAO 抽象层提供了有意义的异常层次结构，可用该结构来管理异常处理和不同数据库供应商抛出的错误消息。异常层次结构简化了错误处理，并且极大地降低了需要编写的异常代码数量（如打开和关闭连接）。Spring DAO 的面向 JDBC 的异常，遵从通用的 DAO 异常层次结构。

（5）Spring ORM：Spring 框架插入了若干个 ORM 框架，从而提供了 ORM 的对象关系工具，其中包括 JDO、Hibernate 和 iBatisSQL Map。所有这些都遵从 Spring 的通用事务和 DAO 异常层次结构。

（6）Spring Web 模块：Web 上下文模块建立在应用程序上下文模块之上，为基于 Web 的应用程序提供了上下文。所以，Spring 框架支持与 Jakarta Struts 的集成。Web 模块还简化了处理多部分请求以及将请求参数绑定到域对象的工作。

（7）Spring Web MVC 框架：MVC 框架是一个全功能的构建 Web 应用程序的 MVC 实现。通过策略接口，MVC 框架具有高度可配置的特性。MVC 容纳了大量视图技术，其中包括 JSP、Velocity、Tiles、iText 和 POI。模型由 JavaBean 构成，存放于 Map；视图是一个接口，负责显示模型；控制器表示逻辑代码。

Spring 的两大核心 AOP 与 IOC，可以单独用于任何应用，包括与 Struts 等 MVC 框架的集成，以及与 Hibernate 等 ORM 框架的集成，目前，很多公司所谓的“轻量级开发”就是使用“Spring + Struts+Hibernate”组合。本案例采用的是“Spring+Spring MVC+MyBatis”组合。

4.3 Spring MVC 框架

Spring MVC 是类似于 Struts 的一个 MVC 开源框架，可以用于网页应用程序的开发，它是 Spring 框架中的一个组件，需要有 Spring Core 作为底层支撑才能顺利运行。

下面介绍一下采用 Spring MVC 框架后的网页请求处理过程与普通的网页“请求-响应”模型的区别。

4.3.1 网页开发中的“请求-响应”模型

当用户访问一个网站时，典型的过程如下（见图 4-3）。

（1）用户在浏览器中输入网址，如 http://dblab.xmu.edu.cn；浏览器向网页服务器发起请求。

（2）网页服务器接收用户访问请求，处理请求，产生响应（即把处理结果以 HTML 形式返回给浏览器）。

（3）浏览器接收来自网页服务器的 HTML 内容，进行渲染以后展示给用户。

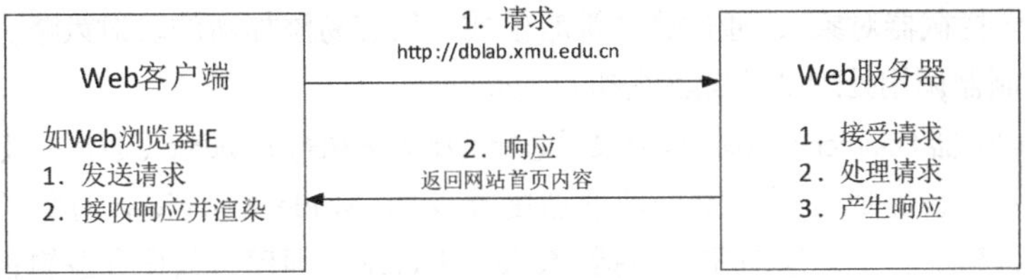

图 4-3　网页“请求-响应”模型

4.3.2　采用 Spring MVC 框架后的网页请求处理过程

Spring MVC 框架是一个基于请求驱动的网页框架，使用了“前端控制器”模型进行设计，并根据“请求映射规则”分发给相应的页面控制器进行处理。Spring MVC 框架处理网页请求的整体流程如下（见图 4-4）。

（1）用户发送请求到前端控制器，前端控制器根据请求信息（如 URL）来决定选择哪一个页面控制器进行处理，并把请求委托给它（即图 4-4 中的步骤 1 和 2）。

（2）页面控制器接收到请求后，进行功能处理，首先需要收集和绑定请求参数到一个对象并进行验证（这个对象在 Spring MVC 中被称为“命令对象”），然后将命令对象委托给业务对象进行处理，处理完毕后返回一个 ModelAndView 对象，里面包含了模型数据和逻辑视图名（即图 4-4 中的步骤 3、4 和 5）。

（3）前端控制器收回控制权，然后根据返回的逻辑视图名，选择相应的视图进行渲染，并把模型数据传入以便进行视图渲染（即图 4-4 中的步骤 6 和 7）。

（4）前端控制器再次收回控制权，将响应返回给用户（即图 4-4 中的步骤 8）。

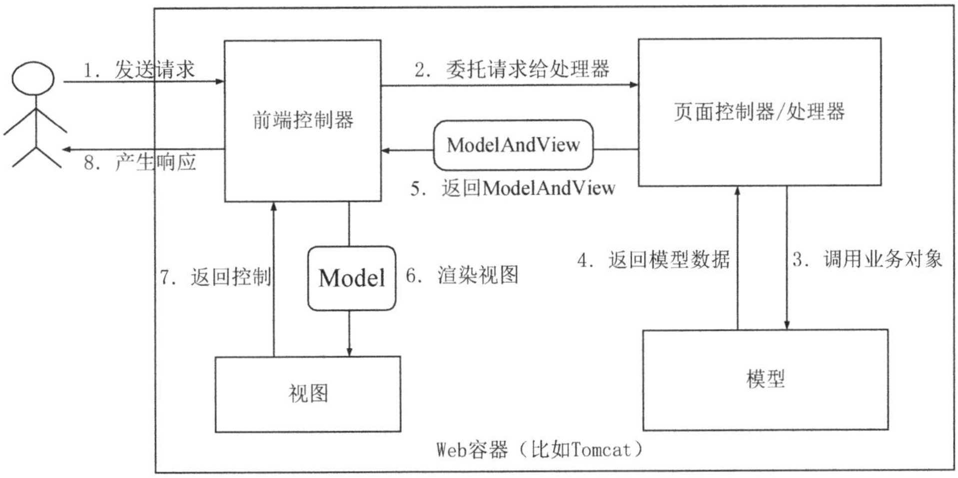

图 4-4　Sping MVC 框架处理网页请求的整体流程

采用 Spring MVC 框架后的网页请求处理过程主要包括以下步骤（见图 4-5）。

（1）发起请求到前端控制器（DispatcherServlet）。

（2）前端控制器请求 HandlerMapping 查找 Handler（可以根据 XML 文件中的配置和注解进行查找）。

（3）处理器映射器 HandlerMapping 向前端控制器返回 Handler，HandlerMapping 会把请求映射为 HandlerExecutionChain 对象（包含一个 Handler 处理器（页面控制器）对象和多个 HandlerInterceptor 拦截器对象），通过这种策略模式，很容易添加新的映射策略。

（4）前端控制器调用处理器适配器去执行 Handler。

（5）处理器适配器 HandlerAdapter 将会根据适配的结果去执行 Handler（通常也被称为 Controller）。

（6）Handler 执行完成以后，给处理器适配器返回 ModelAndView 对象（ModelAndView 是 Spring MVC 框架的一个底层对象，包括 Model 和 View，即模型数据和逻辑视图名）。

（7）处理器适配器向前端控制器返回 ModelAndView。

（8）前端控制器请求视图解析器进行视图解析，根据逻辑视图名解析成真正的视图（JSP 网页），通过这种策略，很容易更换其他视图技术，因为只需要更改视图解析器即可。

（9）视图解析器向前端控制器返回视图。

（10）前端控制器进行视图渲染，视图渲染将模型数据（在 ModelAndView 对象中）填充到 request 域。

（11）前端控制器向用户返回响应结果，用户看到网页效果。

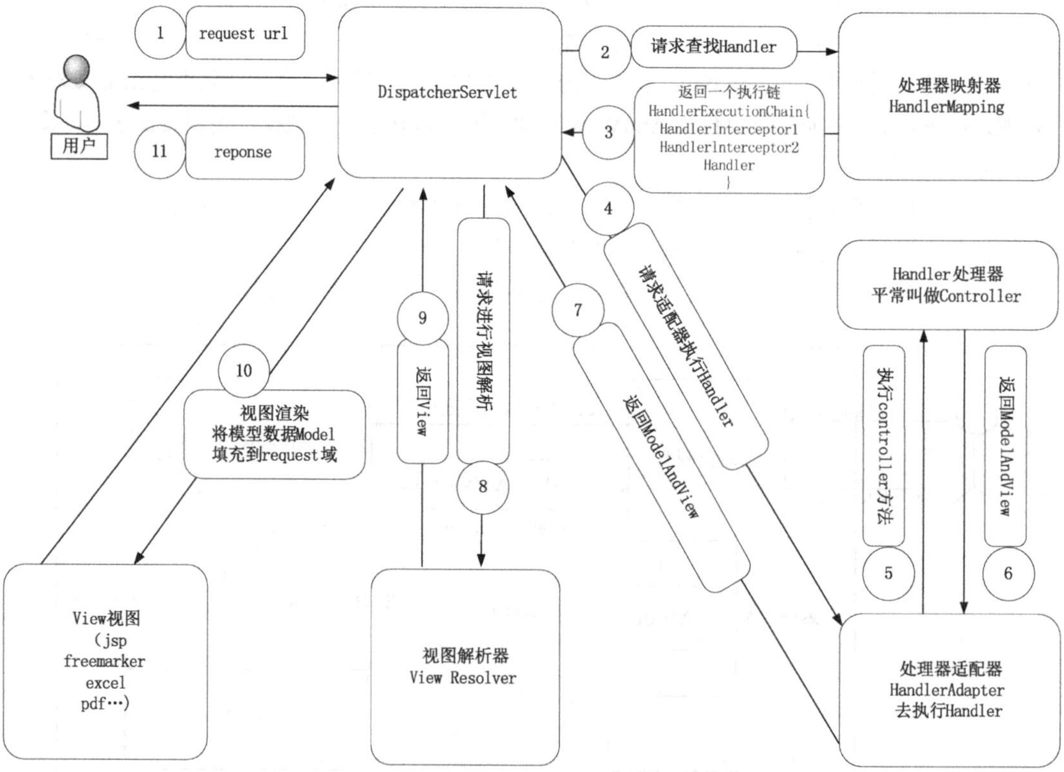

图 4-5　Spring MVC 框架的网页请求处理过程

4.4　MyBatis

MyBatis 是一款优秀的持久层框架，它支持定制化 SQL、存储过程以及高级映射。MyBatis

不需要用户编写大量 JDBC 代码，也不需要用户手动设置参数。MyBatis 可以使用简单的 XML 或注解来配置和映射原生信息，将接口和 Java 的 POJO（Plain Old Java Objects，普通的 Java 对象）映射成数据库中的记录。

MyBatis 的工作机制如下。

（1）加载配置信息：配置信息来源于两个地方，一个是配置文件，另一个是 Java 代码的注解，将 SQL 的配置信息加载成为一个个 MappedStatement 对象（包括了传入参数映射配置、执行的 SQL 语句、结果映射配置），存储在内存中。

（2）SQL 解析：当 API 接口层接收到调用请求时，会接收到传入 SQL 的 ID 和传入对象（可以是 Map、JavaBean 或者基本数据类型），MyBatis 会根据 SQL 的 ID 找到对应的 MappedStatement，然后根据传入参数对象对 MappedStatement 进行解析，解析后可以得到最终要执行的 SQL 语句和参数。

（3）SQL 执行：将最终得到的 SQL 语句和参数拿到数据库中执行，得到操作数据库的结果。

（4）结果映射：将操作数据库的结果按照映射的配置进行转换，可以转换成 HashMap、JavaBean 或者基本数据类型，并将最终结果返回。

4.5 一个简单的网页应用开发实例

这里通过一个简单的网页应用开发实例，详细介绍如何使用 Spring、Spring MVC 和 MyBatis 开发网页应用，主要步骤包括：

- 新建项目；
- 配置 pom.xml 文件；
- 设置项目目录；
- 编写代码文件；
- 对项目文件进行编译打包；
- 把网页应用发布到 Tomcat 中；
- 实现 Spring MVC 和 Spring 的整合；
- 实现 Spring、Spring MVC 和 MyBatis 三者的融合。

需要说明的是，为了帮助读者更好地理解网页开发的全过程，这里采用“步骤分解、层层递进”的方式进行介绍，从而可以了解 Spring、Spring MVC 和 MyBatis 三者融合开发的基本原理，每个目录和代码文件的作用，以及相关配置文件的配置方法。

4.5.1 新建项目

启动 IntelliJ IDEA，在菜单中选择“File→New→Project”，在 IntelliJ IDEA 中新建一个 Maven 项目，如图 4-6 所示，选择 Maven 项目，单击“Next”按钮。

如图 4-7 所示，在“GroupId”中填入“dblab”，在 ArtifactId 中填入“WebDemo”，单击“Next”按钮。

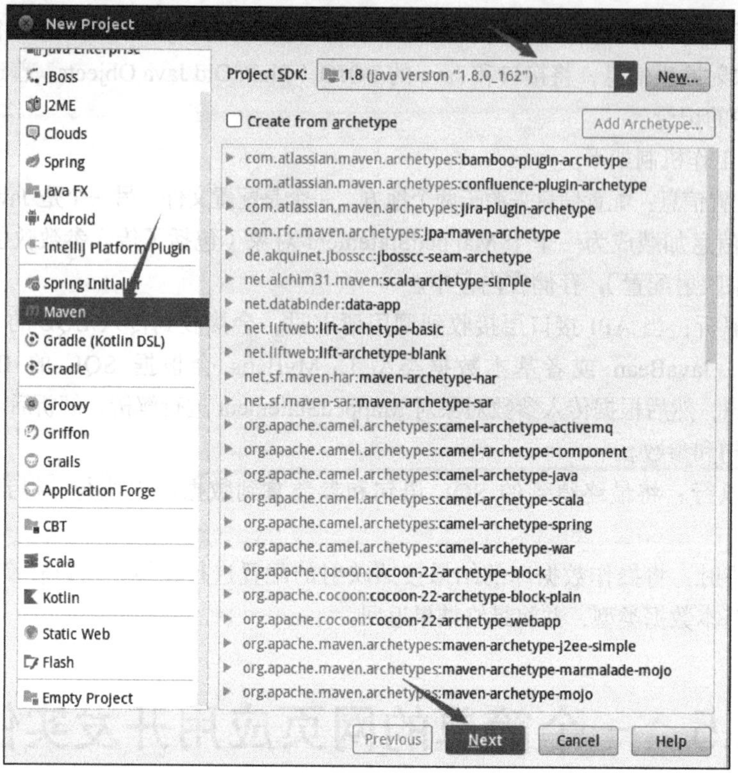

图 4-6　新建 Maven 项目

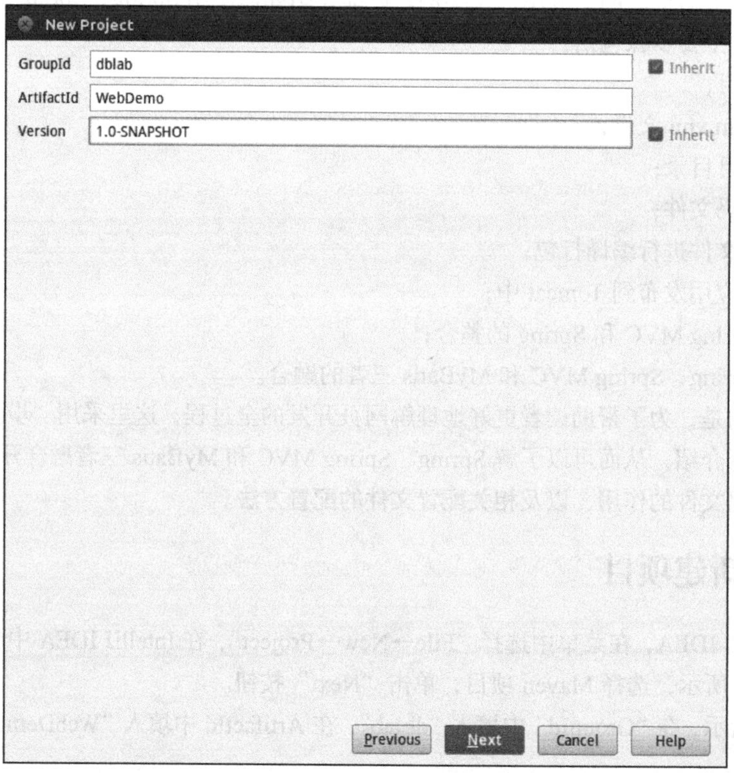

图 4-7　设置项目信息

如图 4-8 所示，在“Project Name”中填入“WebDemo”，单击“Finish”按钮。

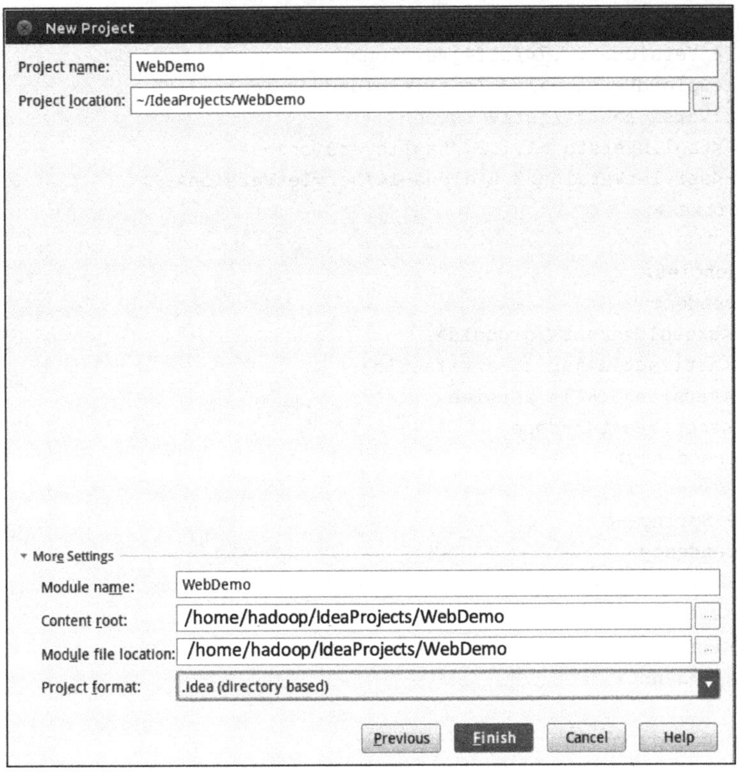

图 4-8　设置项目名称

4.5.2　配置 pom.xml 文件

在 pom.xml 文件中，删除原来的内容，把下面的内容复制进去：

```
<?xml version="1.0" encoding="UTF-8"?>
<project xmlns="http://maven.apache.org/POM/4.0.0" xmlns:xsi="http://www.w3.org/2001/XMLSchema-instance"
        xsi:schemaLocation="http://maven.apache.org/POM/4.0.0 http://maven.apache.org/maven-v4_0_0.xsd">
    <modelVersion>4.0.0</modelVersion>
    <groupId>dblab</groupId>
    <artifactId>WebDemo</artifactId>
    <packaging>war</packaging>
    <version>1.0-SNAPSHOT</version>
    <name>ssm Maven Webapp</name>
    <url>http://maven.apache.org</url>
    <!--此处统一配置版本信息-->
    <properties>
        <!-- Spring 版本 -->
        <springVersion>4.3.1.RELEASE</springVersion>
        <!-- MyBatis 版本 -->
        <mybatis.version>3.2.6</mybatis.version>
        <!--<mysqlVersion>6.0.3</mysqlVersion>-->
```

```
    <mysqlVersion>5.1.38</mysqlVersion>

    <lombokVersion>1.16.10</lombokVersion>
    <log4jVersion>1.2.17</log4jVersion>
    <slf4jVersion>1.7.7</slf4jVersion>
    <fileuploadVersion>1.3.1</fileuploadVersion>
    <jstlVersion>1.2</jstlVersion>
    <!--<taglibVersion>1.1.2</taglibVersion>-->
    <!--<servletVersion>3.0-alpha-1</servletVersion>-->
</properties>

<dependencies>
    <dependency>
        <groupId>junit</groupId>
        <artifactId>junit</artifactId>
        <version>3.8.1</version>
        <scope>test</scope>
    </dependency>

    <!-- Spring-->
    <dependency>
        <groupId>org.springframework</groupId>
        <artifactId>spring-beans</artifactId>
        <version>${springVersion}</version>
    </dependency>

    <dependency>
        <groupId>org.springframework</groupId>
        <artifactId>spring-core</artifactId>
        <version>${springVersion}</version>
    </dependency>

    <dependency>
        <groupId>org.springframework</groupId>
        <artifactId>spring-context</artifactId>
        <version>${springVersion}</version>
    </dependency>
    <dependency>
        <groupId>org.springframework</groupId>
        <artifactId>spring-orm</artifactId>
        <version>${springVersion}</version>
    </dependency>

    <!-- Spring Web + Spring MVC-->
    <dependency>
        <groupId>org.springframework</groupId>
        <artifactId>spring-web</artifactId>
        <version>${springVersion}</version>
    </dependency>
    <dependency>
        <groupId>org.springframework</groupId>
        <artifactId>spring-webmvc</artifactId>
        <version>${springVersion}</version>
```

```
</dependency>

<!-- MyBatis 核心包 -->
<dependency>
    <groupId>org.mybatis</groupId>
    <artifactId>mybatis</artifactId>
    <version>${mybatis.version}</version>
</dependency>
<!-- MyBatis + Spring -->
<dependency>
    <groupId>org.mybatis</groupId>
    <artifactId>mybatis-spring</artifactId>
    <version>1.2.2</version>
</dependency>

<!-- Database 数据库连接 MySQL 包-->
<dependency>
    <groupId>mysql</groupId>
    <artifactId>mysql-connector-java</artifactId>
    <version>${mysqlVersion}</version>
</dependency>

<!-- 导入 DBCP 的 jar 包，用来在 applicationContext.xml 中配置数据库 -->
<dependency>
    <groupId>commons-dbcp</groupId>
    <artifactId>commons-dbcp</artifactId>
    <version>1.2.2</version>
</dependency>

<!-- log4j 配置，视情况添加-->
<dependency>
    <groupId>log4j</groupId>
    <artifactId>log4j</artifactId>
    <version>${log4jVersion}</version>
</dependency>
<!--<dependency>-->
<!--<groupId>com.alibaba</groupId>-->
<!--<artifactId>fastjson</artifactId>-->
<!--<version>1.1.41</version>-->
<!--</dependency>-->
<dependency>
    <groupId>org.slf4j</groupId>
    <artifactId>slf4j-api</artifactId>
    <version>${slf4jVersion}</version>
</dependency>
<dependency>
    <groupId>org.slf4j</groupId>
    <artifactId>slf4j-log4j12</artifactId>
    <version>${slf4jVersion}</version>
</dependency>

<!--文件上传包-->
```

```
        <dependency>
            <groupId>commons-fileupload</groupId>
            <artifactId>commons-fileupload</artifactId>
            <version>${fileuploadVersion}</version>
        </dependency>

        <!-- JSP 页面使用的 JSTL 支持-->
        <dependency>
            <groupId>jstl</groupId>
            <artifactId>jstl</artifactId>
            <version>${jstlVersion}</version>
        </dependency>

        <!-- lombok 插件导包-->
        <dependency>
            <groupId>org.projectlombok</groupId>
            <artifactId>lombok</artifactId>
            <version>${lombokVersion}</version>
            <scope>provided</scope>
        </dependency>
    </dependencies>

    <build>
        <finalName>ssm</finalName>

         <plugins>
            <!--java8-->
            <plugin>
                <groupId>org.apache.maven.plugins</groupId>
                <artifactId>maven-compiler-plugin</artifactId>
                <configuration>
                    <source>1.8</source>
                    <target>1.8</target>
                </configuration>
            </plugin>

            <!-- mybatis-generator-maven-plugin-->
            <plugin>
                <groupId>org.mybatis.generator</groupId>
                <artifactId>mybatis-generator-maven-plugin</artifactId>
                <version>1.3.2</version>
                <configuration>
                    <verbose>true</verbose>
                    <overwrite>true</overwrite>
                </configuration>
            </plugin>

        </plugins>
    </build>
</project>
```

4.5.3 设置项目目录

在 WebDemo 项目界面中，按照如图 4-9 所示的目录结构，创建相应的文件夹和文件。

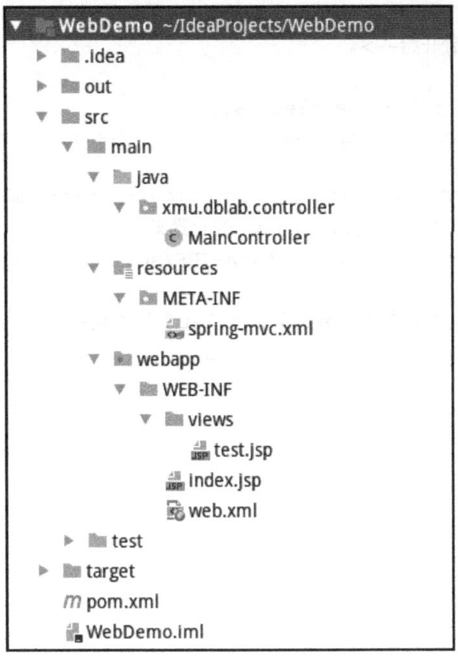

图 4-9　WebDemo 项目目录结构

4.5.4　编写代码文件

在 MainController.java 文件中输入如下代码：

```
package xmu.dblab.controller;

import org.springframework.stereotype.Controller;
import org.springframework.web.bind.annotation.RequestMapping;
import org.springframework.web.bind.annotation.RequestMethod;

@Controller
public class MainController {

    @RequestMapping(value = "test", method = RequestMethod.GET)
    public String test(){
        return "test";
        //实际返回的是 views/test.jsp ,spring-mvc.xml 中配置过的前后缀
    }
}
```

在 web.xml 文件中输入如下代码：

```
<?xml version="1.0" encoding="UTF-8"?>
<web-app xmlns:xsi="http://www.w3.org/2001/XMLSchema-instance"
         xmlns="http://java.sun.com/xml/ns/javaee"
         xsi:schemaLocation="http://java.sun.com/xml/ns/javaee http://java.sun. com/
xml/ns/ javaee/web-app_3_0.xsd"
         version="3.0">
    <!-- 地址为 http://localhost:9999/  显示的默认网页-->
    <welcome-file-list>
        <welcome-file>/index.jsp</welcome-file>
    </welcome-file-list>
```

```
        <!-- Spring MVC 配置开始-->
        <servlet>
            <servlet-name>spring</servlet-name>
            <servlet-class>org.springframework.web.servlet.DispatcherServlet</servlet-class>
            <init-param>
                  <param-name>contextConfigLocation</param-name>
                  <!-- 此处指向的的是 SpringMVC 的配置文件 -->
                  <param-value>classpath:META-INF/spring-mvc.xml</param-value>
            </init-param>
            <!--配置容器在启动的时候就加载这个 servlet 并实例化-->
            <load-on-startup>1</load-on-startup>
        </servlet>

        <servlet-mapping>
            <servlet-name>spring</servlet-name>
            <url-pattern>/</url-pattern>
        </servlet-mapping>
        <!-- Spring MVC 配置结束-->

    </web-app>
```

在 spring-mvc.xml 文件中输入如下代码：

```
    <?xml version="1.0" encoding="UTF-8"?>
    <beans xmlns="http://www.springframework.org/schema/beans"
           xmlns:xsi="http://www.w3.org/2001/XMLSchema-instance"
           xmlns:context="http://www.springframework.org/schema/context"
           xmlns:mvc="http://www.springframework.org/schema/mvc"
           xsi:schemaLocation="http://www.springframework.org/schema/beans
            http://www.springframework.org/schema/beans/spring-beans-4.1.xsd
            http://www.springframework.org/schema/context
            http://www.springframework.org/schema/context/spring-context-4.1.xsd
            http://www.springframework.org/schema/mvc
            http://www.springframework.org/schema/mvc/spring-mvc-4.1.xsd">

        <!-- 启动注解驱动的 Spring MVC 功能，注册请求 URL 和注解 POJO 类方法的映射-->
        <mvc:annotation-driven />

        <!--Spring 可以自动去扫描 base-pack 下面或者子包下面的 Java 文件，如果扫描到有@Component
@Controller @Service 等这些注解的类，则把这些类注册为 Bean -->
        <context:component-scan base-package="xmu.dblab" />

        <!-- 静态资源访问，方案 2 (表示不对静态资源如 CSS、JS、HTML 等进行拦截) -->
        <mvc:default-servlet-handler />

        <!-- 对模型视图名称的解析，在请求时模型视图名称添加前后缀 -->
        <bean id="viewResolver" class="org.springframework.web.servlet.view.
InternalResourceViewResolver">
            <property name="viewClass" value="org.springframework.web.servlet.view.JstlView" />
            <property name="prefix" value="/WEB-INF/views/" />      <!-- 前缀 -->
            <property name="suffix" value=".jsp" />  <!-- 后缀 -->
        </bean>
    </beans>
```

在 test.jsp 文件中输入如下代码：

```
<%@ page contentType="text/html;charset=UTF-8" language="java" %>
<html>
<head>
    <title>Title</title>
</head>
<body>
xmu dblab test
</body>
</html>
```

在 index.jsp 文件中输入如下代码：

```
<%@ page contentType="text/html;charset=UTF-8" language="java" %>
<html>
<head>
    <title>Title</title>
</head>
<body>
xmu dblab webdemo index page
</body>
</html>
```

WebDemo 项目创建结束，如果读者觉得一步步创建目录和文件比较烦琐，也可以直接到本书官网的“下载专区”下载源代码文件，进入“代码/第 4 章/WebDemo 项目文件 1”目录，下载该目录下的 WebDemo.zip 压缩文件，然后解压缩，在 IDEA 中导入该项目即可。

4.5.5 对项目文件进行编译打包

WebDemo 项目建好以后，就可以进行编译打包了。进入 WebDemo 项目界面（见图 4-10），在左侧的项目管理视图中，找到 pom.xml，双击鼠标左键打开该文件。

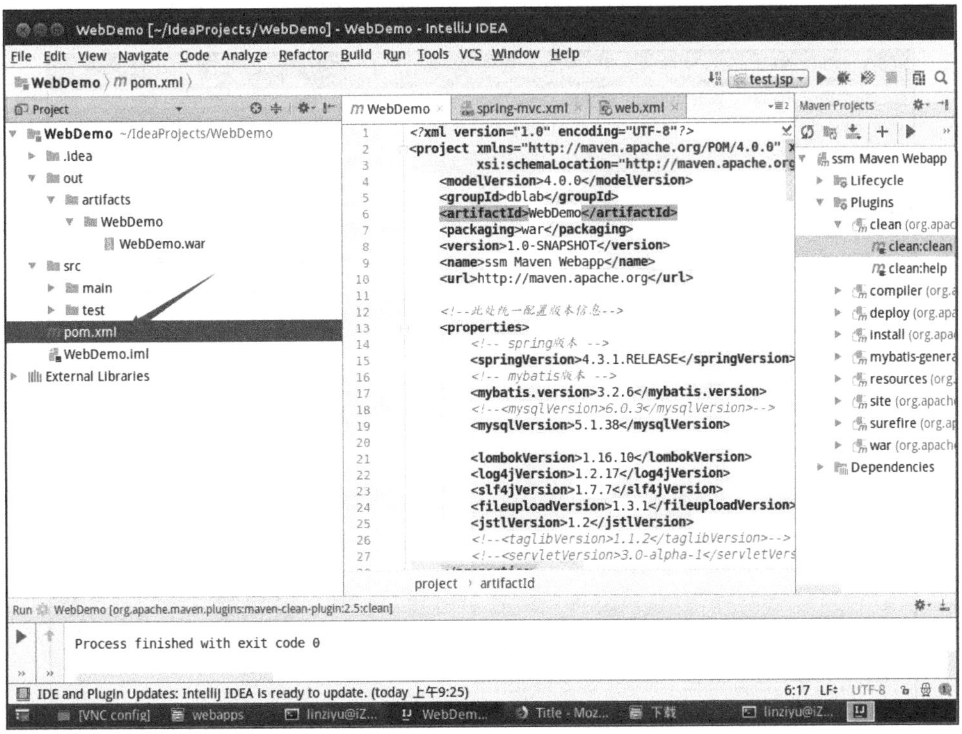

图 4-10 打开 pom.xml 文件

如图 4-11 所示，在 pom.xml 文件窗口内的任意位置，单击鼠标右键，在弹出的菜单中，选择“Maven”，然后在弹出的下一级菜单中，单击“Download Sources and Documentation”，完成依赖包的导入操作。

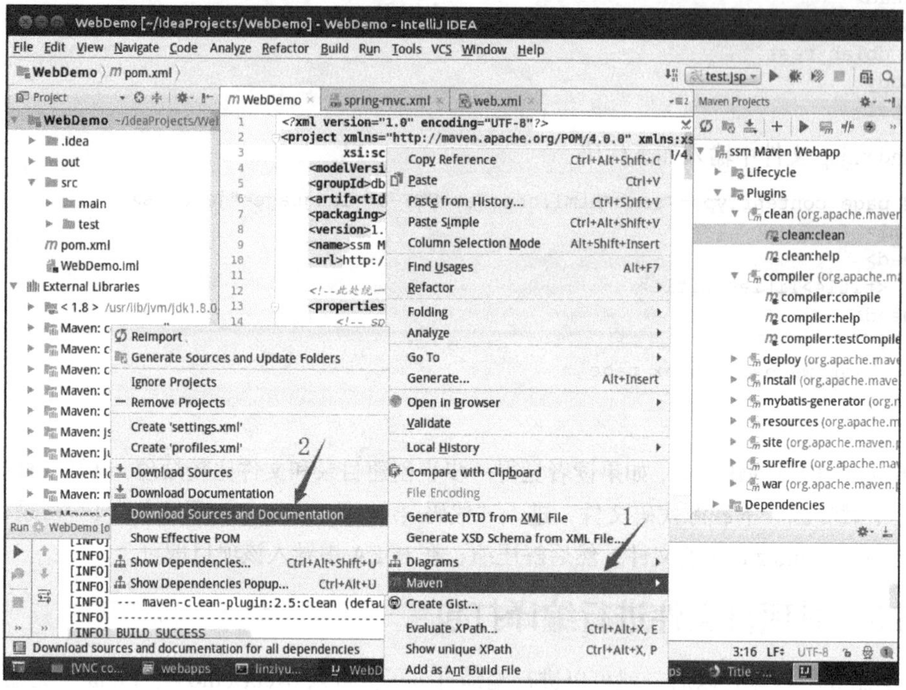

图 4-11　导入 Maven 依赖文件

如图 4-12 所示，在项目目录窗口内可以看到已经导入的很多依赖 JAR 包。

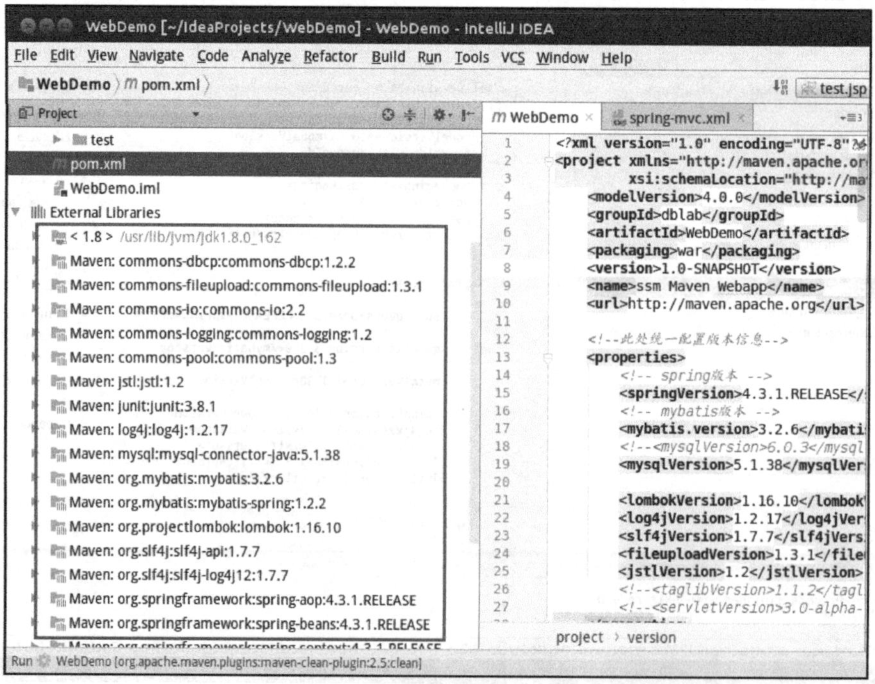

图 4-12　已经导入的依赖 JAR 包

然后，为项目添加 Artifact。如图 4-13 所示，在项目界面顶部菜单中选择“File→Project Structure…”。

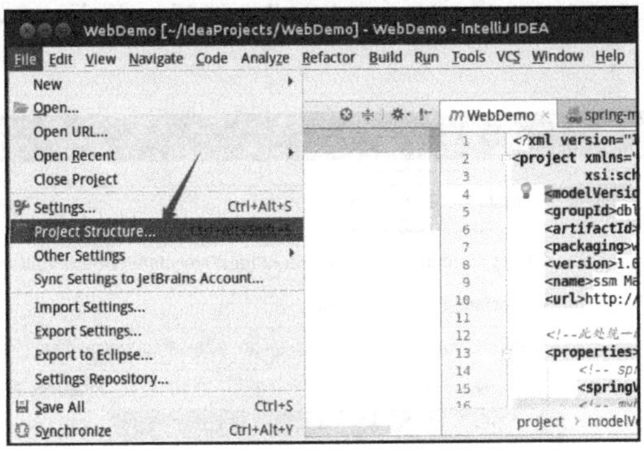

图 4-13　打开项目结构

如图 4-14 所示，依次单击“Aritifacts”、绿色加号、“Web Application: Exploded”和“From Modules…”。

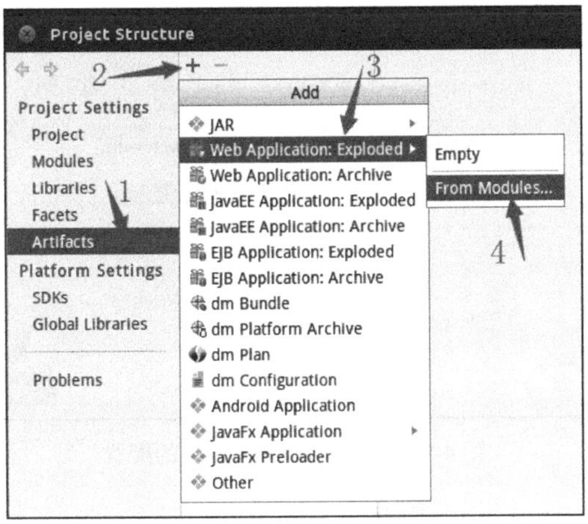

图 4-14　设置项目结构

然后，如图 4-15 所示，单击“OK”按钮。

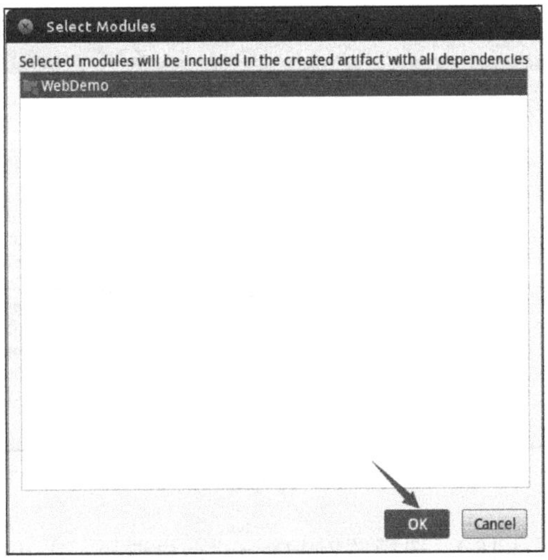

图 4-15　选择模块

如图 4-16 所示，把“Name”后面的文本框里面的内容修改为“WebDemo”，把“Type”后面的下拉列表的内容选择为“Web Application:Archive”，然后，单击“OK”按钮。

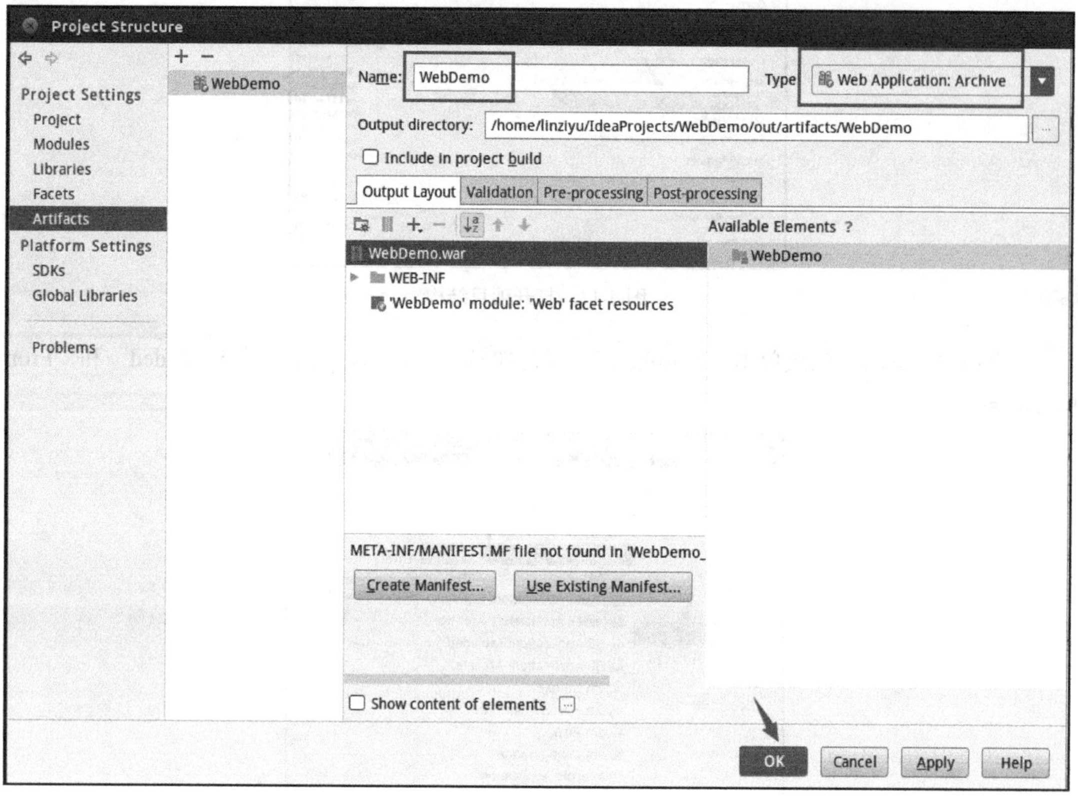

图 4-16 项目结构相关选项的配置

如图 4-17 所示，在项目界面的顶部菜单，选择“Build”，在弹出的菜单中选择“Build Artifacts…”。

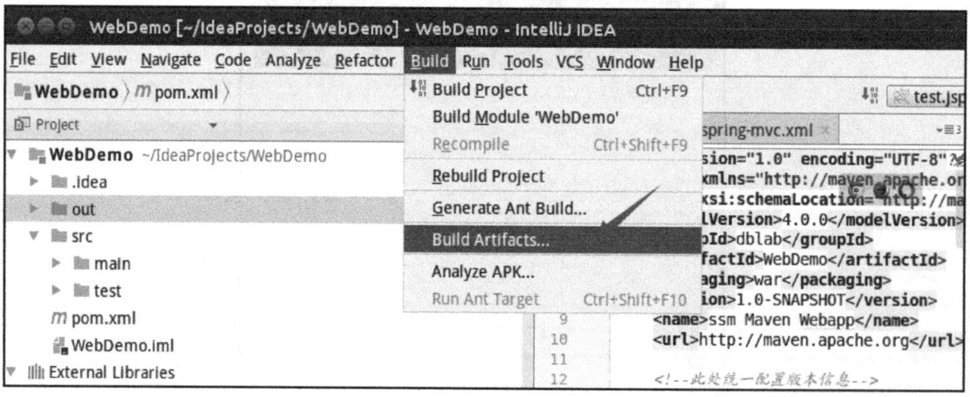

图 4-17 打开编译菜单

在弹出的菜单中（见图 4-18），选择“WebDemo”，再选择“Build”。

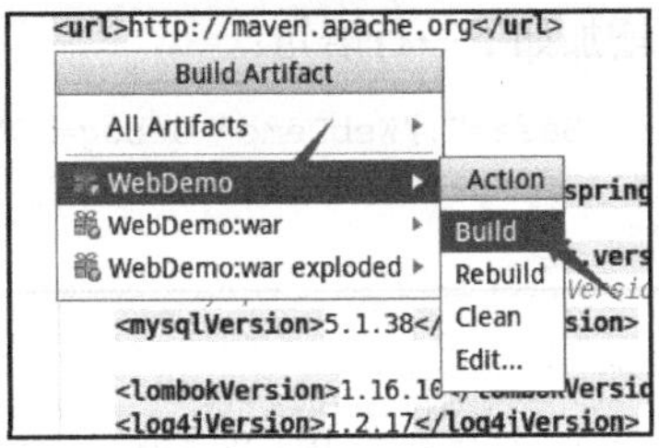

图 4-18 编译项目

如果编译成功，在项目界面左侧的项目目录窗口中（见图 4-19），在“out→artifacts→WebDemo”目录下，就会生成一个“WebDemo.war”文件。

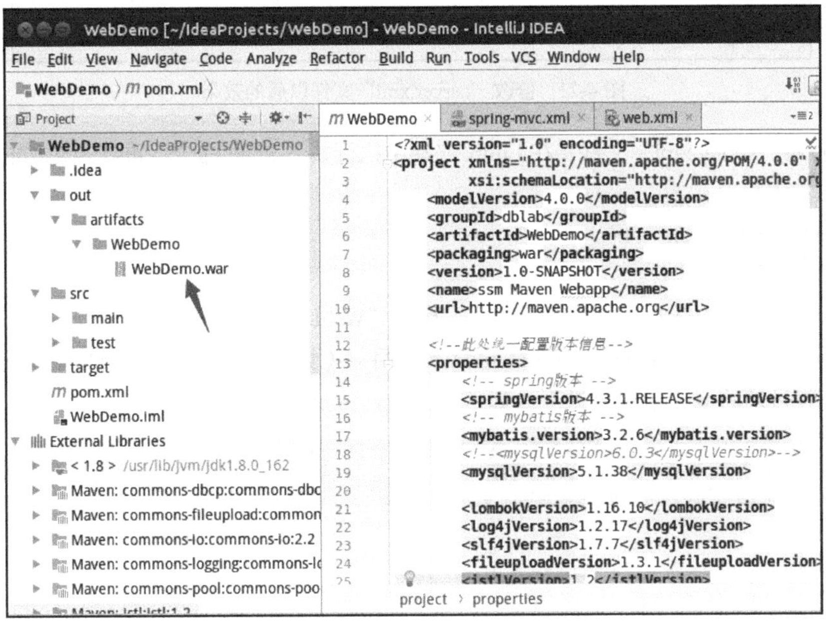

图 4-19 编译打包生成 WebDemo.war

4.5.6 把 WebDemo.war 发布到 Tomcat 中

假设 Linux 系统中已经安装好了 Tomcat 服务器，如果还没有安装，请参考“第 2 章 大数据实验环境搭建”的“2.7 安装 Tomcat”完成安装。

进入 Tomcat 安装目录（即“/usr/local/tomcat”），再进入 conf 子目录，打开“server.xme”文件，如图 4-20 所示，把网页服务器端口号修改为“9999”。

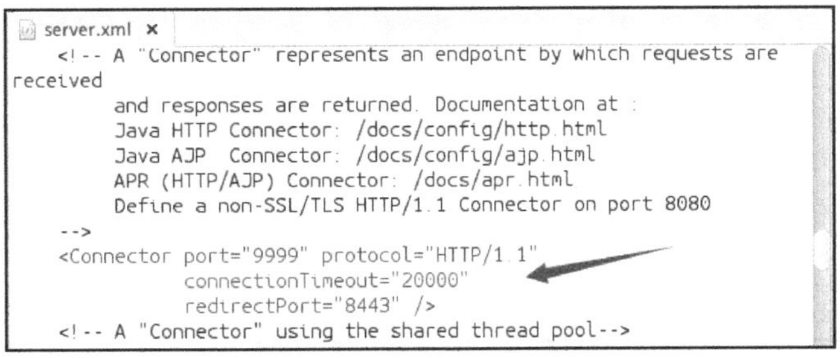

图 4-20 修改 server.xml 文件

然后，在“server.xml”里面增加如下一行语句：

```
<Context path="/webdemo" docBase="./WebDemo" debug="0" reloadable="true"/>
```

增加后的效果如图 4-21 所示。

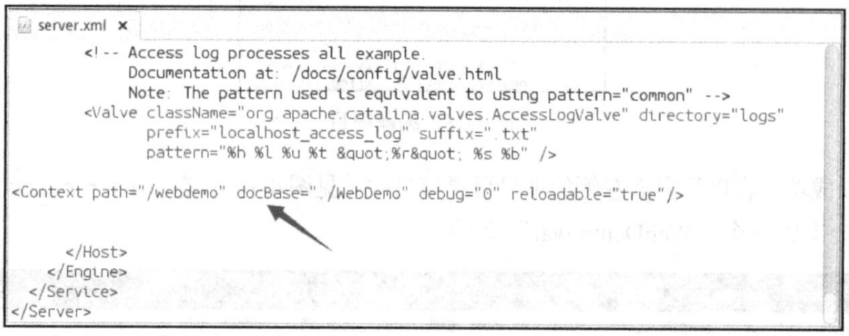

图 4-21　修改“server.xml”文件以后的效果

然后，保存“server.xml”文件，在 Linux 终端中执行如下 Shell 命令，重新启动 Tomcat 服务器：

```
$ cd /usr/local/tomcat
$ ./bin/shutdown.sh
$ ./bin/startup.sh
```

在 Linux 系统中，打开一个文件管理器，找到“WebDemo.war”文件所在的目录，例如，“~/IdeaProjects/out/artifacts/WebDemo/WebDemo.war”目录（见图 4-22），把“WebDemo.war”复制到 Tomcat 的安装目录的 webapps 目录下，如“/usr/local/tomcat/webapps”。

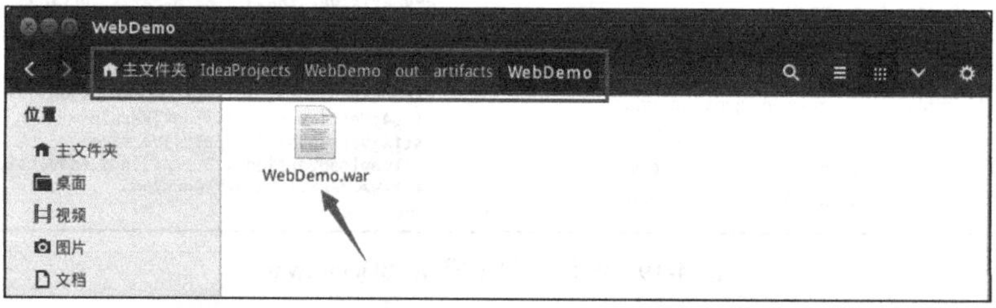

图 4-22　把“WebDemo.war”复制到 Tomcat 安装目录下

把“WebDemo.war”复制到“/usr/local/tomcat/webapps”目录下面以后，Tomcat 会自动在该目录下面生成一个“WebDemo”文件夹（见图 4-23）。

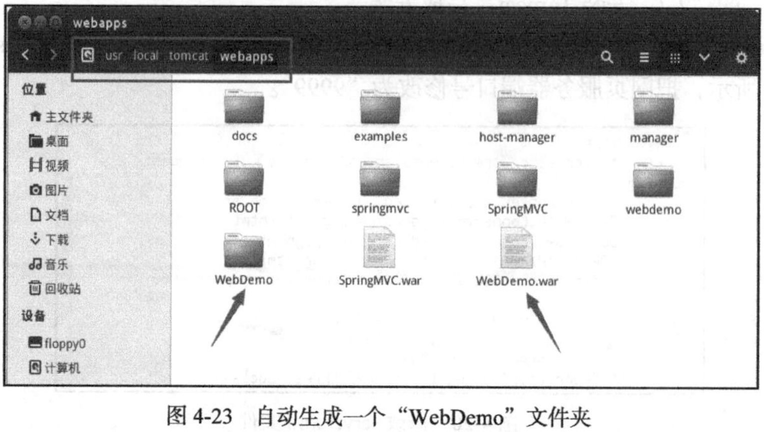

图 4-23　自动生成一个“WebDemo”文件夹

打开一个浏览器，在地址栏中输入“http://localhost:9999/webdemo/test”，就可以看到网页中显示了“xmu dblab test”这一行文本内容（见图 4-24），说明网页测试成功了。

图 4-24　test 网页显示内容

4.5.7　实现 Spring MVC 和 Spring 的整合

在与 spring-mvc.xml 相同的目录下，新建另外一个文件“spring-mybatis.xml”，内容如下：

```
<beans xmlns="http://www.springframework.org/schema/beans"
        xmlns:xsi="http://www.w3.org/2001/XMLSchema-instance" xmlns:p="http://www.
springframework.org/schema/p"
        xmlns:context="http://www.springframework.org/schema/context"
        xmlns:mvc="http://www.springframework.org/schema/mvc"
        xsi:schemaLocation="http://www.springframework.org/schema/beans
                http://www.springframework.org/schema/beans/spring-beans- 3.1.xsd
                http://www.springframework.org/schema/context
                http://www.springframework.org/schema/context/spring-context-3.1.xsd
                http://www.springframework.org/schema/mvc
                http://www.springframework.org/schema/mvc/spring-mvc-4.0.xsd">

    <!-- 自动扫描 -->
    <context:component-scan base-package="xmu.dblab">
      <!-- 扫描时跳过 @Controller 注解的 Java 类（控制器） -->
      <context:exclude-filter type="annotation" expression="org.springframework.
stereotype.ontroller"/>
    </context:component-scan>
</beans>
```

然后，对之前已经建好的“web.xml”文件进行补充完善，新增如下内容：

```
<!--加载 Spring 的配置文件到上下文中去-->
        <context-param>
            <param-name>contextConfigLocation</param-name>
            <param-value>
                classpath:META-INF/spring-mybatis.xml
            </param-value>
        </context-param>
<!-- Spring 监听器 -->
        <listener> <listener-class>org.springframework.web.context. ContextLoaderListener</
listener-class>
        </listener>

        <!--  字符集过滤  -->
        <filter>
            <filter-name>encodingFilter</filter-name>
```

```
            <filter-class>org.springframework.web.filter.CharacterEncodingFilter</
filter- class>
            <init-param>
                <param-name>encoding</param-name>
                <param-value>UTF-8</param-value>
            </init-param>
            <init-param>
                <param-name>forceEncoding</param-name>
                <param-value>true</param-value>
            </init-param>
        </filter>
        <filter-mapping>
            <filter-name>encodingFilter</filter-name>
            <url-pattern>/*</url-pattern>
        </filter-mapping>
```

从上面新增的内容中可以看出，此处新引入了 Spring-MyBaits 配置文件、Spring 监听器和字符集过滤。

修改完善后的“web.xml”的完整内容如下：

```
<?xml version="1.0" encoding="UTF-8"?>
<web-app xmlns:xsi="http://www.w3.org/2001/XMLSchema-instance"
         xmlns="http://java.sun.com/xml/ns/javaee"
         xsi:schemaLocation="http://java.sun.com/xml/ns/javaee http://java.sun.com/xml/ns/
javaee/web-app_3_0.xsd"
        version="3.0">
        <!-- 地址为 http://localhost:8080/  显示的默认网页-->
        <welcome-file-list>
          <welcome-file>/index.jsp</welcome-file>
        </welcome-file-list>

    <!--加载 Spring 的配置文件到上下文中去-->
        <context-param>
            <param-name>contextConfigLocation</param-name>
            <param-value>
                classpath:META-INF/spring-mybatis.xml
            </param-value>
        </context-param>

        <!-- spring MVC config start-->
        <servlet>
            <servlet-name>spring</servlet-name>
            <servlet-class>org.springframework.web.servlet.DispatcherServlet</servlet-class>
            <init-param>
              <param-name>contextConfigLocation</param-name>
              <!-- 此处指向的的是 SpringMVC 的配置文件 -->
              <param-value>classpath:META-INF/spring-mvc.xml</param-value>
            </init-param>
            <!--配置容器在启动的时候就加载这个 servlet 并实例化-->
            <load-on-startup>1</load-on-startup>
        </servlet>

        <servlet-mapping>
            <servlet-name>spring</servlet-name>
            <url-pattern>/</url-pattern>
        </servlet-mapping>
        <!-- spring MVC config end-->
```

```
        <!-- Spring 监听器 -->
        <listener>
            <listener-class>org.springframework.web.context.ContextLoaderListener</listener-class>
        </listener>

        <!--  字符集过滤  -->
        <filter>
            <filter-name>encodingFilter</filter-name>
            <filter-class>org.springframework.web.filter.CharacterEncodingFilter</filter-class>
            <init-param>
                <param-name>encoding</param-name>
                <param-value>UTF-8</param-value>
            </init-param>
            <init-param>
                <param-name>forceEncoding</param-name>
                <param-value>true</param-value>
            </init-param>
        </filter>
        <filter-mapping>
            <filter-name>encodingFilter</filter-name>
            <url-pattern>/*</url-pattern>
        </filter-mapping>

</web-app>
```

完成上述 Spring MVC 和 Spring 的整合配置以后，下面在“xmu.dblab.service”这个包下面新建一个 TestService 接口，该接口文件代码内容如下：

```
package xmu.dblab.service;
public interface TestService {
     public String test();
}
```

下面就可以编写 TestServiceImpl，实现 TestService 接口并实现其 test()方法，代码如下：

```
package xmu.dblab.service.impl;

import xmu.dblab.service.TestService;
import org.springframework.stereotype.Service;

@Service
public class TestServiceImpl implements TestService {
     public String test() {
          return "test";
     }
}
```

然后，去修改之前已经创建的 MainController 类，修改后的效果如下：

```
package xmu.dblab.controller;

import xmu.dblab.service.TestService;
import org.springframework.stereotype.Controller;
import org.springframework.web.bind.annotation.RequestMapping;
import org.springframework.web.bind.annotation.RequestMethod;
import org.springframework.beans.factory.annotation.Autowired;
import org.springframework.web.bind.annotation.ResponseBody;

@Controller
```

```
public class MainController {
    @Autowired
    private TestService testService;

    @RequestMapping(value = "test", method = RequestMethod.GET)
    public String test(){
    //实际返回的是 views/test.jsp ,spring-mvc.xml 中配置过前后缀
        return "test";
    }
    @RequestMapping(value = "springtest", method = RequestMethod.GET)
    public String springTest(){
        return testService.test();
    }
}
```

在上面代码中，我们定义了 testService，@Autowired 注释会自动帮我们进行匹配装载，找到 testService 的实现。

按照之前介绍的编译打包方法，再次打包生成"WebDemo.war"文件，把 Tomcat 的"/usr/local/tomcat/webapps/"目录下原来的"WebDemo.war"删除（记得同时删除"WebDemo"和"webdemo"文件夹），把新打包得到的"WebDemo.war"文件复制到该目录下，再次打开浏览器，在地址栏中输入"http://localhost:9999/webdemo/springtest"，会返回网页信息（见图 4-25）。

图 4-25 Spring test 网页显示内容

可以看出，网页已经可以成功显示，说明 Spring MVC 和 Spring 的整合已经成功。

4.5.8 实现 Spring、Spring MVC 和 MyBatis 三者的融合

现在开始要通过网页程序对 MySQL 数据库进行操作。这里假设已经在 Linux 系统中安装了 MySQL 数据库，如果还没有安装，请参考"2.6 节 MySQL 数据库的安装和基本使用方法"进行安装。

1. 创建数据库

首先，进入 Linux 系统，打开一个终端，使用如下 Shell 命令启动 MySQL 数据库：

```
$ service mysql start
```

然后，使用如下命令启动进入 MySQL Shell 交互式执行环境：

```
$ mysql -u root -p
```

系统会提示你输入数据库密码，然后，就会进入 MySQL Shell 环境，接下来就可以使用 SQL 语句创建数据库和表、插入数据、查询数据，具体命令如下：

```
mysql> create database web_demo;
mysql> use web_demo;
mysql> create table user(
    id int(20) not null auto_increment,
```

```
        username varchar(50) ,
        sex varchar(10),
        birthday date,
        address varchar(100),
        primary key(id)
    );
    mysql> desc user;
    mysql>insert into user(id,username,sex,birthday,address) values(1, 'Xiaoming','男','
2000-09-10','厦门大学');
    mysql>select * from user;
```

查看 user 表的数据返回的结果如图 4-26 所示。

```
mysql> select * from user;
+----+----------+------+------------+----------+
| id | username | sex  | birthday   | address  |
+----+----------+------+------------+----------+
|  1 | Xiaoming | 男   | 2000-09-10 | 厦门大学 |
+----+----------+------+------------+----------+
1 row in set (0.00 sec)
```

图 4-26　在 MySQL 数据库中查看 user 表

2. 新增项目内容

现在，在前面步骤的基础上继续完善 WebDemo 项目的目录和文件。如图 4-27 所示，与之前的步骤相比，这里新增的内容包括 jdbc.properties、spring-mybatis.xml（之前步骤中已经有这个文件，这里补充一些新的内容）、User.java、UserMapper.java、UserMapper.xml、UserService.java、UserServiceImpl.java 和 TestController.java。

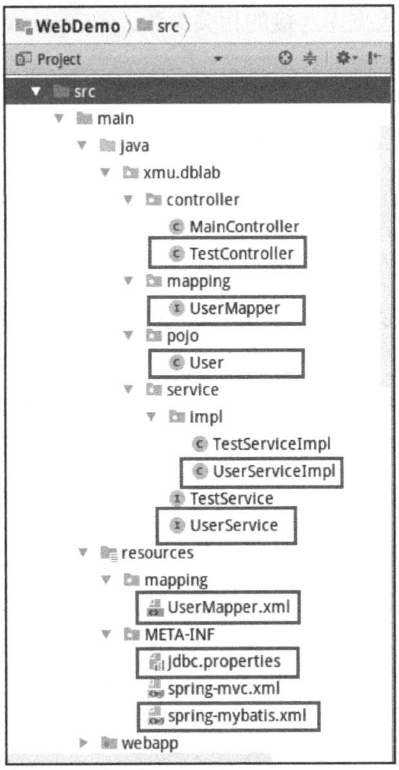

图 4-27　进一步完善后的 WebDemo 项目目录

如果读者觉得一步步创建目录和文件比较烦琐，也可以直接到本书官网的“下载专区”下载源代码文件，进入“代码/第 4 章/WebDemo 项目文件 2”目录，下载该目录下的“WebDemo.zip”压缩文件，然后解压缩，在 IDEA 中导入该项目即可。

（1）jdbc.properties 文件

jdbc.properties 文件的内容如下：

```
#数据源
jdbc.driver=com.mysql.jdbc.Driver
jdbc.url=jdbc:mysql://localhost:3306/web_demo?useUnicode=true&characterEncoding=utf-8
jdbc.username=root
jdbc.password=123456

#初始化连接池连接数
initialSize=0

#连接池最大连接数
maxActive=20

#连接池最大空闲
maxIdle=20

#连接池最小空闲
minIdle=1

#最大等待时间
maxWait=60000
```

jdbc.properties 文件设置了数据库连接的相关参数，jdbc.password 是数据库密码，需要修改成自己数据库的密码。

（2）spring-mybatis.xml 文件

之前步骤中已经有“spring-mybatis.xml”这个文件，这里补充一些新的内容，修改后的内容如下：

```
<beans xmlns="http://www.springframework.org/schema/beans"
        xmlns:xsi="http://www.w3.org/2001/XMLSchema-instance" xmlns:p="http://www.
springframework.org/schema/p"
        xmlns:context="http://www.springframework.org/schema/context"
        xmlns:mvc="http://www.springframework.org/schema/mvc"
        xsi:schemaLocation="http://www.springframework.org/schema/beans
                http://www.springframework.org/schema/beans/spring-beans-3.1.xsd
                http://www.springframework.org/schema/context
                http://www.springframework.org/schema/context/spring-context-3.1.xsd
                http://www.springframework.org/schema/mvc
                http://www.springframework.org/schema/mvc/spring-mvc-4.0.xsd">

    <!-- 自动扫描 -->
    <context:component-scan base-package="xmu.dblab">
        <!-- 扫描时跳过 @Controller 注解的 Java 类（控制器） -->
        <context:exclude-filter type="annotation" expression="org.springframework.stereotype.
Controller"/>
    </context:component-scan>

    <!-- 加载配置文件 -->
```

```
    <context:property-placeholder location="classpath:/META-INF/jdbc.properties" />

    <bean id="dataSource" class="org.apache.commons.dbcp.BasicDataSource" destroy-
method="close">
        <property name="driverClassName" value="${jdbc.driver}" />
        <property name="url" value="${jdbc.url}" />
        <property name="username" value="${jdbc.username}" />
        <property name="password" value="${jdbc.password}" />
        <property name="initialSize" value="${initialSize}" /> <!--初始化连接池连接数-->
        <property name="maxActive" value="${maxActive}" /> <!--连接池最大连接数-->
        <property name="maxIdle" value="${maxIdle}" /> <!--连接池最大空闲-->
        <property name="minIdle" value="${minIdle}" /> <!--连接池最小空闲-->
        <property name="maxWait" value="${maxWait}" /> <!--连接最大等待时间-->
    </bean>


    <bean id="sqlSessionFaction" class="org.mybatis.spring.SqlSessionFactoryBean">
        <property name="dataSource" ref="dataSource" />
        <!-- 自动扫描 mapping.xml 文件 -->
        <property name="mapperLocations" value="classpath:/mapping/*.xml" />
    </bean>

    <bean class="org.mybatis.spring.mapper.MapperScannerConfigurer">
        <property name="basePackage" value="xmu.dblab.mapping" />
        <property name="sqlSessionFactoryBeanName" value="sqlSessionFaction" />
    </bean>

    <bean id="transactionManager" class="org.springframework.jdbc.datasource.
DataSourceTransactionManager">
        <property name="dataSource" ref="dataSource" />
    </bean>

</beans>
```

从上面这个文件的内容中可以看出，与之前相比，这里新增了关于数据库配置文件 jdbc.properties 的设置，同时新增了扫描“mapping.xml”文件的相关设置。

（3）User.java 文件

User.java 文件为数据库 web_demo 中的 user 表定义了一个 User 类，user 表中的字段成为 User 类中的属性。

```
package xmu.dblab.pojo;

import java.util.Date;

public class User {
    private Integer id;
    private String username;
    private Date birthday;
    private String sex;
    private String address;

    public Integer getId() {
        return id;
```

```
    }

    public void setId(Integer id) {
        this.id = id;
    }

    public String getUsername() {
        return username;
    }

    public void setUsername(String username) {
        this.username = username == null ? null : username.trim();
    }

    public Date getBirthday() {
        return birthday;
    }

    public void setBirthday(Date birthday) {
        this.birthday = birthday;
    }

    public String getSex() {
        return sex;
    }

    public void setSex(String sex) {
        this.sex = sex == null ? null : sex.trim();
    }

    public String getAddress() {
        return address;
    }

    public void setAddress(String address) {
        this.address = address == null ? null : address.trim();
    }
}
```

（4）UserMapper.java 文件

"UserMapper.java" 文件的内容如下：

```
package xmu.dblab.mapping;

import xmu.dblab.pojo.User;
import org.apache.ibatis.annotations.Delete;
import org.apache.ibatis.annotations.Insert;
import org.apache.ibatis.annotations.ResultMap;
import org.apache.ibatis.annotations.Select;
import org.apache.ibatis.annotations.SelectKey;
import org.apache.ibatis.annotations.Update;

public interface UserMapper {
    void insert(User user);
    User selectById(Integer id);
}
```

该文件定义了一个接口 UserMapper，该接口里面定义了两个方法，即 insert 和 selectById。

（5）UserMapper.xml 文件

“UserMapper.xml”文件的内容如下：

```
<?xml version="1.0" encoding="UTF-8"?>
<!DOCTYPE mapper PUBLIC "-//mybatis.org//DTD Mapper 3.0//EN"
        "http://mybatis.org/dtd/mybatis-3-mapper.dtd">
<!-- 命名空间，可以对 SQL 进行分类管理 -->
<mapper namespace="xmu.dblab.mapping.UserMapper">
    <!-- 根据 ID 查询-->
    <select id="selectById" parameterType="int" resultType="xmu.dblab.pojo.User">
        select *
        from user where id=#{id};
    </select>
    <!-- 插入-->
    <insert id="insert" parameterType="xmu.dblab.pojo.User">
        insert into user
        (id,username,birthday,sex,address)values(#{id},#{username},#{birthday},
#{sex},#{address});
    </insert>
</mapper>
```

（6）UserService.java 文件

“UserService.java”文件的内容如下：

```
package xmu.dblab.service;

import xmu.dblab.pojo.User;

public interface UserService {
    public void insert(User user);
}
```

“UserService.java”文件中定义了一个接口 UserService，并定义了接口中可以被上层的控制层调用的所有方法。

（7）UserServiceImpl.java 文件

“UserServiceImpl.java”文件的内容如下：

```
package xmu.dblab.service.impl;

import xmu.dblab.pojo.User;
import xmu.dblab.mapping.UserMapper;
import xmu.dblab.service.UserService;
import org.springframework.beans.factory.annotation.Autowired;
import org.springframework.stereotype.Service;

@Service
public class UserServiceImpl implements UserService {

    @Autowired
    private UserMapper userMapper;

    @Override
```

```
    public void insert(User user) {
        userMapper.insert(user);
    }
}
```

“UserServiceImpl.java”文件是和“UserService.java”文件对应的，在“UserServiceImpl.java”文件中，需要给出“UserService.java”文件中定义的接口中的相关方法的具体实现。

（8）TestController.java 文件

“TestController.java”文件的内容如下：

```
package xmu.dblab.controller;

import xmu.dblab.pojo.User;
import xmu.dblab.service.UserService;
import org.springframework.stereotype.Controller;
import org.springframework.web.bind.annotation.RequestMapping;
import org.springframework.web.bind.annotation.RequestMethod;
import org.springframework.beans.factory.annotation.Autowired;
import org.springframework.web.bind.annotation.ResponseBody;

@Controller
@RequestMapping("/mybatistest")
public class TestController {
    @Autowired
    private UserService userService;

    @RequestMapping(value = "insertoneuser")
    public @ResponseBody String insertoneuser(){
        User user = new User();
        user.setId(2);
        user.setUsername("Xiaohua");
        user.setAddress("厦门大学");
        userService.insert(user);
        return "success";
    }
}
```

按照“TestController.java”文件的定义，当在浏览器中输入网址“http://localhost:9999/webdemo/mybatistest/insertoneuser”的时候，就会向 MySQL 数据库的 web_demo 中的 user 表中插入一条记录。

3. 编译、打包、部署网页应用

现在就可以按照前面介绍的方法，重新对项目进行编译打包，得到新的“WebDemo.war”。到“/usr/local/tomcat/webapps”目录下，把原来已经存在的“WebDemo.war”删除（记得同时删除“WebDemo”和“webdemo”文件夹），把本步骤刚刚打包得到的新的“WebDemo.war”文件复制到“/usr/local/tomcat/webapps”目录下。

在 Linux 系统中打开浏览器，在浏览器中输入如下网址：

```
http://localhost:9999/webdemo/mybatistest/insertoneuser
```

执行该网页请求以后，就会向 MySQL 数据库的 web_demo 中的 user 表中插入一条记录，并在网页中显示 success（见图 4-28）。

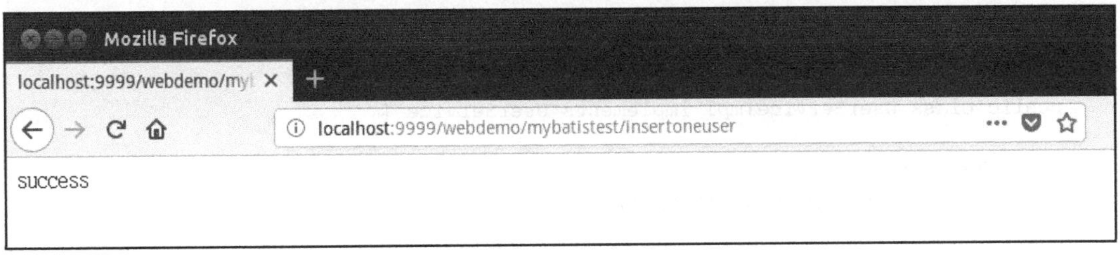

图 4-28 insertoneuser 网页请求执行效果

为了验证确实已经有一条新的记录被插入到了 MySQL 数据库中，可以再次回到 MySQL Shell 环境中，输入如下命令查看：

```
mysql> select * from user;
```

如果能够看到新增的记录（见图 4-29），就说明执行成功了。

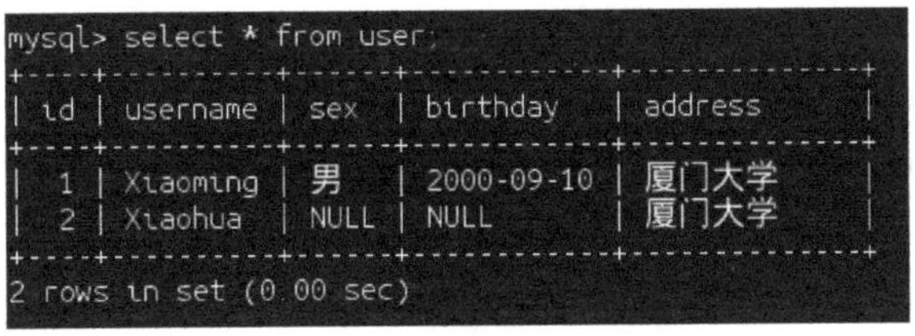

```
mysql> select * from user;
+----+-----------+------+------------+----------+
| id | username  | sex  | birthday   | address  |
+----+-----------+------+------------+----------+
|  1 | Xiaoming  | 男   | 2000-09-10 | 厦门大学 |
|  2 | Xiaohua   | NULL | NULL       | 厦门大学 |
+----+-----------+------+------------+----------+
2 rows in set (0.00 sec)
```

图 4-29 新增记录成功后的查询效果

4.5.9 把后端数据提交给网页显示

现在介绍如何把后端数据提交给网页进行显示。下面需要对一些代码进行修改，如果读者觉得一步步创建文件比较烦琐，也可以直接到本书官网的“下载专区”下载源代码文件，需要进入“代码/第 4 章/ WebDemo 项目文件 3”这个子目录，下载该目录下的“WebDemo.rar”压缩文件，解压缩以后导入到 IDEA 即可。

1. 修改 UserServiceImpl.java 和 UserService.java

首先，修改“UserServiceImpl.java”文件和“UserService.java”文件，增加一个方法 selectById，也就是根据用户 id 来查找用户信息。修改后的“UserService.java”文件内容如下：

```
package xmu.dblab.service;

import xmu.dblab.pojo.User;

public interface UserService {
    public void insert(User user);
    public User selectById(int userId);
}
```

修改后的“UserServiceImpl.java”文件内容如下：

```
package xmu.dblab.service.impl;

import xmu.dblab.pojo.User;
import xmu.dblab.mapping.UserMapper;
import xmu.dblab.service.UserService;
import org.springframework.beans.factory.annotation.Autowired;
```

```
import org.springframework.stereotype.Service;

@Service
public class UserServiceImpl implements UserService {

     @Autowired
     private UserMapper userMapper;

     @Override
     public void insert(User user) {
            userMapper.insert(user);
     }

     @Override
     public User selectById(int userId) {
          return userMapper.selectById(userId);
     }
}
```

2. 修改 TestController.java

修改“TestController.java”文件，增加一个 getoneuser 方法。修改后的“TestController.java”文件的内容如下：

```
package xmu.dblab.controller;

import xmu.dblab.pojo.User;
import xmu.dblab.service.UserService;
import org.springframework.stereotype.Controller;
import org.springframework.web.bind.annotation.RequestMapping;
import org.springframework.web.bind.annotation.RequestMethod;
import org.springframework.beans.factory.annotation.Autowired;
import org.springframework.web.bind.annotation.ResponseBody;
import org.springframework.web.servlet.ModelAndView;

@Controller
@RequestMapping("/mybatistest")
public class TestController {
     @Autowired
     private UserService userService;

     @RequestMapping(value = "insertoneuser")
     public @ResponseBody String insertoneuser(){
          User user = new User();
          user.setId(2);
          user.setUsername("Xiaohua");
          user.setAddress("厦门大学");
          userService.insert(user);
          return "success";
     }
          @RequestMapping(value = "getoneuser")
     public ModelAndView getoneuser(){
          User user = userService.selectById(1);
          return new ModelAndView("getoneuser", "user", user);
     }
}
```

从修改后的“TestController.java”可以看出，当在浏览器中输入网址“http://localhost:9999/webdemo/mybatistest/getoneuser”时，会调用 getoneuser 方法，从数据库中查找 id 为 1 的用户的信息，并把返回的数据封装在 ModelAndView 对象中。在 ModelAndView("getoneuser","user",user)中，括号中的第 1 个参数“getoneuser”是视图的名称，也就是要显示的网页，实际上，根据 spring-mvc.xml 中的配置，它会被解析成“/WEB-INF/views/getoneuser.jsp”；第 2 个参数是模型的名称；第 3 个参数是具体的值。如果把提交给某个网页的数据看成是一个<key,value>键值对，那么，这里的 key 是“user”，value 是 user 对象，网页端获取到这个 ModelAndView 对象以后，就可以根据“user”这个 key 来获取 user 对象。

3. 新建 getoneuser.jsp

在 WebDemo 项目的“webapp/WEB-INF/views”目录下新增一个文件“getoneuser.jsp”，如图 4-30 所示。

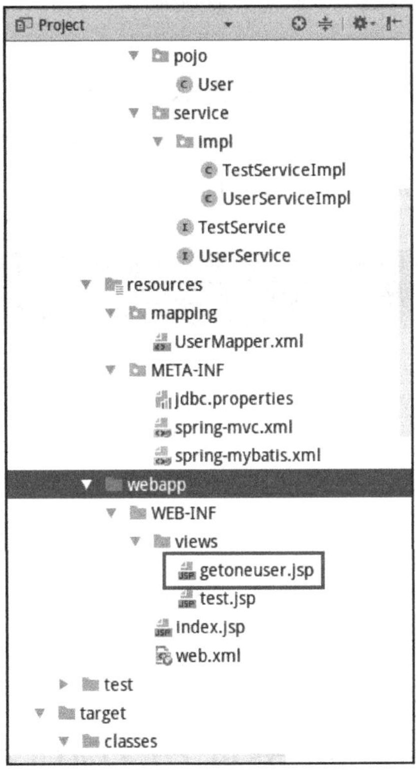

图 4-30 修改后的项目目录结构

“getoneuser.jsp”的内容如下：

```
<%@ page contentType="text/html;charset=UTF-8" language="java" %>
<%@ taglib prefix="c" uri="http://java.sun.com/jsp/jstl/core"%>
<!DOCTYPE html PUBLIC "-//W3C//DTD HTML 4.01 Transitional//EN" "http://www.w3.org/
TR/html4/loose.dtd">
<html>
<head>
    <title>WebDemo</title>
</head>
<body>
```

```
WebDemo<br>
<c:if test="${requestScope.user!=null}">
        <br>id:${requestScope.user.id}
        <br>username:${requestScope.user.username}
        <br>sex:${requestScope.user.sex}
        <br>birthday:${requestScope.user.birthday}
        <br>address:${requestScope.user.address}
        <br>
</c:if>
</body>
</html>
```

4. 编译、打包、部署网页应用

按照前面介绍的方法，重新对项目进行编译打包，得到新的“WebDemo.war”。到“/usr/local/tomcat/webapps”目录下，把原来已经存在的“WebDemo.war”删除（记得同时删除“WebDemo”和“webdemo”文件夹），把本步骤刚刚打包得到的新的“WebDemo.war”文件复制到“/usr/local/tomcat/webapps”目录下。

在 Linux 系统中打开浏览器，在浏览器中输入如下网址：

```
http://localhost:9999/webdemo/mybatistest/getoneuser
```

如果运行成功后，可以看到如图 4-31 所示的效果。

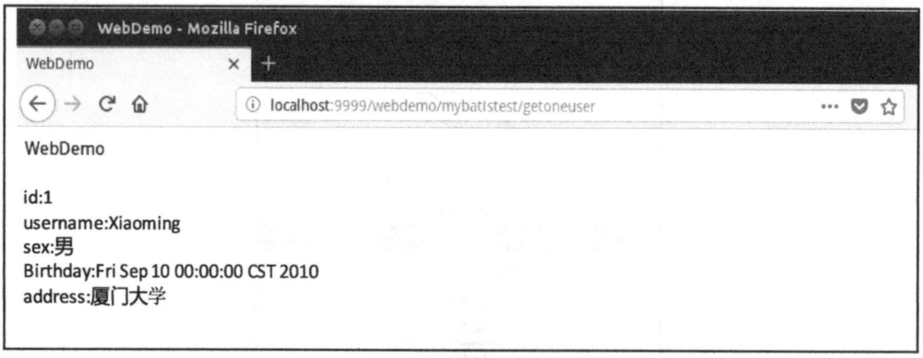

图 4-31　getoneuser 网页请求执行效果

4.6 在 IntelliJ IDEA 中使用 Tomcat 调试网页程序

在前面的步骤中，我们每次修改了代码以后，都需要对 WebDemo 项目进行重新编译、打包和部署，在部署的时候，需要把“WebDemo.war”手动复制到“/usr/local/tomcat/webapps”目录下，这种方式比较耗费时间。为了提高网页程序的开发效率，可以在 IDEA 中使用 Tomcat 插件来调试网页程序。下面介绍具体的调试方法。

在 IDEA 项目界面顶部菜单中选择“Run”，在弹出的子菜单中（见图 4-32），选择“Edit Configurations…”。

在弹出的“Run/Debug Configurations”界面中（见图 4-33），单击左侧栏目的绿色加号，在弹出的子菜单中选择“Tomcat Server”，再选择“Local”。

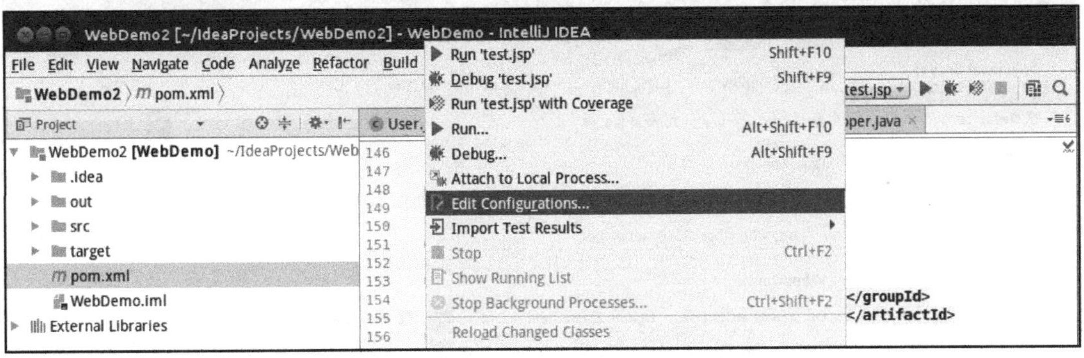

图 4-32　打开运行配置界面

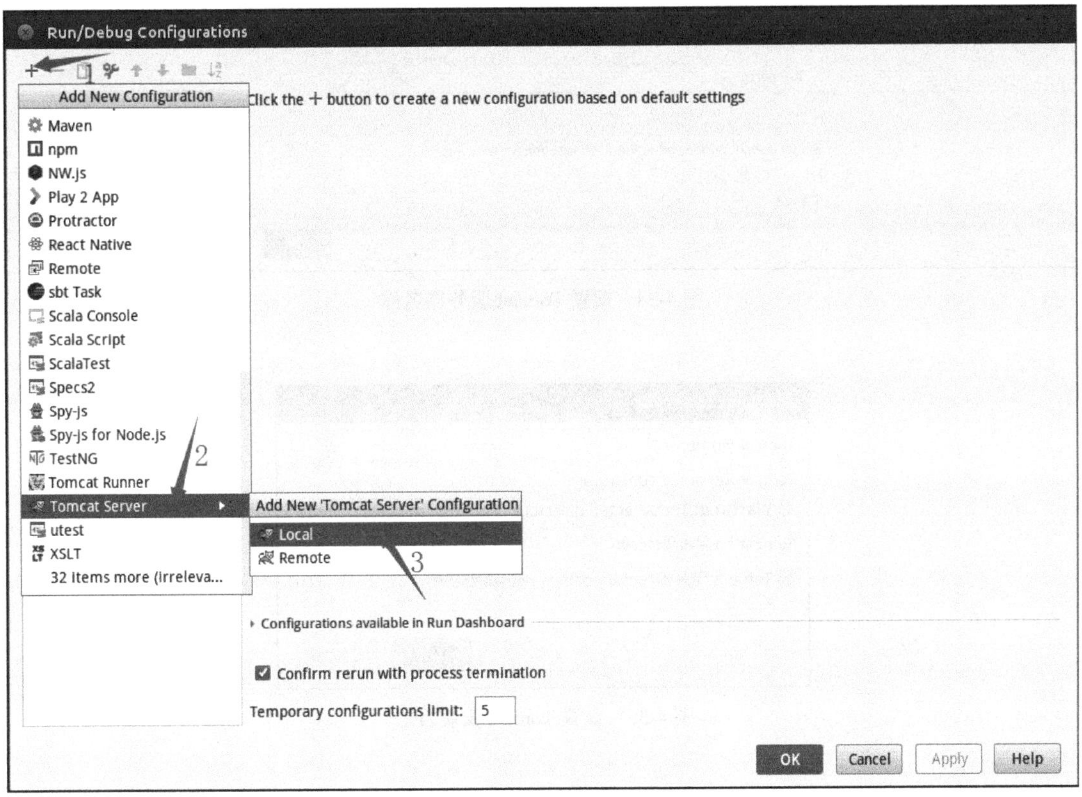

图 4-33　添加 Tomcat 服务器

在右边出现的界面中（见图 4-34），在“Name”后面的文本框中输入 Tomcat 服务器的名称，如可以命名为“Tomcat8.5”，然后，单击“Application server”右边的“Configure…”按钮。

在弹出的“Tomcat Server”对话框中（见图 4-35），单击“Tomat Home”右边的省略号“…”按钮。

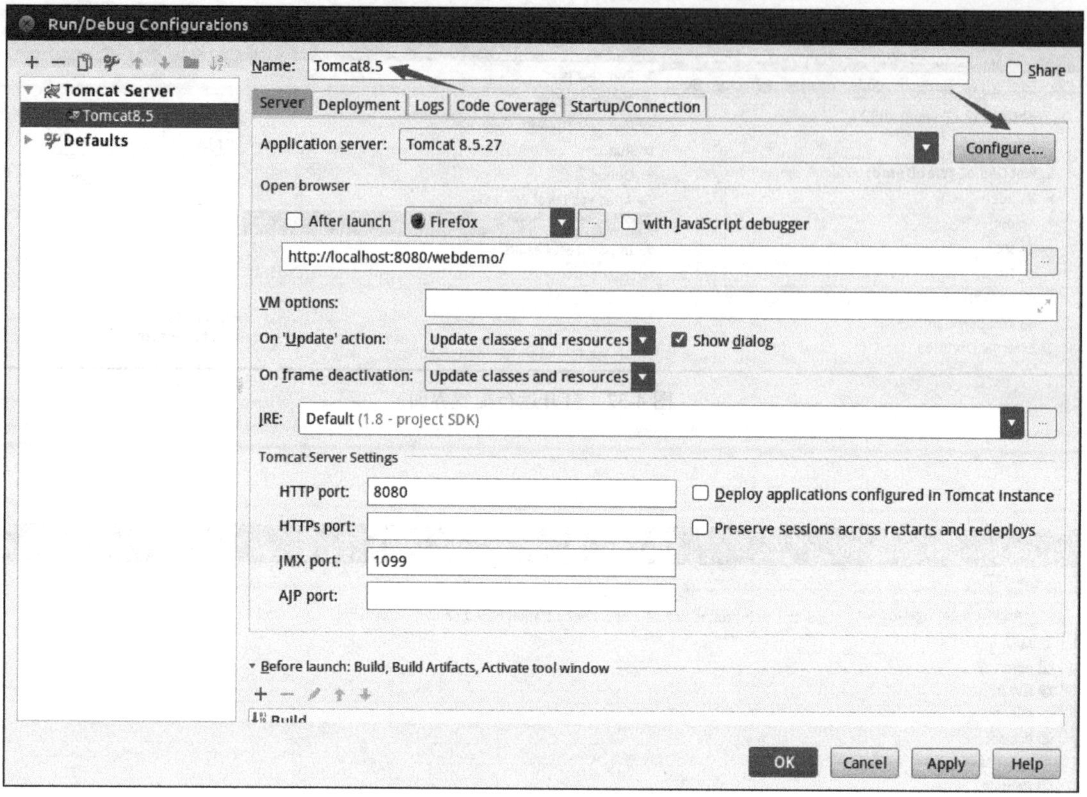

图 4-34　配置 Tomcat 服务器名称

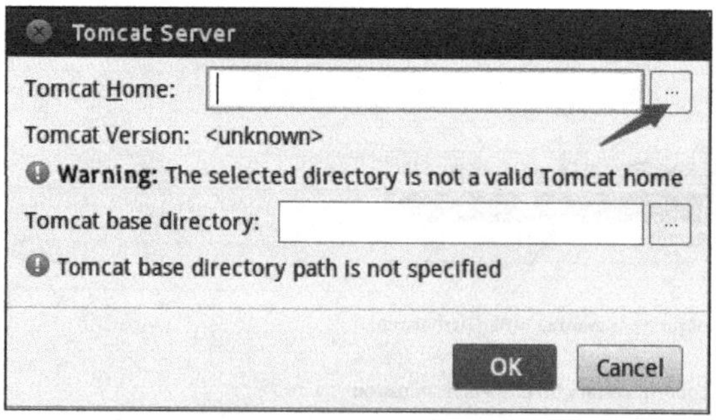

图 4-35　设置 Tomcat 安装目录

在“Tomcat Home Directory”对话框中（见图 4-36），找到 Tomcat 的安装目录，单击“OK”按钮。

然后，会弹出如图 4-37 所示的界面，单击“OK”按钮。

这时会返回到如图 4-38 所示的界面，要选中“After launch”前面的勾选。在“After launch”右边的浏览器下拉列表中，可以选择 Linux 系统中的 Firefox 浏览器作为调试网页时默认启动的浏览器。

然后，如图 4-39 所示，选中“Deployment”选项卡，单击右侧的绿色加号“+”按钮，再单击“Artifact···”。

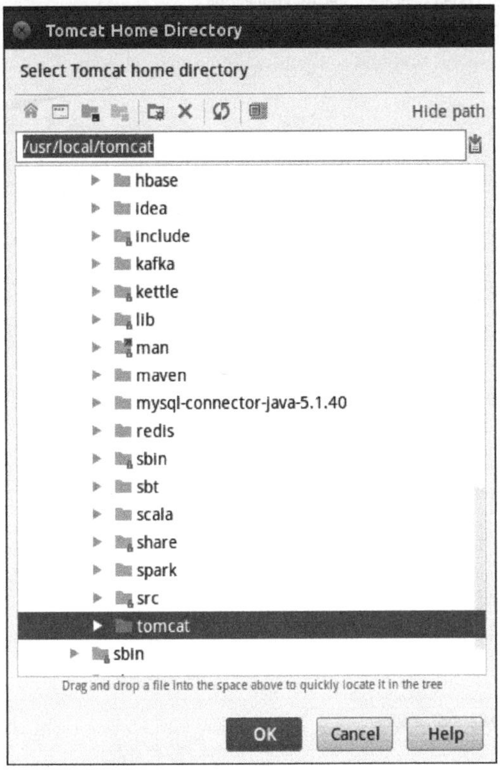

图 4-36　找到 Tomcat 安装目录

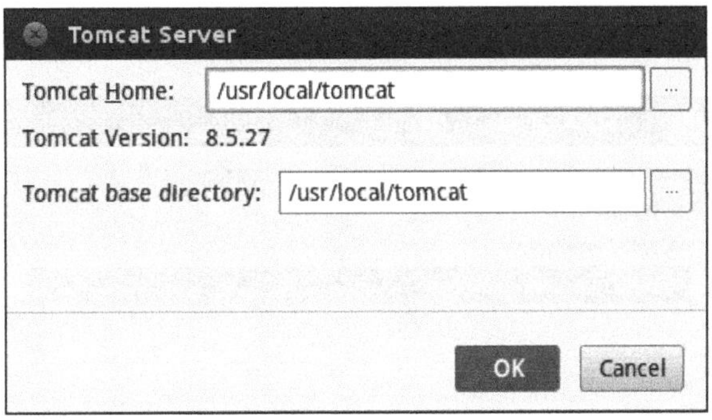

图 4-37　完成了 Tomcat 安装目录设置

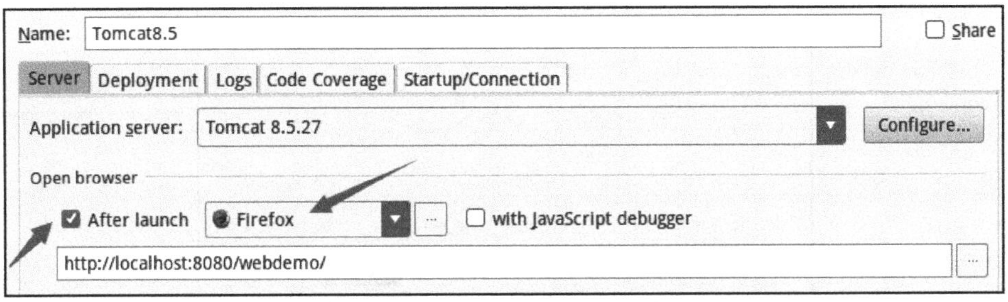

图 4-38　设置默认的浏览器

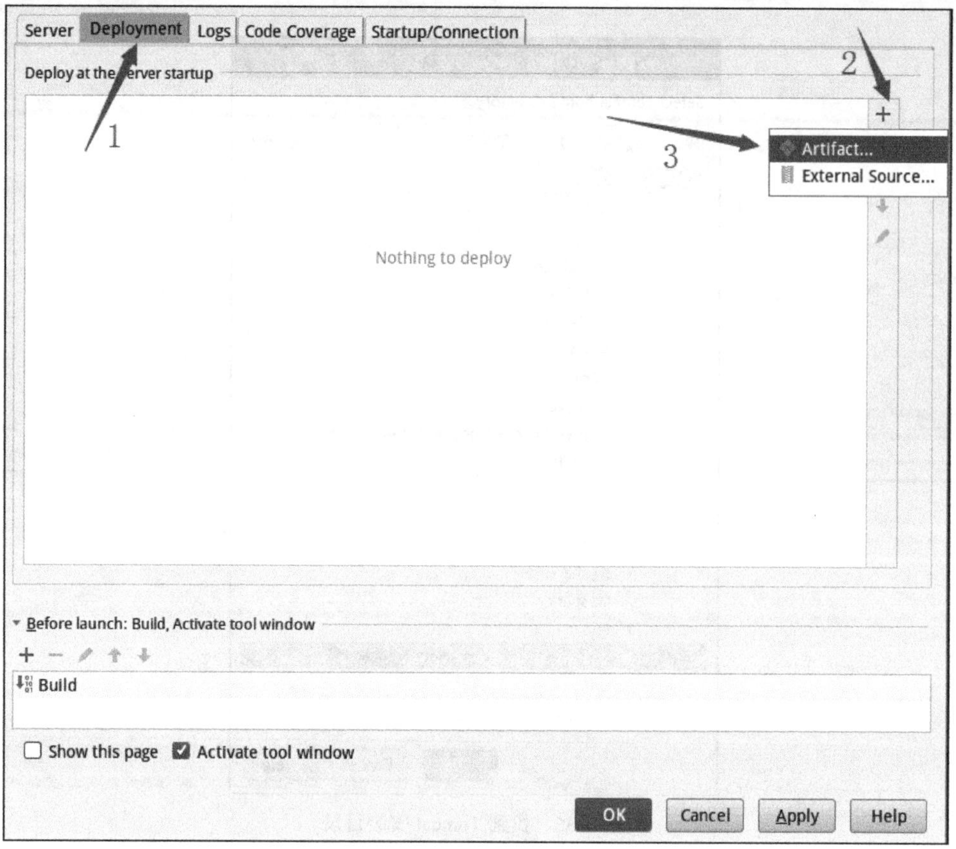

图 4-39　打开 Artifact 设置界面

在弹出的界面中（见图 4-40），选中“WebDemo:war exploded”，单击“OK”按钮。

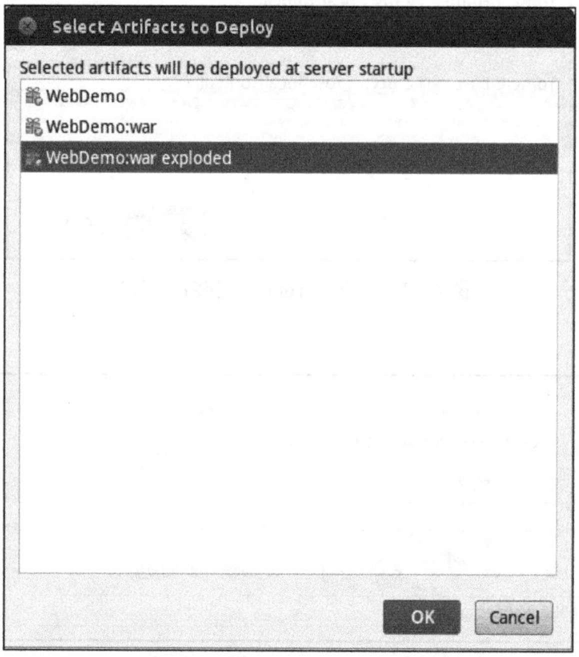

图 4-40　选中需要部署的 Artifact

然后，返回如图 4-41 所示的界面，在“Application context”右边输入“/webdemo”，再单击界面底部的“OK”按钮。

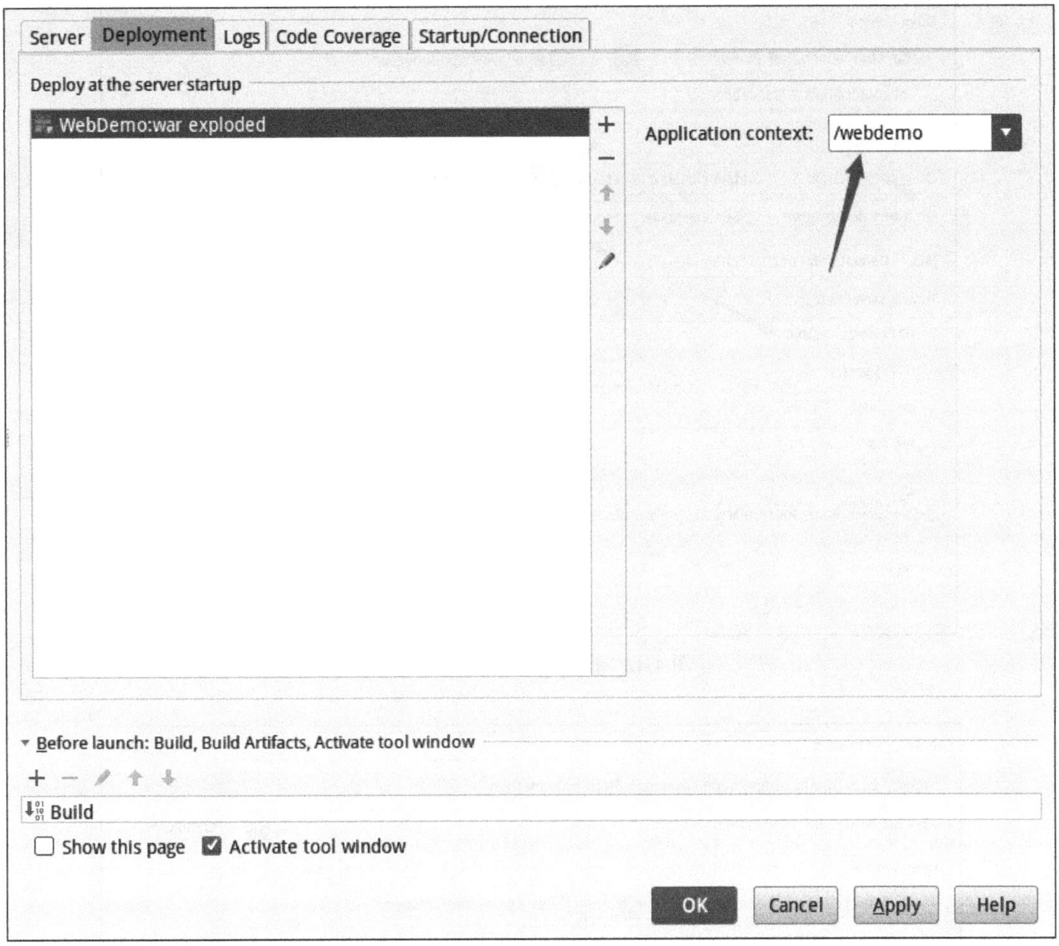

图 4-41　完成 Artifact 设置以后的界面

这时会返回到如图 4-42 所示的界面，在“On 'Update' action”和“On frame deactivation”右边的下拉列表中都选择“Update classes and resources”。

在界面的“Tomcat Server Settings”部分，在“HTTP port”右边文本框中输入 HTTP 端口号，如 8080。需要注意的是，前面我们在发布网页时，已经使用了 9999 端口，因此，此处不能再重复使用 9999 端口，否则会由于端口冲突而报错。然后，单击界面底部的“OK”按钮。

接下来，假设我们要调试 WebDemo 项目中的 getoneuser.jsp 网页，则需要进一步修改“Open brower”选项中的网页地址，修改为“http://localhost:8080/webdemo/mybatistest/getoneuser”。以后如果需要调试其他网页，就可以把这个地址修改成其他网页对应的地址。修改后的效果如图 4-43 所示，然后，单击“OK”按钮。

这时，会返回到项目界面（见图 4-44），可以看到，在项目界面中出现了“Tomcat8.5”选项，单击右边的绿色三角按钮，就可以开始调试网页。

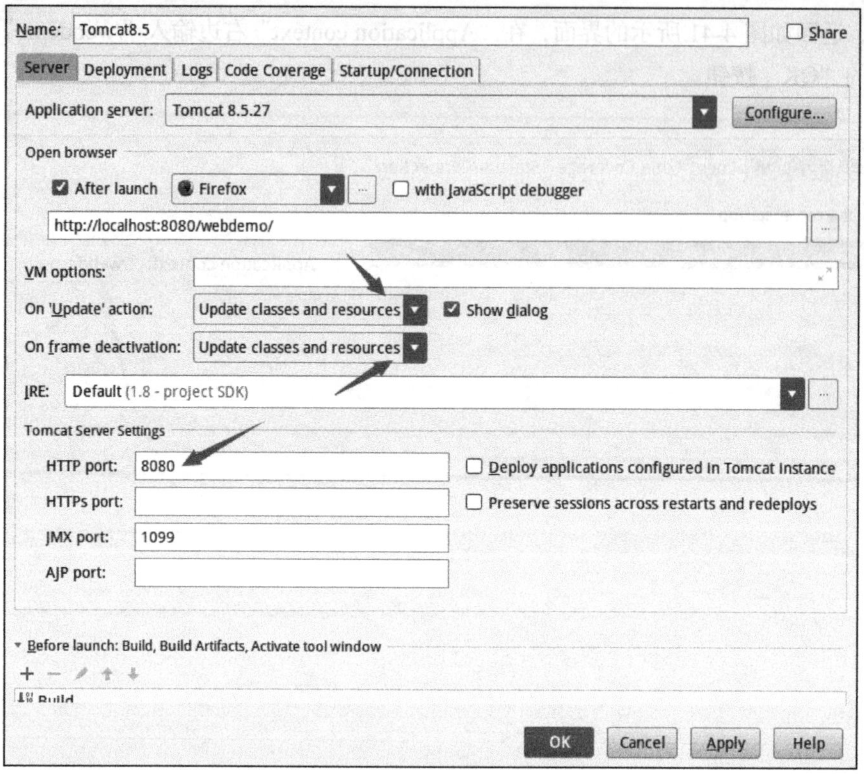

图 4-42　设置 Tomcat 服务器端口

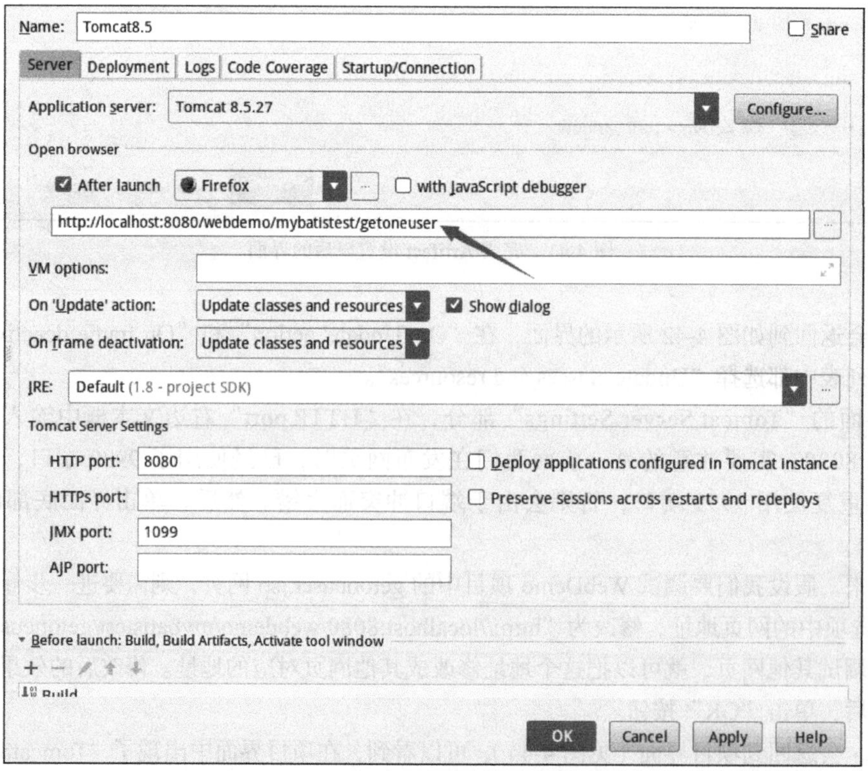

图 4-43　设置需要调试的网页

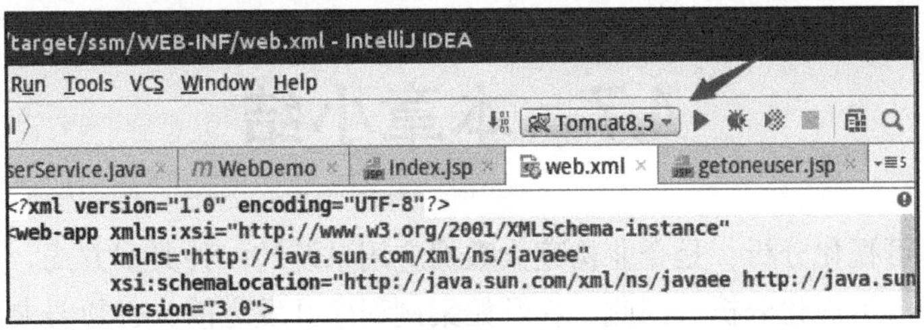

图 4-44　在项目界面中出现 Tomcat 选项

调试过程中，IDEA 项目界面会显示相关信息，如图 4-45 所示。

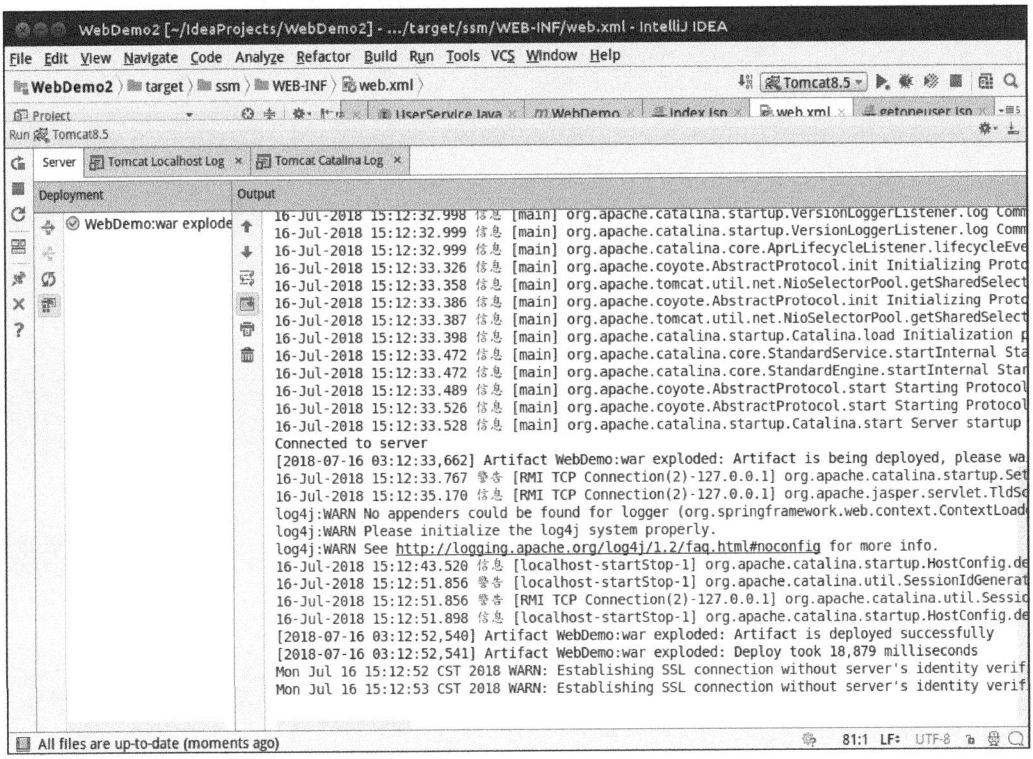

图 4-45　调试过程中 IDEA 项目界面显示的相关信息

如果运行成功，IDEA 会自动打开一个 Firefox 浏览器并显示网页（见图 4-46）。

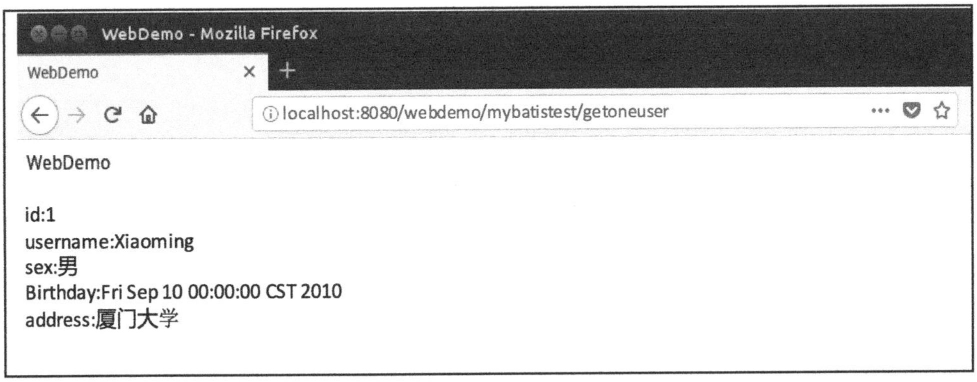

图 4-46　调试成功以后显示的网页

4.7 本章小结

使用网页进行可视化分析，是企业构建大数据应用系统的一种典型方式。本案例的可视化环节也是采用网页进行可视化分析，因此，在开始案例程序开发之前，必须要求读者已经掌握网页应用的基本开发流程。本章内容通过一个简单而又完整的实例，较好地梳理和呈现了使用 Spring、Spring MVC 和 MyBatis 开发网页应用的总体过程，为后续编写网页程序奠定了基础。

第 5 章 使用 ECharts 制作可视化图表

数据可视化是大数据分析的最后环节，也是非常关键的一环。在大数据时代，数据量以及分析复杂性的不断增加，导致普通用户无法从大数据中直接获取知识，因此可视化的需求越来越大，依靠可视化手段进行数据分析必将成为大数据分析流程的主要环节之一。让“茫茫数据”以可视化的方式呈现，让枯燥的数据以简单友好的图表形式展现出来，可以让数据变得更加通俗易懂，有助于用户更加方便快捷地理解数据的深层次含义，有效参与复杂的数据分析过程，提升数据分析效率，改善数据分析效果。

本案例采用网页进行可视化分析，即从底层的数据库查询、计算得到相关结果以后，在网页中以柱状图、饼状图等形式进行展现。在网页中显示可视化图表，使用百度公司的开源项目 ECharts 是一个较好的选择。

本章首先简要介绍 ECharts，然后给出 ECharts 图表制作方法，最后介绍两个图表制作实例。

5.1 ECharts 简介

ECharts 是由百度公司前端数据可视化团队研发的图表库，可以流畅地运行在 PC 和移动设备上，兼容当前绝大部分浏览器（IE8/9/10/11、Chrome、Firefox、Safari 等），底层依赖轻量级的 Canvas 类库 ZRender，可以提供直观、生动、可交互、可高度个性化定制的数据可视化图表。

ECharts 提供了非常丰富的图表类型，包括常规的折线图、柱状图、散点图、饼图、K 线图，用于统计的盒形图，用于地理数据可视化的地图、热力图、线图，用于关系数据可视化的关系图、TreeMap，用于多维数据可视化的平行坐标，以及用于 BI 的漏斗图、仪表盘，并且支持图与图之间的混搭，能够满足用户绝大部分分析数据时的图表制作需求。

5.2 ECharts 图表制作方法

ECharts 是一款可视化开发库，底层用的是 JavaScript 封装，所以可以在网页 HTML 中嵌入 ECharts 代码来显示数据图表。

5.2.1 下载 ECharts

访问 ECharts 官网，从官网下载界面选择需要的版本下载，根据开发者的不同需求，官网提供了不同的下载文件。需要注意的是，网站下载的 ECharts 文件名称不是“echarts.js”，一般需要手动把文件名称修改为“echarts.js”，因为在 HTML 中引入时的名称是“echarts.js”。或者也可以直接到本书官网的“下载专区”的“代码/第 5 章”目录中下载“echarts.js”。

5.2.2 在 HTML 中引入 ECharts

因为 ECharts 底层是 JavaScript，所以，可以像 JavaScript 一样直接嵌入 HTML 代码中，如下所示：

```
<!DOCTYPE html>
<html>
<header>
    <meta charset="utf-8">
    <!-- 引入 ECharts 文件 -->
    <script src="echarts.js"></script>
</header>
</html>
```

5.2.3 绘制一个简单的图表

首先，需要为 ECharts 准备一个具备一定大小（高宽）的 DOM 容器，然后就可以通过 echarts.init 方法初始化一个 ECharts 实例，并通过 setOption 方法生成一个简单的柱状图，具体 HTML 代码如下：

```
<!DOCTYPE html>
<html>
<head>
    <meta charset="utf-8">
    <title>ECharts</title>
    <!-- 引入 echarts.js -->
    <script src="echarts.js"></script>
</head>
<body>
    <!-- 为 ECharts 准备一个具备大小（宽高）的 DOM 容器 -->
    <div id="main" style="width: 600px;height:400px;"></div>
    <script type="text/javascript">
        // 基于准备好的 DOM，初始化 ECharts 实例
        var myChart = echarts.init(document.getElementById('main'));
        // 指定图表的配置项和数据
        var option = {
            title: {
                text: 'ECharts 入门示例'
            },
            tooltip: {},
            legend: {
                data:['销量']
            },
            xAxis: {
                data: ["衬衫","羊毛衫","雪纺衫","裤子","高跟鞋","袜子"]
            },
            yAxis: {},
            series: [{
```

```
                name: '销量',
                type: 'bar',
                data: [5, 20, 36, 10, 10, 20]
            }]
        };
        // 使用刚指定的配置项和数据显示图表
        myChart.setOption(option);
    </script>
</body>
</html>
```

上述代码文件可以直接从本书官网“下载专区”的“代码/第 5 章”目录中下载，文件名是“example1.html”。为了能够演示这段代码，需要新建一个文件夹，把“echarts.js”文件复制到该文件夹中，同时，在该文件夹中新建一个 HTML 文件（后缀名为.html，如 example1.html），把上面这段代码复制到该 HTML 文件中并保存文件，然后，双击该 HTML 文件，即可在浏览器中显示图表。但是，有的电脑可能会出现中文乱码，可以按照如下方法解决该问题。

（1）将<head></head>中的<meta charset=" utf-8">改为<meta charset="GBK">。

（2）将 script 代码的字符集改为“GBK”，即把语句<script type="text/javascript">改为<script type="text/javascript" charset="GBK">。

这段 HTML 代码在浏览器中的正常显示效果如图 5-1 所示。

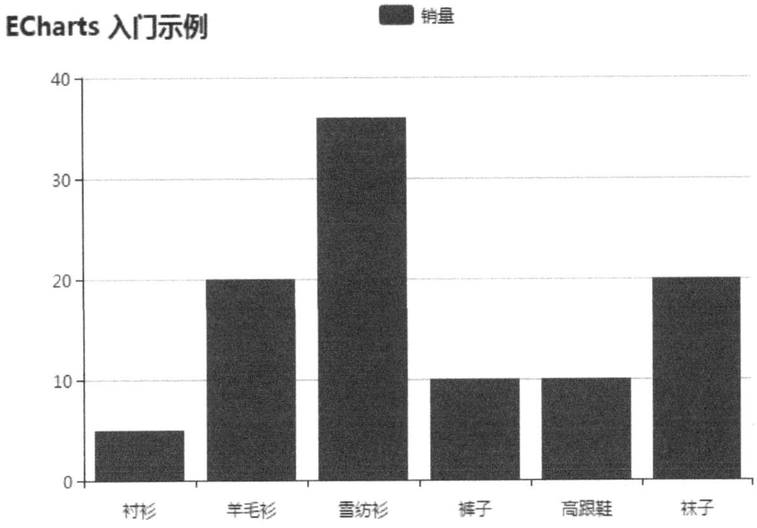

图 5-1　一个简单图表的效果

5.2.4　导出图片

ECharts 可以很方便地导出制作的图表。只要在 example1.html 代码中加入如下代码即可：

```
toolbox: {
        show : true,
        feature : {
            dataZoom: {},
            dataView: {readOnly: false},
            magicType: {type: ['line', 'bar']},
```

```
                restore: {},
                saveAsImage: {}
            }
        }
```

上面的代码文件可以直接从本书官网“下载专区”的“代码/第 5 章”目录中下载，文件名是“toolbox.html”。

对“example1.html”文件代码进行修改后得到的新文件为“example2.html”，里面包含的代码如下：

```
<!DOCTYPE html>
<html>
<head>
    <meta charset="utf-8">
    <title>ECharts</title>
    <!-- 引入 echarts.js -->
    <script src="echarts.js"></script>
</head>
<body>
    <!-- 为 ECharts 准备一个具备大小（宽高）的 DOM 容器 -->
    <div id="main" style="width: 600px;height:400px;"></div>
    <script type="text/javascript">
        // 基于准备好的 DOM，初始化 ECharts 实例
        var myChart = echarts.init(document.getElementById('main'));
        // 指定图表的配置项和数据
        var option = {
            title: {
                text: 'ECharts 入门示例'
            },
            tooltip: {},
            legend: {
                data:['销量']
            },
            xAxis: {
                data: ["衬衫","羊毛衫","雪纺衫","裤子","高跟鞋","袜子"]
            },
            yAxis: {},
            series: [{
                name: '销量',
                type: 'bar',
                data: [5, 20, 36, 10, 10, 20]
        }],
      toolbox: {
          show : true,
          feature : {
              dataZoom: {},
              dataView: {readOnly: false},
              magicType: {type: ['line', 'bar']},
              restore: {},
              saveAsImage: {}
      }
```

```
}
        };
        // 使用刚指定的配置项和数据显示图表
        myChart.setOption(option);
    </script>
</body>
</html>
```

这时运行“example2.html”，即可显示出如图 5-2 右上角所示的工具栏，其中，最右边矩形框中的图标即为“导出图表”的快捷图标，单击该图标就可以顺利地完成图表的导出。

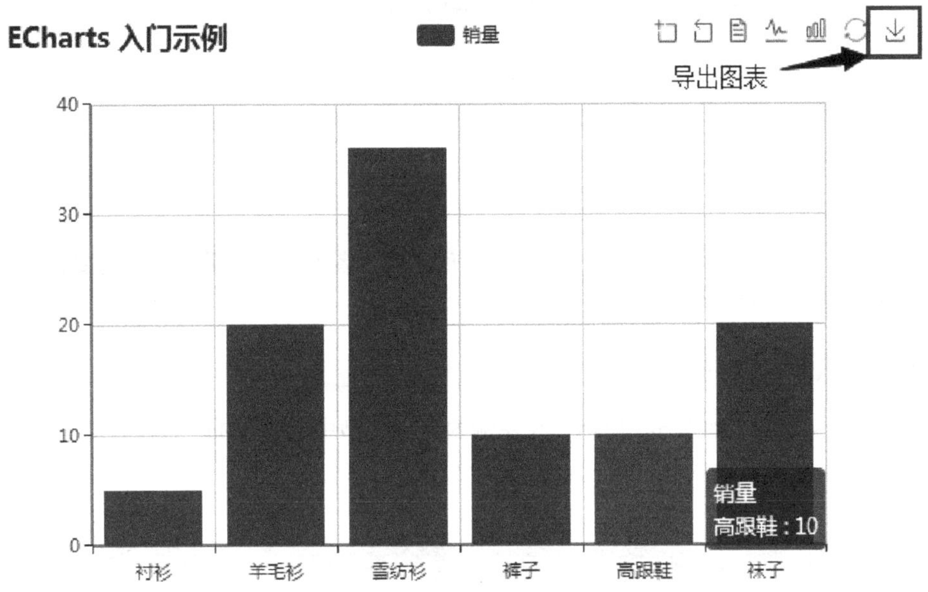

图 5-2　具有导出图表功能的网页

5.3　可视化图表制作实例

这里给出使用 ECharts 制作可视化图表的简单实例。

5.3.1　快速制作图表方法

ECharts 官网提供了大量的可视化图表实例及其代码，读者可以直接从官网复制实例代码，粘贴到本地网页“example-template.html”中（该 HTML 文件可以直接从本书官网“下载专区”的“代码/第 5 章”目录中下载），“example-template.html”的内容如下：

```
<!DOCTYPE html>
<html>
<head>
    <meta charset="utf-8">
    <title>ECharts</title>
```

```
    <!-- 引入 echarts.js -->
    <script src="echarts.js"></script>
</head>
<body>
    <!-- 为 ECharts 准备一个具备大小（宽高）的 DOM 容器 -->
    <div id="main" style="width: 800px;height:600px;"></div>
    <script type="text/javascript">
        // 基于准备好的 DOM，初始化 ECharts 实例
        var myChart = echarts.init(document.getElementById('main'));
        // 指定图表的配置项和数据

        <!-- 把从 ECharts 官网获得的代码复制到这个地方-->

        // 使用刚指定的配置项和数据显示图表
        myChart.setOption(option);
    </script>
</body>
</html>
```

需要注意的是，如果后面调试可视化图表出现乱码或者不显示结果时，则需要把“example-template.html”中的编码格式从“utf-8”修改为“GBK”。

5.3.2 实例 1：柱状图

访问 ECharts 官网，如图 5-3 所示，在左侧的图标类型中选择“Bar”，在右侧的图标区域中选择“特性示例：渐变色 阴影 单击缩放”这个柱状图实例。

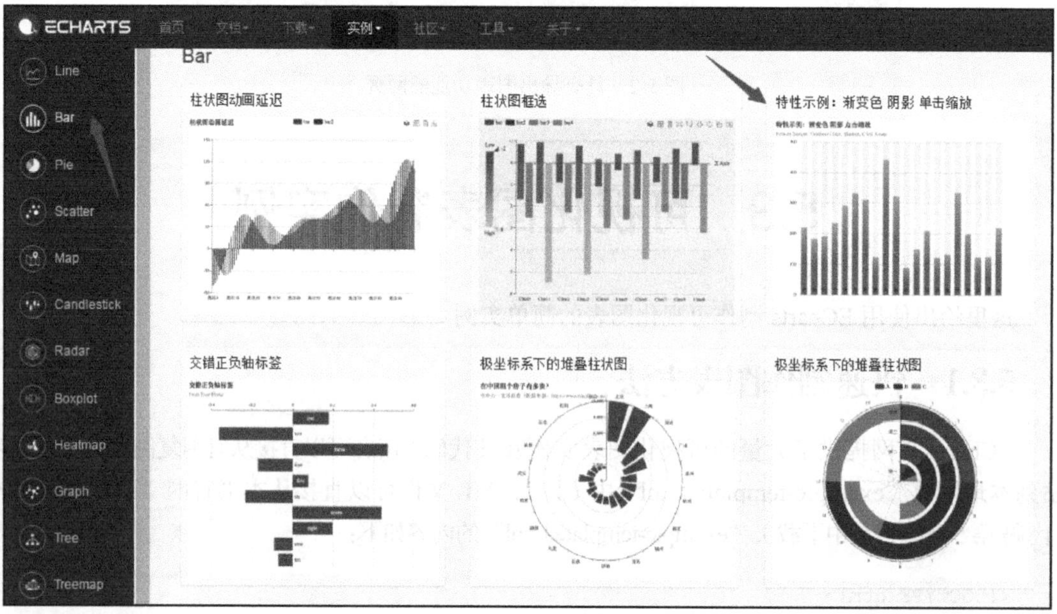

图 5-3　ECharts 官网页面

然后，会出现如图 5-4 所示页面，左侧是代码区域，右侧是图表区域。

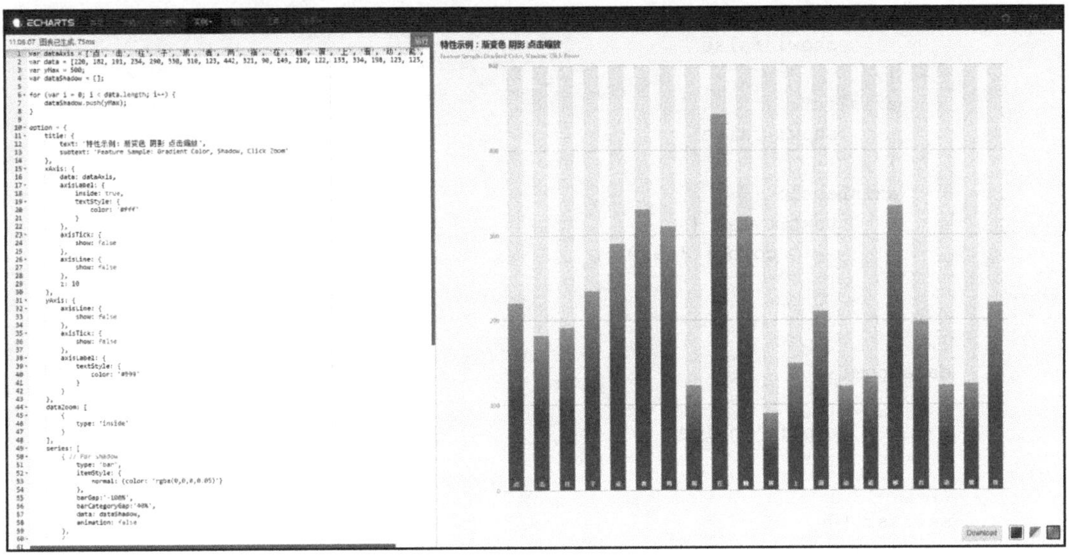

图 5-4 ECharts 可视化图表及其代码

代码区域中的内容如下：

```
    var dataAxis = ['单', '击', '柱', '子', '或', '者', '两', '指', '在', '触', '屏', '上',
'滑', '动', '能', '够', '自', '动', '缩', '放'];
    var data = [220, 182, 191, 234, 290, 330, 310, 123, 442, 321, 90, 149, 210, 122, 133,
334, 198, 123, 125, 220];
    var yMax = 500;
    var dataShadow = [];

    for (var i = 0; i < data.length; i++) {
        dataShadow.push(yMax);
    }

    option = {
        title: {
                text: '特性示例：渐变色 阴影 单击缩放',
                subtext: 'Feature Sample: Gradient Color, Shadow, Click Zoom'
        },
        xAxis: {
                data: dataAxis,
                axisLabel: {
                    inside: true,
                    textStyle: {
                        color: '#fff'
                    }
                },
                axisTick: {
                    show: false
                },
                axisLine: {
                    show: false
                },
                z: 10
        },
        yAxis: {
```

```
            axisLine: {
                show: false
            },
            axisTick: {
                show: false
            },
            axisLabel: {
                textStyle: {
                    color: '#999'
                }
            }
        },
        dataZoom: [
            {
                type: 'inside'
            }
        ],
        series: [
            { // For shadow
                type: 'bar',
                itemStyle: {
                    normal: {color: 'rgba(0,0,0,0.05)'}
            },
            barGap:'-100%',
            barCategoryGap:'40%',
            data: dataShadow,
            animation: false
        },
        {
            type: 'bar',
            itemStyle: {
                normal: {
                    color: new echarts.graphic.LinearGradient(
                        0, 0, 0, 1,
                        [
                            {offset: 0, color: '#83bff6'},
                            {offset: 0.5, color: '#188df0'},
                            {offset: 1, color: '#188df0'}
                        ]
                    )
                },
                emphasis: {
                    color: new echarts.graphic.LinearGradient(
                        0, 0, 0, 1,
                        [
                            {offset: 0, color: '#2378f7'},
                            {offset: 0.7, color: '#2378f7'},
                            {offset: 1, color: '#83bff6'}
                        ]
                    )
                }
            },
            data: data
        }
    ]
};
```

```
// Enable data zoom when user click bar.
var zoomSize = 6;
myChart.on('click', function (params) {
    console.log(dataAxis[Math.max(params.dataIndex - zoomSize / 2, 0)]);
    myChart.dispatchAction({
        type: 'dataZoom',
        startValue: dataAxis[Math.max(params.dataIndex - zoomSize / 2, 0)],
        endValue: dataAxis[Math.min(params.dataIndex + zoomSize / 2, data.length - 1)]
    });
});
```

上面的代码文件也可以直接从本书官网的“下载专区”的“代码/第 5 章”目录中下载，文件名是“example-code1.txt”。

按照前面“5.3.1 节快速制作图表”中介绍的方法，把代码区域中的代码复制到本地文件“example-template.html”中相应的位置。在浏览器中打开修改后的本地文件“example-template.html”，就可以看到柱状图的效果（见图 5-5）。

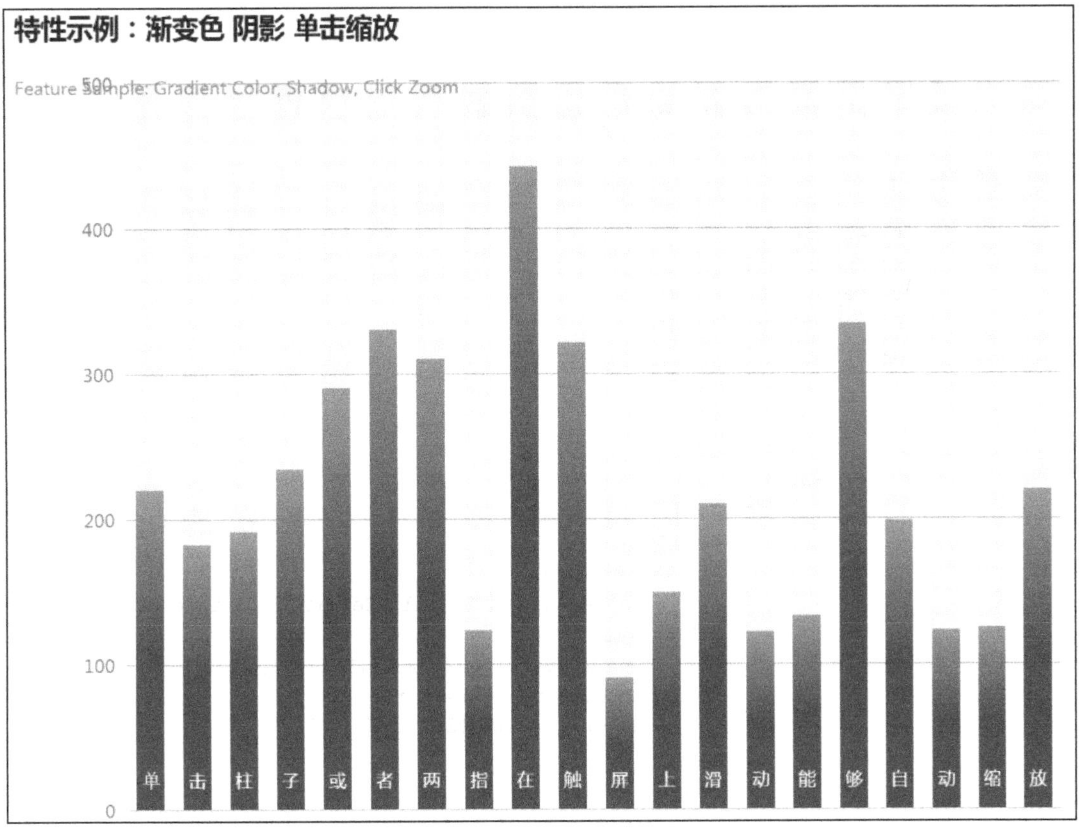

图 5-5　ECharts 官网柱状图示例

5.3.3　实例 2：饼状图

访问 ECharts 官网，在左侧的图标类型中选择“Pie”，在右侧的图标区域中单击“Pie Special Label”这个饼状图实例。然后，会出现代码及其展示效果的页面，页面的左侧是代码区域，右侧是图表区域。代码区域中的内容如下：

```
var weatherIcons = {
    'Sunny': './data/asset/img/weather/sunny_128.png',
    'Cloudy': './data/asset/img/weather/cloudy_128.png',
    'Showers': './data/asset/img/weather/showers_128.png'
};

option = {
    title: {
        text: '天气情况统计',
        subtext: '虚构数据',
        left: 'center'
    },
    tooltip : {
        trigger: 'item',
        formatter: "{a} <br/>{b} : {c} ({d}%)"
    },
    legend: {
        // orient: 'vertical',
        // top: 'middle',
        bottom: 10,
        left: 'center',
        data: ['西凉', '益州','兖州','荆州','幽州']
    },
    series : [
        {
            type: 'pie',
            radius : '65%',
            center: ['50%', '50%'],
            selectedMode: 'single',
            data:[
                {
                  value:1548,
                  name: '幽州',
                  label: {
                      normal: {
                          formatter: [
                              '{title|{b}}{abg|}',
                              '  {weatherHead|天气}{valueHead|天数}{rateHead|占比}',
                              '{hr|}',
                              '  {Sunny|}{value|202}{rate|55.3%}',
                              '  {Cloudy|}{value|142}{rate|38.9%}',
                              '  {Showers|}{value|21}{rate|5.8%}'
                          ].join('\n'),
                          backgroundColor: '#eee',
                          borderColor: '#777',
                          borderWidth: 1,
                          borderRadius: 4,
                          rich: {
                              title: {
                                  color: '#eee',
                                  align: 'center'
                              },
                              abg: {
                                  backgroundColor: '#333',
```

```
        width: '100%',
        align: 'right',
        height: 25,
        borderRadius: [4, 4, 0, 0]
    },
    Sunny: {
        height: 30,
        align: 'left',
        backgroundColor: {
            image: weatherIcons.Sunny
        }
    },
    Cloudy: {
        height: 30,
        align: 'left',
        backgroundColor: {
            image: weatherIcons.Cloudy
        }
    },
    Showers: {
        height: 30,
        align: 'left',
        backgroundColor: {
            image: weatherIcons.Showers
        }
    },
    weatherHead: {
        color: '#333',
        height: 24,
        align: 'left'
    },
    hr: {
        borderColor: '#777',
        width: '100%',
        borderWidth: 0.5,
        height: 0
    },
    value: {
        width: 20,
        padding: [0, 20, 0, 30],
        align: 'left'
    },
    valueHead: {
        color: '#333',
        width: 20,
        padding: [0, 20, 0, 30],
        align: 'center'
    },
    rate: {
        width: 40,
        align: 'right',
        padding: [0, 10, 0, 0]
    },
    rateHead: {
        color: '#333',
        width: 40,
```

```
                        align: 'center',
                        padding: [0, 10, 0, 0]
                    }
                }
            }
        }
    },
    {value:535, name: '荆州'},
    {value:510, name: '兖州'},
    {value:634, name: '益州'},
    {value:735, name: '西凉'}
  ],
  itemStyle: {
      emphasis: {
          shadowBlur: 10,
          shadowOffsetX: 0,
          shadowColor: 'rgba(0, 0, 0, 0.5)'
      }
  }
 }
]
};
```

上面的代码文件也可以直接从本书官网的“下载专区”的“代码/第5章”目录中下载，文件名是“example-code2.txt”。

把代码区域中的代码复制到本地文件“example-template.html”中相应的位置。在浏览器中打开修改后的本地文件“example-template.html”，就可以看到饼状图的效果（见图5-6）。

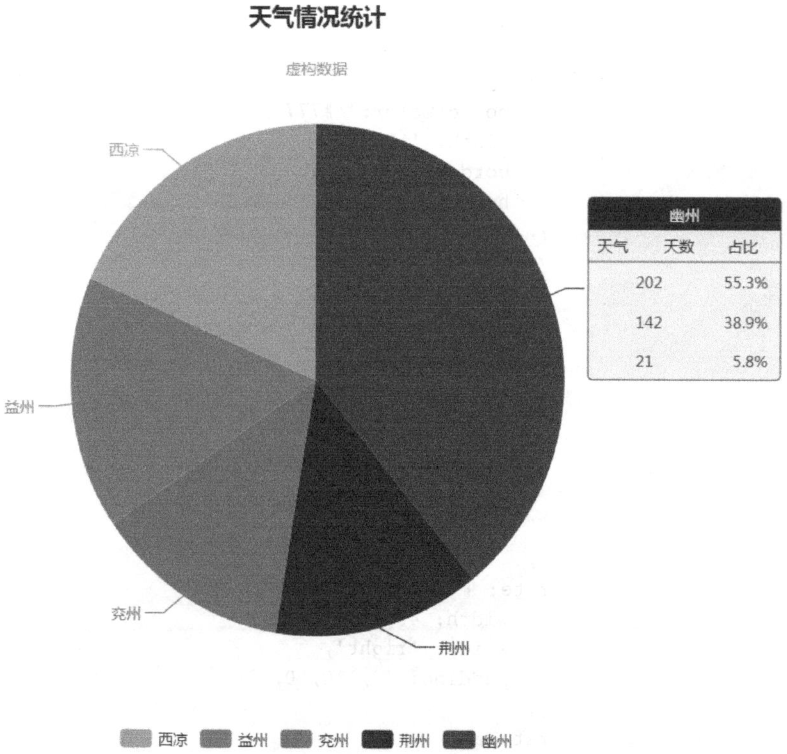

图5-6　ECharts官网饼状图示例

可以参考该方法，利用 ECharts 官网上的大量样例代码，快速完成自己所需要的个性化图表的制作。

5.4　本章小结

数据可视化可以帮助用户更好地理解数据分析结果，本案例采用网页展示可视化图表。在网页中呈现可视化图表（柱状图、饼状图等），可以借助 ECharts 图表库来实现。本章介绍了 ECharts 以及如何在 HTML 中引入 ECharts，并通过简单的实例演示了使用 ECharts 制作可视化图表的具体方法。掌握了基础的方法以后，读者可以在后面的案例开发中“活学活用”，完成电信用户行为分析结果的可视化展现。

第 6 章 电信用户行为分析实现过程

前面五个章节的内容，详细介绍了案例的基本情况、大数据实验环境搭建方法、开发工具使用方法、网页应用开发方法、可视化图表制作方法等。基于这些章节的铺垫性介绍，现在我们就可以顺利完成“电信用户行为分析”案例的全部流程。本章内容将完整呈现该案例实现的全部过程和细节。

6.1 数据分析整体过程

图 6-1 给出了本案例的数据分析整体过程，具体如下。

- 把电信用户行为数据集加载到分布式文件系统 HDFS 中。
- 使用 Scala 语言编写 Spark 程序对 HDFS 中的数据进行用户行为分析，并把分析结果写入 MySQL 数据库。
- 使用 Spring MVC 框架开发网页应用，对 MySQL 数据库中的数据进行可视化分析。
- 在网页中以图表形式对分析结果进行可视化呈现。

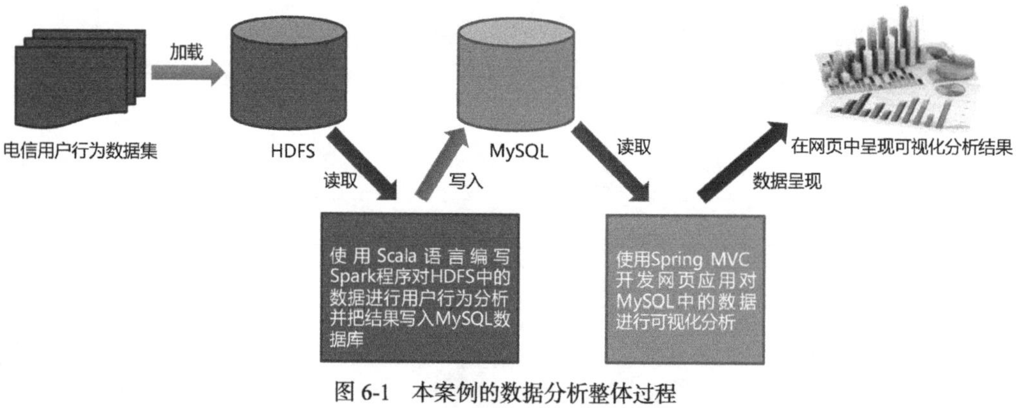

图 6-1　本案例的数据分析整体过程

下面将按照如下四个主要步骤对案例开发过程依次进行介绍。

- 步骤一：本地数据集上传到 HDFS。
- 步骤二：在 MySQL 中创建数据库。
- 步骤三：开发 Spark 程序分析用户行为。
- 步骤四：使用 Spring MVC 框架进行数据可视化分析。

6.2 本地数据集上传到 HDFS

6.2.1 数据集下载

本案例采用一个电信行业用户行为数据集 demo.txt，该数据集记录了用户登录电信公司网站的行为信息，数据集中的字段及其含义如下。

- 登录时间 logid。
- 用户编号 imei（A0001～A1000）。
- IP 地址 requestip（0:192.168.0.1；1:192.168.0.2；2:192.168.0.3）。
- 区域 areacode（0:浙江省丽水市；1:福建省南平市；2:福建省福州市）。
- 渠道 channelno（0:手机；1:PC 机；2:平板电脑）。
- 请求类型 requesttype（0:GET；1:POST）。
- 请求结果 responsedata（0:无查询结果；1:查询结果成功）。

数据集 demo.txt 位于本书官网“下载专区”的“数据集”目录中。下面是来自 demo.txt 中一条记录：


```
{"areacode":"0","countAll":0,"countCorrect":0,"datatime":"7903867","logid":"201803202114010303498949","requestinfo":"{\"sign\":\"4\",\"timestamp\":\"1521551641000\",\"remark\":\"4\",\"subjectPro\":\"123456\",\"interfaceUserName\":\"12345678900987654321\",\"channelno\":\"2\",\"imei\":\"A0273\",\"subjectNum\":\"13989589062\",\"imsi\":\"12345678900987654321\",\"queryNum\":\"13989589062\"}","requestip":"192.168.0.3","requesttime":"2018-03-20 21:14:01","requesttype":"1","responsecode":"010005","responsedata":"1"}
```


为了高效完成案例实验过程，本案例使用了较小的数据集 demo.txt。在顺利完成案例全部实验步骤以后，读者可以使用“下载专区”的“数据集/data”目录下的更大规模的数据集进行实验。

6.2.2 把数据集上传到 HDFS

假设数据集 demo.txt 已经被保存到 Linux 本地文件系统的“～/Downloads”目录下。在 Linux 系统中打开一个终端，并在终端中执行如下 Shell 命令，把数据集上传到 HDFS 文件系统中：

```
$ cd /usr/local/hadoop  #进入 Hadoop 安装目录
$ ./sbin/start-dfs.sh   #启动 Hadoop 的 HDFS 组件
$ jps  #查看 HDFS 相关进程是否正常启动
$ ./bin/hdfs dfs -ls /  #查看 HDFS 文件系统根目录下的内容
$ ./bin/hdfs dfs -mkdir /input_spark    #在 HDFS 的根目录下创建 input_spark 目录
$ ./bin/hdfs dfs -ls /  #查看目录是否创建成功
$ ./bin/hdfs dfs -put ~/Downloads/demo.txt /input_spark  #把本地数据集上传到 HDFS 中
```

数据上传完之后，需要确认上传的文件的大小和内容是否是一致的。在 Linux 终端中继续执行以下命令：

```
$ ./bin/hdfs dfs -ls /input_spark  #查看该目录的信息
$ ./bin/hdfs dfs -cat /input_spark/demo.txt  #查看 HDFS 文件中的数据
```

6.3 在MySQL中创建数据库

本案例中，用户行为分析的结果全部会被写入 MySQL 数据库，因此，需要首先在 MySQL 中创建相应的数据库、表和视图，主要包括：

- 创建数据库；
- 创建数据汇总表；
- 创建数据明细表；
- 创建数据原始明细表；
- 创建区域维表；
- 创建渠道维表；
- 创建请求类型维表；
- 创建五个视图。

6.3.1 启动进入 MySQL Shell 环境

默认情况下，MySQL 安装好以后，MySQL 服务是随开机自动启动的，如果已经启动，则不需要执行下面命令。如果还没有启动，在 Linux 终端中执行如下命令启动 MySQL 服务：

```
$ service mysql start
```

然后进入 MySQL Shell 交互式执行环境，命令如下：

```
$ mysql -u root -p
```

执行上面命令以后，需要根据系统提示继续输入密码，这里是指数据库 root 用户名的密码，而不是 Linux 系统的 root 用户的密码。

6.3.2 创建一个数据库

在 MySQL Shell 交互式执行环境中执行如下 SQL 语句（即在“mysql>”命令提示符后面执行 SQL 语句），创建一个新的数据库 spark_web，并且进入这个数据库：

```
create database spark_web;  #创建数据库 spark_web
use spark_web;  #进入数据库 spark_web
```

6.3.3 创建一个数据汇总表

在 MySQL Shell 交互式执行环境中执行如下 SQL 语句，创建一个数据汇总表：

```
CREATE TABLE sum (
  imei varchar(10) DEFAULT NULL COMMENT'用户编号',
  log_times int(2) DEFAULT NULL COMMENT'登录次数',
  online_time int(10) DEFAULT NULL COMMENT'在线时长(秒)'
) ENGINE=InnoDB DEFAULT CHARSET=utf8;
```

数据汇总表 sum，包含了关于用户登录电信公司网站的汇总数据，字段包括用户编号、登录次数和在线时长等。

6.3.4　创建一个数据明细表

在 MySQL Shell 交互式执行环境中执行如下 SQL 语句，创建一个数据明细表：

```
CREATE TABLE detail (
  imei varchar(10) DEFAULT NULL COMMENT'用户编号',
  first_login_time varchar(100) DEFAULT NULL COMMENT'首次登录时间',
  online_time int(11) DEFAULT NULL COMMENT'在线时长(秒)'
) ENGINE=InnoDB DEFAULT CHARSET=utf8;
```

数据明细表 detail，记录了用户登录电信公司网站的时间信息，包括用户编号、首次登录时间和在线时长等。

6.3.5　创建一个数据原始明细表

在 MySQL Shell 交互式执行环境中执行如下 SQL 语句，创建一个数据原始明细表：

```
CREATE TABLE cleanMap(
  imei varchar(10) DEFAULT NULL COMMENT '用户编号',
  logId varchar(100) DEFAULT NULL COMMENT '登录时间',
  requestip varchar(11) DEFAULT NULL COMMENT '登录 IP 地址',
  areacode varchar(11) DEFAULT NULL COMMENT '登录区域',
  requesttype varchar(11) DEFAULT NULL COMMENT '请求类型',
  channelno varchar(11) DEFAULT NULL COMMENT '渠道'
) ENGINE=InnoDB DEFAULT CHARSET=utf8;
```

数据原始明细表 cleanMap 记录了用户登录电信公司网站的细节信息，包括用户编号、登录时间、登录 IP 地址、登录区域、请求类型和渠道等。

6.3.6　创建一个区域维表

在 MySQL Shell 交互式执行环境中执行如下 SQL 语句，创建一个区域维表：

```
CREATE TABLE t_dim_area (
  areacode varchar(11) DEFAULT NULL COMMENT'区域编码',
  areaname varchar(100) DEFAULT NULL COMMENT'区域名称'
) ENGINE=InnoDB DEFAULT CHARSET=utf8;
```

然后，执行如下 SQL 语句向这个维表中插入数据：

```
INSERT INTO t_dim_area VALUES ('0', '浙江省丽水市');
INSERT INTO t_dim_area VALUES ('1', '福建省南平市');
INSERT INTO t_dim_area VALUES ('2', '福建省福州市');
```

区域维表 t_dim_area 记录了区域编码所对应的城市名称，本案例中，区域编码“0”表示“浙江省丽水市”，区域编码“1”表示“福建省南平市”，区域编码“2”表示“福建省福州市”。

6.3.7　创建一个渠道维表

在 MySQL Shell 交互式执行环境中执行如下 SQL 语句，创建一个渠道维表：

```
CREATE TABLE t_dim_channel (
  channelno varchar(11) DEFAULT NULL COMMENT'渠道编号',
```

```
  channelname varchar(100) DEFAULT NULL COMMENT'渠道名称'
) ENGINE=InnoDB DEFAULT CHARSET=utf8 ROW_FORMAT=DYNAMIC;
```

然后，执行如下命令向这个维表中插入数据：

```
INSERT INTO t_dim_channel VALUES ('0', '手机');
INSERT INTO t_dim_channel VALUES ('1', 'PC');
INSERT INTO t_dim_channel VALUES ('2', '平板电脑');
```

渠道维表记录了渠道编码所对应的渠道名称。本案例中，渠道编码“0”表示“手机”，渠道编码“1”表示“PC”，渠道编码“2”表示“平板电脑”。

6.3.8　创建一个请求类型维表

在 MySQL Shell 交互式执行环境中执行如下 SQL 语句，创建一个请求类型维表：

```
CREATE TABLE t_dim_requesttype(
  requesttype varchar(11) DEFAULT NULL COMMENT'请求类型',
  requesttypename varchar(100) DEFAULT NULL COMMENT'请求类型名称'
) ENGINE=InnoDB DEFAULT CHARSET=utf8 ROW_FORMAT=DYNAMIC;
```

然后，执行如下 SQL 语句向这个维表中插入数据：

```
INSERT INTO t_dim_requesttype VALUES ('0', 'GET 方式');
INSERT INTO t_dim_requesttype VALUES ('1', 'POST 方式');
```

请求类型维表记录了请求类型编码所对应的请求类型名称。本案例中，请求类型“0”表示“GET 方式”，请求类型“1”表示“POST 方式”。

6.3.9　创建五个视图

创建五个视图，作为后面的网页可视化分析的数据源。五个视图的信息如下。

- v_area_channel：字段包括区域名称、渠道名称、用户数量，该视图用于用户渠道趋势分析，如“在福建省福州市通过手机登录电信公司网站的用户数量是 9”。
- v_area_requesttype：字段包括区域名称、请求类型名称、用户数量，该视图用于用户请求类型对比情况分析，如“在浙江省丽水市请求类型为 GET 方式的用户数量是 15”。
- v_channelno：字段包括渠道名称和用户数量，该视图用于用户渠道饼图分析，如“通过手机登录电信公司网站的用户数量是 35”。
- view v_user_login：字段包括用户编号、登录次数、首次登录时间、在线时长，该视图用于用户详细情况分析，如“用户 A0009 一共登录了三次，首次登录时间是 2018 年 8 月 27 日 21 时 41 分”，在线时长是 305 秒。
- v_user_detail：字段包括用户编号、IP 地址、请求类型名称、首次登录时间，该视图用于用户详细情况分析，如“用户 A0009 从 192.168.0.1 登录电信公司网站，请求类型为 GET 方式，首次登录时间是 2018 年 8 月 27 日 21 时 41 分 55 秒”。

在 MySQL Shell 交互式执行环境中执行如下 SQL 语句创建五个视图：

```
#用户渠道趋势分析
create or REPLACE view v_area_channel as
select b.areaname,c.channelname,count(distinct imei) num
from cleanMap a,t_dim_area b,t_dim_channel c
```

```
where a.areacode = b.areacode and a.channelno = c.channelno
group by b.areaname,c.channelname;
##用户请求类型对比情况
create or REPLACE view v_area_requesttype as
select b.areaname,c.requesttypename,count(distinct imei) num
from cleanMap a,t_dim_area b,t_dim_requesttype c
where a.areacode = b.areacode and a.requesttype = c.requesttype
group by b.areaname,c.requesttypename;
##用户渠道饼图情况
create or REPLACE view v_channelno as
select b.channelname,count(distinct imei) num
from cleanMap a,t_dim_channel b
where a.channelno = b.channelno
group by b.channelname;
#用户登录情况分析
create or REPLACE view v_user_login as
select distinct a.imei,a.log_times,b.first_login_time,a.online_time
from sum a,detail b
where a.imei = b.imei;
#用户详细情况分析
create or REPLACE view v_user_detail as
select distinct a.imei,a.requestip,d.requesttypename,c.first_login_time,
b.log_times,b.online_time,e.areaname,f.channelname
from cleanMap a,sum b,detail c,t_dim_requesttype d,t_dim_area e,t_dim_channel f
where a.imei = b.imei and a.imei = c.imei
and a.requesttype = d.requesttype
and a.areacode=e.areacode and a.channelno=f.channelno;
```

6.3.10　添加 MySQL 数据库驱动程序 JAR 包

在“第 2 章　大数据实验环境搭建”中已经完成了 MySQL 数据库的安装，在后续的操作中，我们需要连接 MySQL 数据库，因此，需要把 MySQL 数据库驱动程序 JAR 包复制到 Spark 安装目录下。

可以到 MySQL 官网下载驱动程序，或者也可以直接访问本书官网的“下载专区”，到“软件”目录中下载“mysql-connector-java-5.1.40.tar.gz”文件到本地，如保存到“～/Downloads”目录下。然后执行解压缩命令，并把解压后的 MySQL 数据库驱动程序 JAR 包复制到 Spark 安装目录下，命令如下：

```
$ cd ～/Downloads
$ unzip mysql-connector-java-5.1.40.zip    #解压到当前文件夹
$ cp ./mysql-connector-java-5.1.40/mysql-connector-java-5.1.40-bin.jar /usr/local/spark/jars
```

6.4　开发 Spark 程序分析用户行为

现在我们使用 Scala 语言编写 Spark 程序，对 HDFS 中的电信用户行为数据集进行分析，并把分析结果写入上面已经创建好的 MySQL 数据库中。Spark 程序开发过程主要包括以下步骤：

- 新建项目；
- 设置依赖包；
- 设置项目目录；
- 新建 Scala 代码文件；
- 配置 pom.xml 文件；
- 在 IDEA 中运行程序；
- 生成应用程序 JAR 包；
- 使用 spark-submit 命令运行程序。

本节的 Spark 程序项目文件（包含了源代码），可以直接本书官网“下载专区”的“代码/第 6 章”目录中下载，文件名是“Spark_Web.zip”，下载到本地后解压缩，然后把项目文件导入 IDEA 中即可。

6.4.1 新建项目

打开 IntelliJ IDEA，选择菜单“File→New→Project”，打开一个新建项目对话框（见图 6-2），本案例使用 Maven 对 Scala 程序进行编译打包，单击左侧的“Maven”，不要选中右侧“Create from archetype”这个勾选框，直接单击界面底部的“Next”按钮。

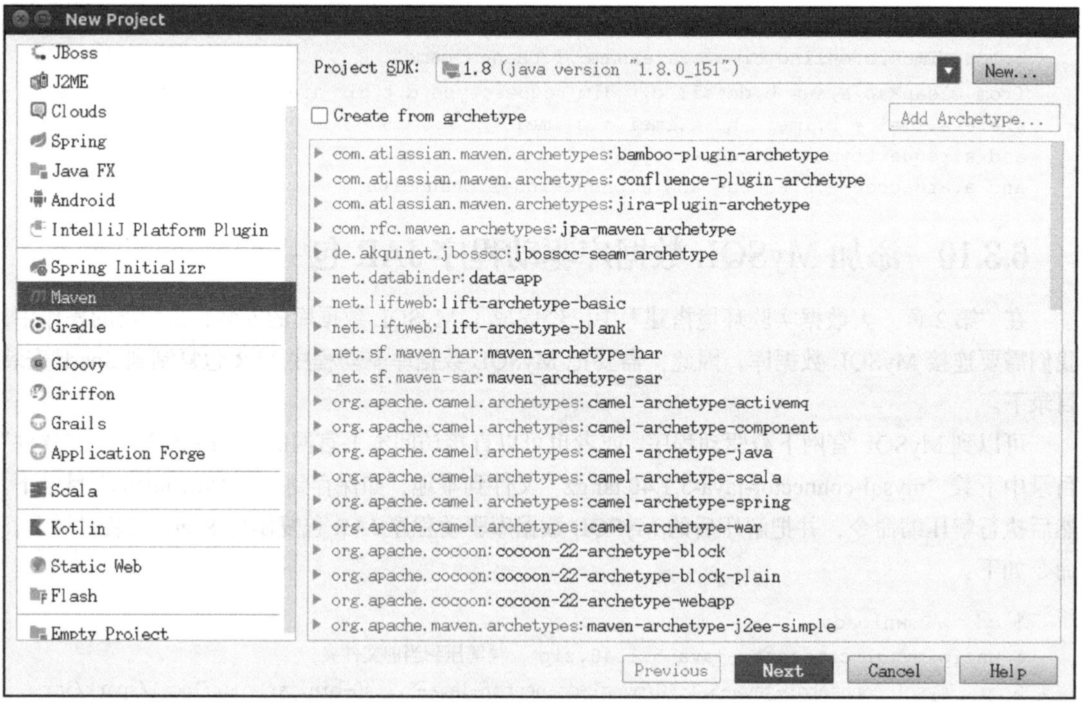

图 6-2　新建 Maven 项目

然后，在弹出的界面中（见图 6-3），把“GroupId”设置为“dblab”，把“ArtifactId”设置为“Spark_Web”，单击“Next”按钮。

然后，在弹出的界面中（见图 6-4），设置项目名称为“Spark_Web”，单击“Finish”按钮，完成项目的创建。

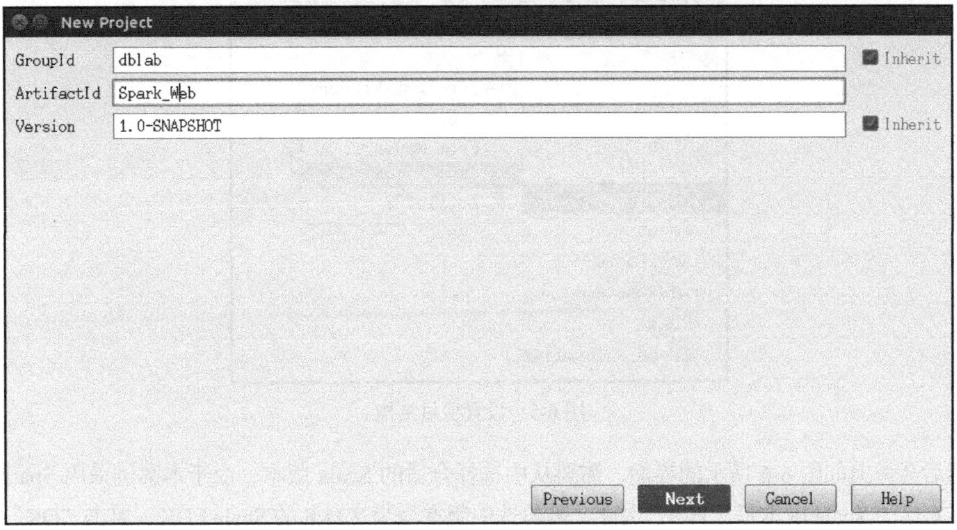

图 6-3　设置 Maven 项目信息

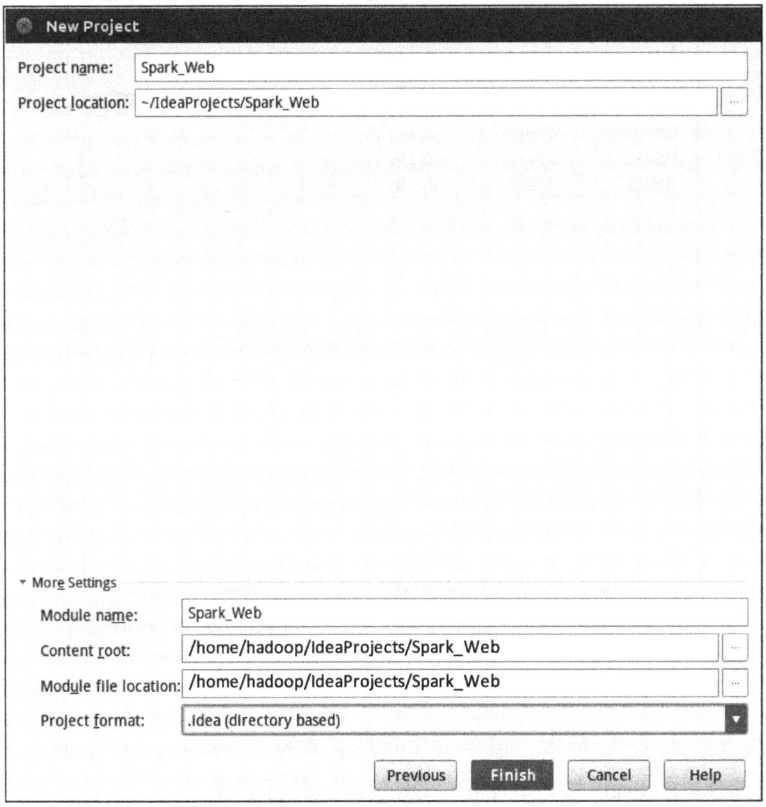

图 6-4　设置项目名称

6.4.2　设置依赖包

在 IntelliJ IDEA 中开发 Scala 程序时，需要导入 Scala SDK。请选择菜单“File→Project Structure”，在弹出的界面中（见图 6-5），在左侧的“Project Settings”中单击“Libraries”，再单击绿色“+”按钮，选择“Scala SDK”。

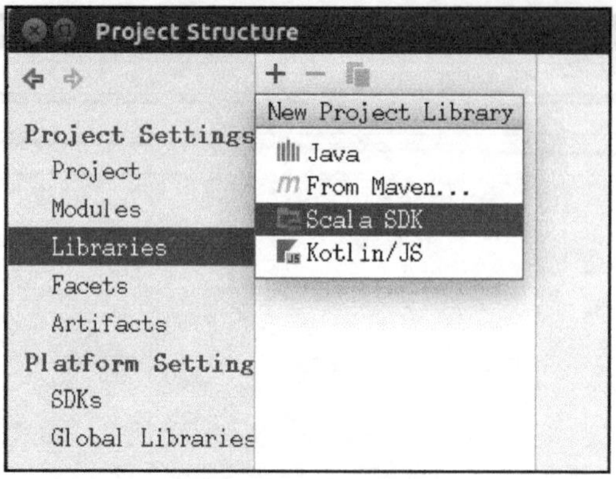

图 6-5　设置项目结构

然后会弹出如图 6-6 所示的界面，需要从中选择合适的 Scala 版本，由于本案例采用 Spark 2.1.0 版本，对应的 Scala 版本是 2.11.8，因此，需要选中版本号为 2.11.8 的 Scala SDK，单击“OK”按钮。

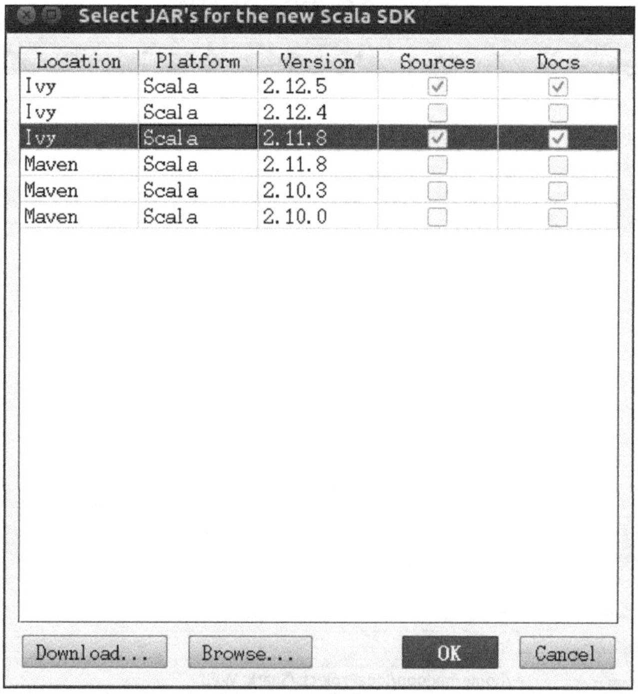

图 6-6　选择 Scala SDK

如果未出现合适的 Scala 版本，请单击界面左下角的“Download…”，进入 Scala 下载界面（见图 6-7），选择合适的 Scala 版本，单击“OK”按钮即可下载。

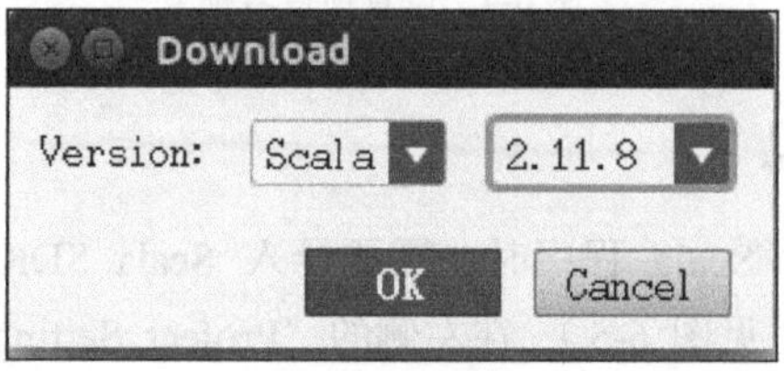

图 6-7　下载相应版本的 Scala

6.4.3　设置项目目录

参照“第 3 章　IntelliJ IDEA 开发工具的安装和使用方法”中的“3.6.3　设置项目目录”的内容，对 Spark_Web 项目目录进行设置，删除“src/main”目录下的所有子目录，然后，新建一个名称为“scala”的子目录，并设置为源代码根目录（Sources Root），如图 6-8 所示。

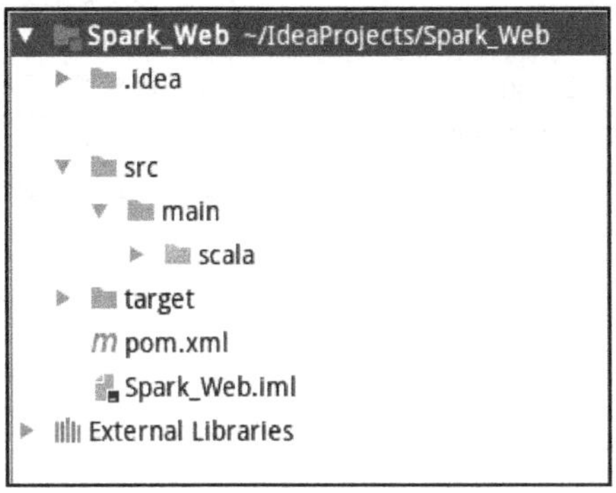

图 6-8　项目目录结构

6.4.4　新建 Scala 代码文件

在 scala 目录上单击鼠标右键（见图 6-9），在弹出的菜单中单击“New”，然后，在弹出的菜单中单击“Package”，新建一个包。

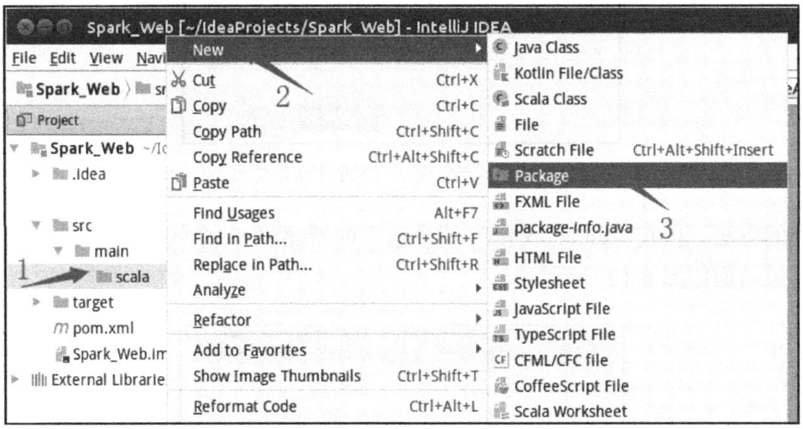

图 6-9　新建一个包

然后，在弹出的“New Package”对话框中（见图 6-10），在文本框中输入“cn.edu.xmu”，单击“OK”按钮。

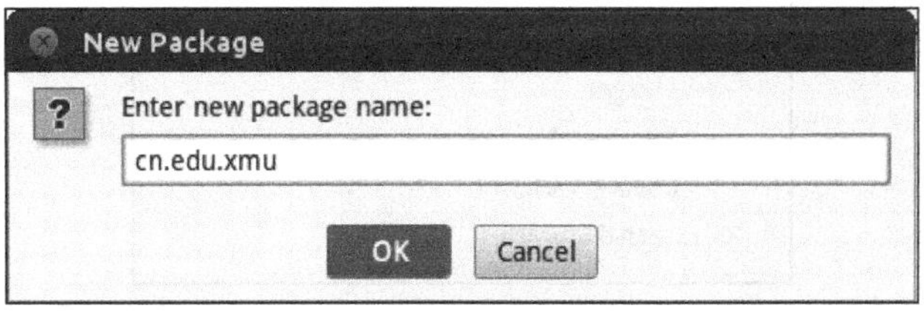

图 6-10　设置包的名称

在“cn.edu.xmu”这个包上单击鼠标右键（见图 6-11），在弹出的菜单中单击“New”，然后，在弹出的菜单中单击“Scala Class”，新建一个 Scala 代码文件。

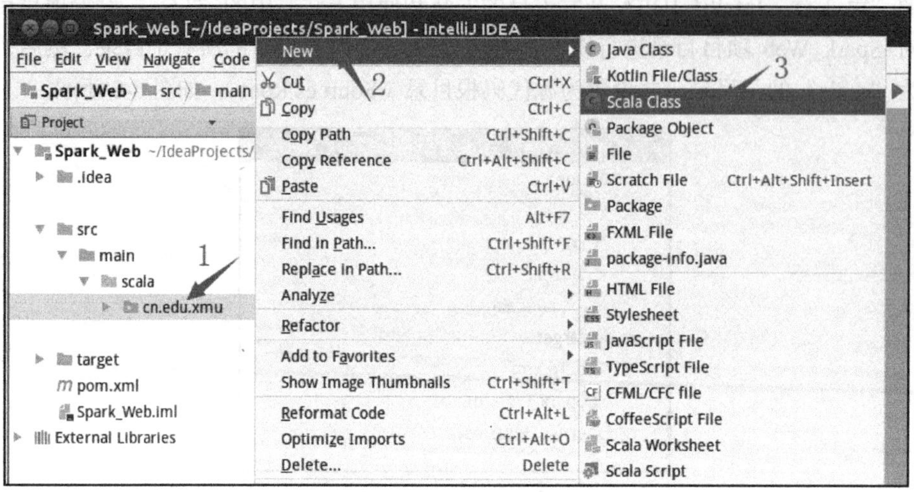

图 6-11　新建 Scala 代码文件

然后会弹出如图 6-12 所示的界面，在“Name”后面输入“UserOnlineAnalysis，在“Kind”后选择“Object”，然后单击“OK”按钮，新建第 1 个 Scala 代码文件“UserOnlineAnalysis.scala”。

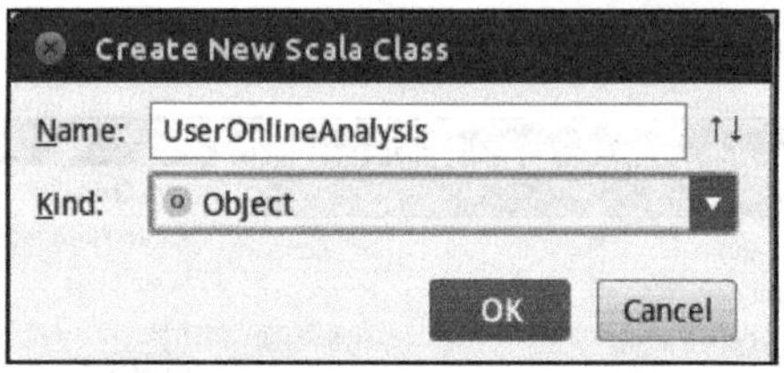

图 6-12　设置 Scala 类的名称和类型

按照同样的方法，再在“cn.edu.xmu”这个包下面新建第 2 个代码文件“MysqlUtil.scala”。这时，项目目录结构如图 6-13 所示。

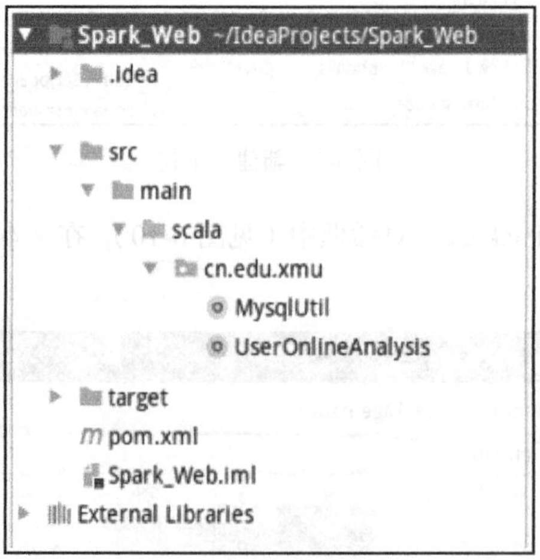

图 6-13　新的项目目录结构

清空“MySqlUtil.scala”文件中的代码（由 IDEA 工具自动生成），然后，把如下代码复制到该文件中：

```
package cn.edu.xmu

import java.sql.{Connection, DriverManager, PreparedStatement}
import org.apache.spark.sql.{DataFrame, Row, SQLContext}

object MysqlUtil {

  val url = "jdbc:mysql://localhost:3306/spark_web?useUnicode=true&characterEncoding=UTF-8"
  val prop = new java.util.Properties
  prop.setProperty("user","root")
  prop.setProperty("password","123456")  /*密码要修改成自己机器上的密码*/
  /**
    * 插入数据
    * @param iterator
    */

  def cleanMap(iterator: Iterator[(String, String, String, String, String, String)]): 
Unit = {
     var conn: Connection = null
     var ps: PreparedStatement = null
     val sql = "replace into cleanMap values (?, ?, ?, ?, ?, ?)"
     conn = DriverManager.getConnection(url,prop)
     iterator.foreach(data => {
        ps = conn.prepareStatement(sql)
        ps.setString(1, data._1)
        ps.setString(2, data._2)
        ps.setString(3, data._3)
        ps.setString(4, data._4)
        ps.setString(5, data._5)
        ps.setString(6, data._6)
        ps.executeUpdate()
     })
     if (ps != null) {
        ps.close()
     }
     if (conn != null) {
        conn.close()
     }
   }

  /**
   * 插入数据
   * @param iterator
   */
  def addsum(iterator: Iterator[(String, Int,Int)]): Unit = {
     var conn: Connection = null
     var ps: PreparedStatement = null
     val sql = "replace into sum values (?, ?, ?)"
     conn = DriverManager.getConnection(url,prop)
     iterator.foreach(data => {
        ps = conn.prepareStatement(sql)
```

```
            ps.setString(1, data._1)
            ps.setInt(2, data._2)
            ps.setInt(3, data._3)
            ps.executeUpdate()
        })
        if (ps != null) {
            ps.close()
        }
        if (conn != null) {
            conn.close()
        }
      }

    def addsdetail(iterator: Iterator[(String, String,Int)]): Unit = {
        var conn: Connection = null
        var ps: PreparedStatement = null
        val sql = "replace into detail values (?, ?, ?)"
        conn = DriverManager.getConnection(url,prop)
        iterator.foreach(data => {
            ps = conn.prepareStatement(sql)
            ps.setString(1, data._1)
            ps.setString(2, data._2)
            ps.setInt(3, data._3)
            ps.executeUpdate()
        })
        if (ps != null) {
            ps.close()
        }
        if (conn != null) {
             conn.close()
        }
      }
  }
```

MySqlUtil.scala 代码的功能是向 MySQL 数据库插入数据。

清空“UserOnlineAnalysis.scala”文件中的代码（由 IDEA 工具自动生成），然后，把如下代码复制到该文件中：

```
package cn.edu.xmu

import java.text.SimpleDateFormat
import org.apache.spark.rdd.RDD
import org.apache.spark.{SparkConf, SparkContext}
import scala.util.matching.Regex

/* 用户在线时长和登录次数统计*/
object UserOnlineAnalysis {
  def main(args: Array[String]) {
    if (args.length != 2) {
      System.err.println("Usage: UserOnlineAnalysis <input> <output>")
      System.exit(1)
    }
    val conf = new SparkConf().setAppName("UserOnlineAnalysis").setMaster("local[4]")
    val sc = new SparkContext(conf)
```

```
    println("输入文件的路径:"+args(0))
    val data = sc.textFile(args(0))
    println("剔除 type 等于 3 的数据 imei 为 Unknown 为\"\" 为\"000000000000000\"的数据")
  val notContainsType3 = data.filter(!_.contains("\\\"type\\\":\\\"3\\\""))
  .filter(!_.contains("\\\"imei\\\":\\\"\\\""))
  .filter(!_.contains("000000000000000"))
  .filter(!_.contains("Unknown"))
    println("过滤 logid 或 imei 不存在的数据 \\\"imei\\\":\\\"\\\"")
    val cleanData = notContainsType3.filter(_.contains("logid")). filter(_. Contains
("imei"))
    val cleanMap = cleanData.map {
      line => val data = formatLine(line).split(",")
        (data(0), data(1),data(2) ,data(3),data(4),data(5))// ,data(6))
    }
    println("打印出 cleanMap 数据: ")
    cleanMap.collect().foreach(println)
    println("明细数据插入数据库")
    cleanMap.foreachPartition(MysqlUtil.cleanMap)
    println("明细数据插入数据库_结束")
    val cleanMapFilter = cleanData.map {
      line => val data = formatLine(line).split(",")
        (data(0), data(1) )
    }
    println("输出时每行分组的第 2 个元素列表按照时间排序 sortByKey()")
    val rdd = cleanMapFilter.groupByKey().map(x => (x._1, x._2.toList.sorted))
    rdd.cache()
    println("导出明细数据:")
    exportDetailData(rdd)
    println("导出统计数据:")
    exportSumData(rdd)
    rdd.unpersist()
    sc.stop()
    println("全部结束")
  }

  /* 导出用户在线时长和首次登录时间
   * 存储结构:(IMEI,首次登录时间,在线时长(秒))*/
  def exportDetailData(map: RDD[(String, List[String])]): Unit = {
    val result:RDD[(String, String,Int)] = map.flatMap {
      x =>
        val len = x._2.length
        val array = new Array[(String, String, Int)](len)
        for (i <- 0 until len) {
          if (i + 1 < len) {
            val nowTime = getTimeByString(x._2(i))
            val nextTime = getTimeByString(x._2(i + 1))
            val intervalTime = nextTime - nowTime
            if (intervalTime < 60 * 10) {
              array(i) = (x._1, x._2(i), intervalTime.toInt)
            } else {
              array(i) = (x._1, x._2(i), 0)
            }
```

```
        } else {
          array(i) = (x._1, x._2(i), 0)
        }
      }
      array
    }
    println("输出 detail 数据: ")
    //result.collect().foreach(println)
    println("detail 插入 mysql 数据库_开始")
    result.foreachPartition(MysqlUtil.addsdetail)
    println("detail 插入 mysql 数据库_结束")
  }

  /* 导出用户在线时长和登录次数统计结果
   * 存储结构:(IMEI,登录次数,在线时长(秒)) */
  def exportSumData(map: RDD[(String, List[String])]): Unit = {
    val result:RDD[(String, Int, Int)] = map.map {
      x =>
        //登录次数,默认登录 1 次
        var logNum: Int = 1
        //在线时长(秒)
        var totalTime: Long = 0
        val len = x._2.length
        for (i <- 0 until len) {
          if (i + 1 < len) {
            val nowTime = getTimeByString(x._2(i))
            val nextTime = getTimeByString(x._2(i + 1))
            val intervalTime = nextTime - nowTime
            if (intervalTime < 60 * 10) {
              totalTime += intervalTime
            } else {
              logNum += 1
            }
          }
        }
        //输出 ime,登录次数,总时长(秒)
        (x._1, logNum.toInt, totalTime.toInt)
    }
    println("输出 sum 数据: ")
    //result.collect().foreach(println)
    println("sum 插入 mysql 数据库_开始")
    result.foreachPartition(MysqlUtil.addsum)
    println("sum 插入 mysql 数据库_结束")
  }


  //登录时间 logid
  //用户编号 imei (A0001~A1000)
  //IP 地址 requestip (192.168.0.1、192.168.0.2、192.168.0.3)
```

```
//区域 areacode（浙江省丽水市、福建省南平市、福建省福州市）
//渠道 channelno（0:app; 1:PC; 2:平板电脑）
//请求类型 requesttype（0:GET; 1:POST）
//请求结果 responsedata（"无查询结果"; "查询结果成功"）
def formatLine(line: String): String = {
  val imeiRegex = """\\"imei\\":\\"([A-Za-z0-9]+)\\"""".r  //12345678900987654321
  val logIdRegex = """"logid":"([A-Za-z0-9]+)",""".r //201803192035079865882995
  val requestipRegex = """"requestip":"([0-9.]+)",""".r
  val areacodeRegex = """"areacode":"([0-9]+)",""".r
  val requesttypeRegex = """"requesttype":"([0-9]+)",""".r
  val channelnoRegex = """\\"channelno\\":\\"([0-9]+)\\"""".r
  val responsedataRegex = """\\"responsedata\\":\\"([0-9]+)\\"""".r
  val logId = getDataByPattern(logIdRegex, line)
  val requestip = getDataByPattern(requestipRegex, line)
  val areacode = getDataByPattern(areacodeRegex, line)
  val requesttype = getDataByPattern(requesttypeRegex, line)
  val imei = getDataByPattern(imeiRegex, line)
  val channelno = getDataByPattern(channelnoRegex, line)
  val responsedata = getDataByPattern(responsedataRegex, line)
  //输出数据
  imei+","+logId.substring(0, 14)+","+requestip+","+areacode+","+requesttype+","+
channelno +","+responsedata
}


/* 根据正则表达式,查找相应值*/
def getDataByPattern(p: Regex, line: String): String = {
  val result = (p.findFirstMatchIn(line)).map(item => {
    val s = item group 1 //返回匹配上正则的第一个字符串
    s
  })
  result.getOrElse("NULL")
}

def getTimeByString(timeString: String): Long = {
  val sf: SimpleDateFormat = new SimpleDateFormat("yyyyMMddHHmmss")
  sf.parse(timeString).getTime / 1000
}
}
```

UserOnlineAnalysis.scala 代码的功能是，从文件中读出数据，进行数据清洗和处理，并通过调用 MysqlUtil 程序把数据存储到 MySQL 数据库中。

6.4.5　配置 pom.xml 文件

清空“pom.xml”文件内容（由 IDEA 工具自动生成），然后，把如下内容复制到“pom.xml”文件中：

```
<?xml version="1.0" encoding="UTF-8"?>
<project xmlns="http://maven.apache.org/POM/4.0.0"
         xmlns:xsi="http://www.w3.org/2001/XMLSchema-instance"
```

```
        xsi:schemaLocation="http://maven.apache.org/POM/4.0.0 http://maven.apache.
org/xsd/maven-4.0.0.xsd">
    <modelVersion>4.0.0</modelVersion>
    <groupId>dblab</groupId>
    <artifactId>Spark_Web</artifactId>
    <version>1.0-SNAPSHOT</version>
    <name>${project.artifactId}</name>
    <properties>
        <maven.compiler.source>1.6</maven.compiler.source>
        <maven.compiler.target>1.6</maven.compiler.target>
        <encoding>UTF-8</encoding>
        <scala.version>2.11.8</scala.version>
        <spark.version>2.1.0</spark.version>
        <scala.compat.version>2.11</scala.compat.version>
    </properties>

    <dependencies>
        <!-- https://mvnrepository.com/artifact/org.apache.spark/spark-core_2.11 -->
        <dependency>
            <groupId>org.apache.spark</groupId>
            <artifactId>spark-core_2.11</artifactId>
            <version>${spark.version}</version>
        </dependency>
        <dependency>
            <groupId>org.scala-lang</groupId>
            <artifactId>scala-library</artifactId>
            <version>${scala.version}</version>
        </dependency>
        <dependency>
            <groupId>org.apache.spark</groupId>
            <artifactId>spark-hive_2.11</artifactId>
            <version>${spark.version}</version>
        </dependency>

        <!-- Mysql -->
        <dependency>
            <groupId>mysql</groupId>
            <artifactId>mysql-connector-java</artifactId>
            <version>5.1.39</version>
        </dependency>

        <!-- fastjson -->
        <dependency>
            <groupId>com.alibaba</groupId>
            <artifactId>fastjson</artifactId>
            <version>1.2.7</version>
        </dependency>


        <dependency>
            <groupId>org.apache.commons</groupId>
            <artifactId>commons-pool2</artifactId>
```

```
            <version>2.2</version>
        </dependency>
        <!-- Test -->
        <dependency>
            <groupId>junit</groupId>
            <artifactId>junit</artifactId>
            <version>4.11</version>
            <scope>test</scope>
        </dependency>
        <dependency>
            <groupId>org.specs2</groupId>
            <artifactId>specs2-core_${scala.compat.version}</artifactId>
            <version>2.4.16</version>
            <scope>test</scope>
        </dependency>
        <dependency>
            <groupId>org.scalatest</groupId>
            <artifactId>scalatest_${scala.compat.version}</artifactId>
            <version>2.2.4</version>
            <scope>test</scope>
        </dependency>
    </dependencies>

    <build>
        <plugins>
            <plugin>
                <groupId>net.alchim31.maven</groupId>
                <artifactId>scala-maven-plugin</artifactId>
                <version>3.2.0</version>
                <executions>
                    <execution>
                        <id>compile-scala</id>
                        <phase>compile</phase>
                        <goals>
                            <goal>add-source</goal>
                            <goal>compile</goal>
                        </goals>
                    </execution>
                    <execution>
                        <id>test-compile-scala</id>
                        <phase>test-compile</phase>
                        <goals>
                            <goal>add-source</goal>
                            <goal>testCompile</goal>
                        </goals>
                    </execution>
                </executions>

            </plugin>
        </plugins>
    </build>
</project>
```

创建好 pom.xml 代码以后，如图 6-14 所示，在 pom.xml 代码窗口内任意位置单击鼠标右键，在弹出的菜单中选择“Maven”，再在弹出的子菜单中选择“Download Sources and Documentation”，把对应的组件下载到项目内。然后，IDEA 就会开始到网络上下载相关的依赖文件。

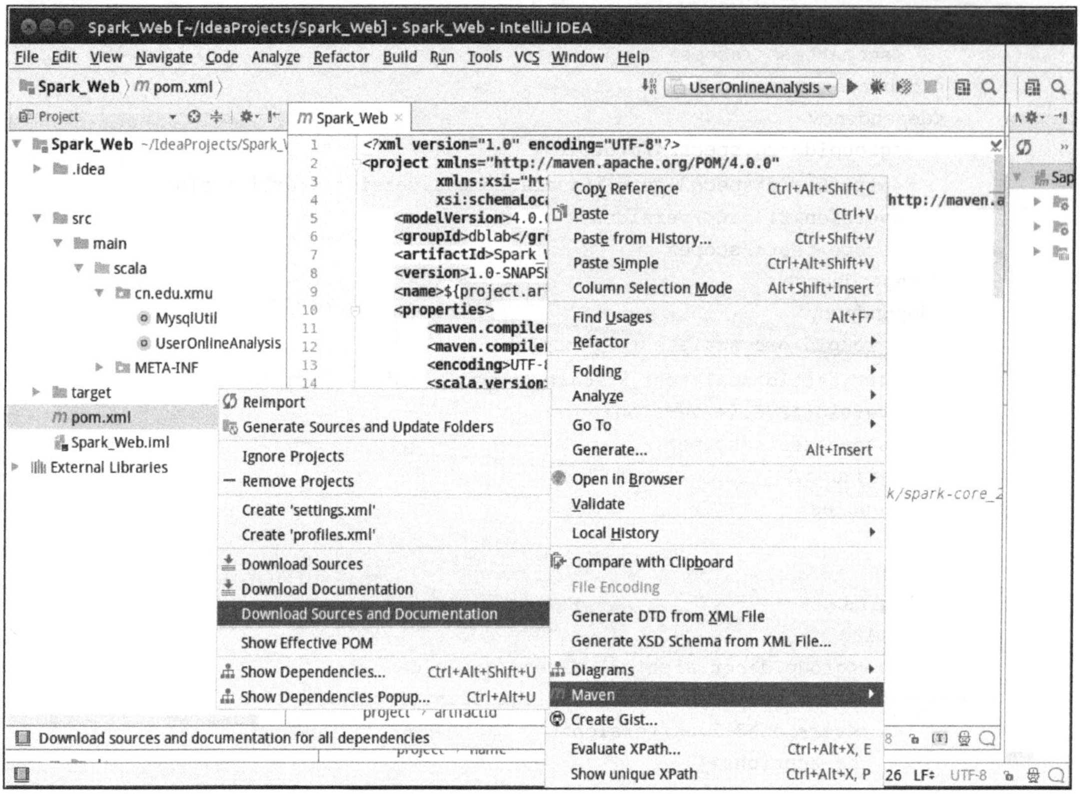

图 6-14　下载 Maven 依赖文件

6.4.6　在 IDEA 中运行程序

在项目界面顶部菜单中（见图 6-15），选择“Run”，在弹出的菜单中选择“Edit Configurations…”。

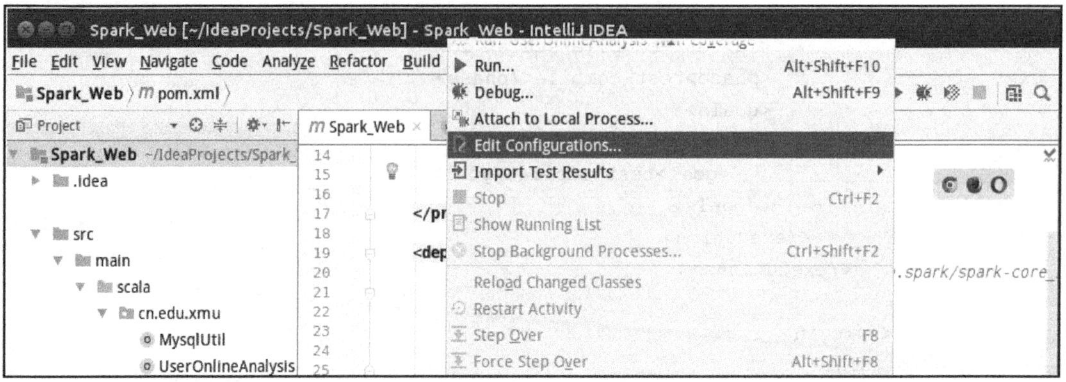

图 6-15　打开“运行”菜单

在弹出的界面中（见图 6-16），在程序运行参数（Program arguments）的文本框中输入数据集的地址。注意，这里没有直接输入分布式文件系统 HDFS 中的文件路径，如“hdfs://localhost:9000/input_spark/demo.txt”，而是使用了本地文件“~/Downloads/demo.txt”进行测试，所以，需要确保已经把“demo.txt”保存到这个本地目录下。然后，单击“OK”按钮。

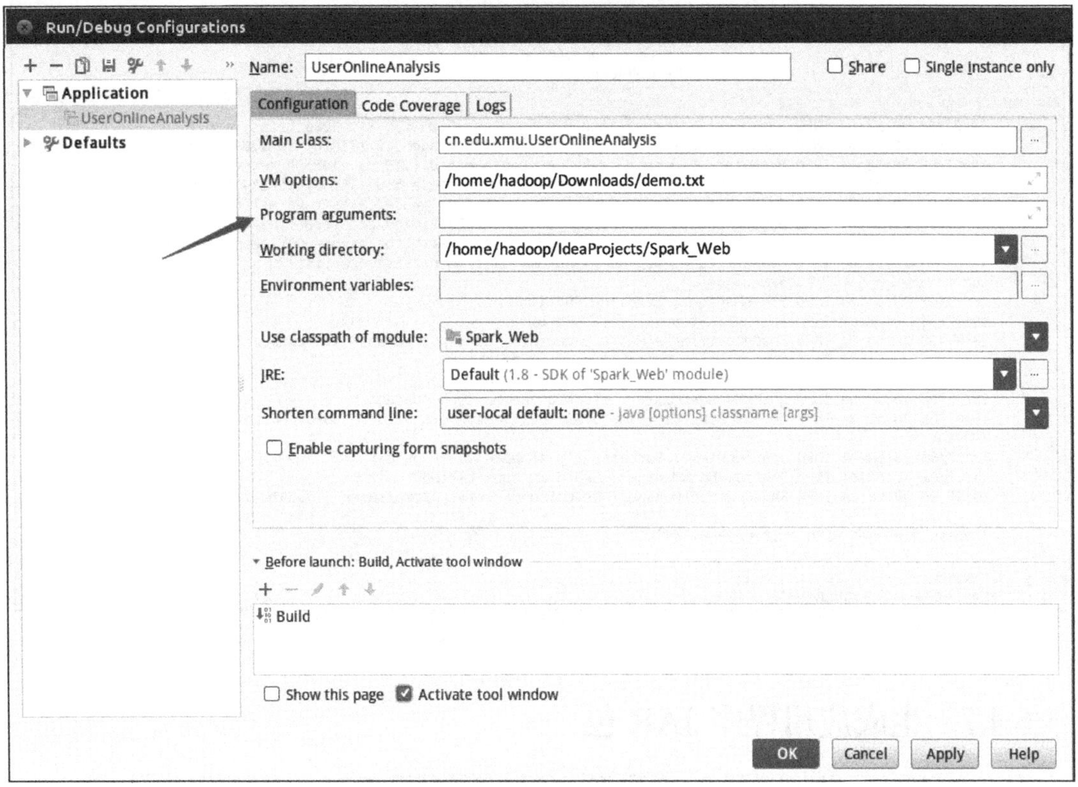

图 6-16　配置运行参数

在项目界面顶部菜单中（见图 6-17），选择“Run”，在弹出的菜单中选择“Run…”。

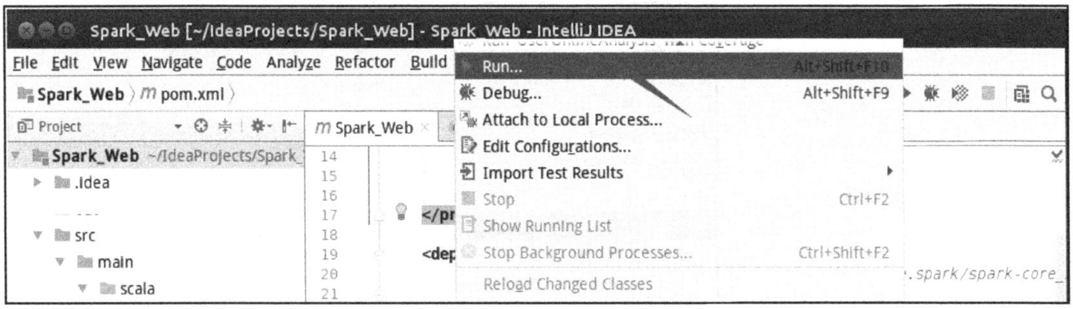

图 6-17　打开“运行”菜单

在弹出的界面中（见图 6-18），选择“UserOnlineAnalysis”。

然后，程序就会开始运行，在项目界面的底部区域（见图 6-19），会显示程序运行过程的信息。如果运行成功，最终会返回“Process finished with exit code 0”。如果运行失败，最后一行就会是“Process finished with exit code 1”，并且会给出运行过程的错误信息。

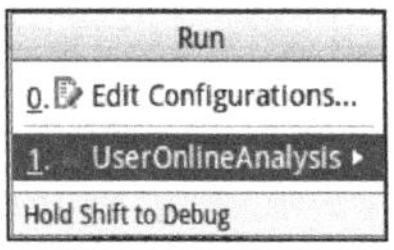

图 6-18　运行程序

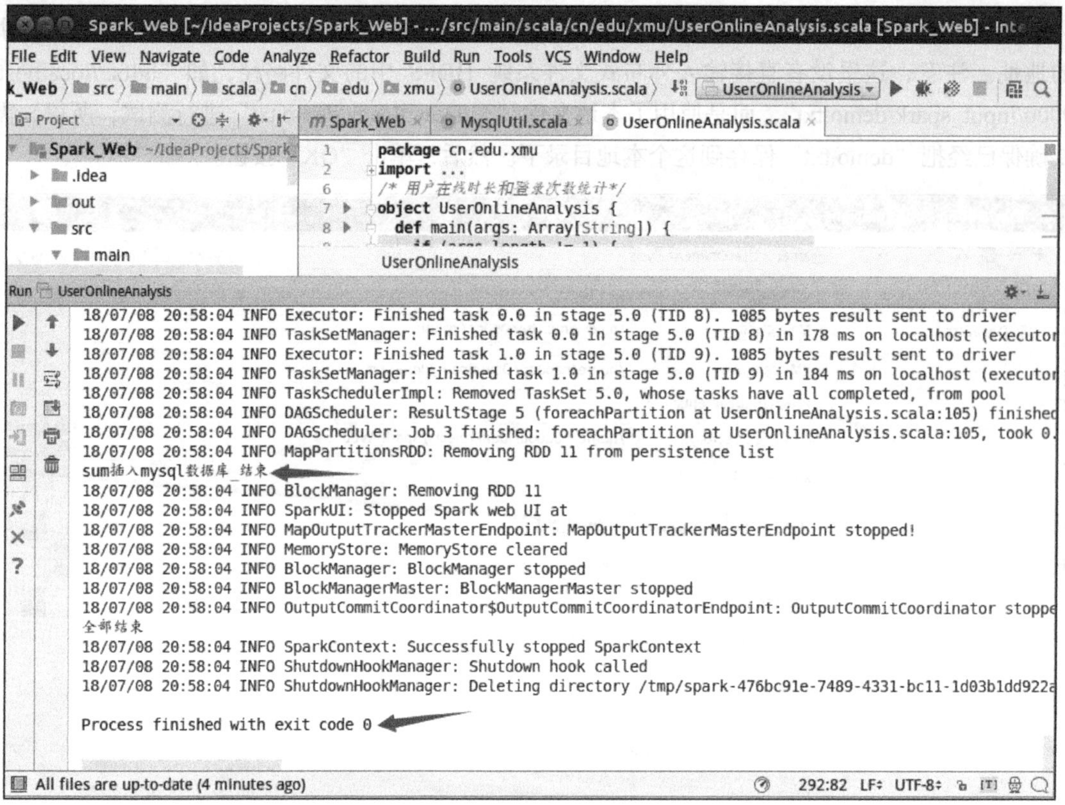

图 6-19　程序运行结果

6.4.7　生成应用程序 JAR 包

为了能够把应用程序部署到 Spark 环境中运行，需要使用 IDEA 工具对程序进行打包，生成应用程序 JAR 包。

在 IDEA 项目界面中，打开菜单“File ->Project Structure”（见图 6-20）。

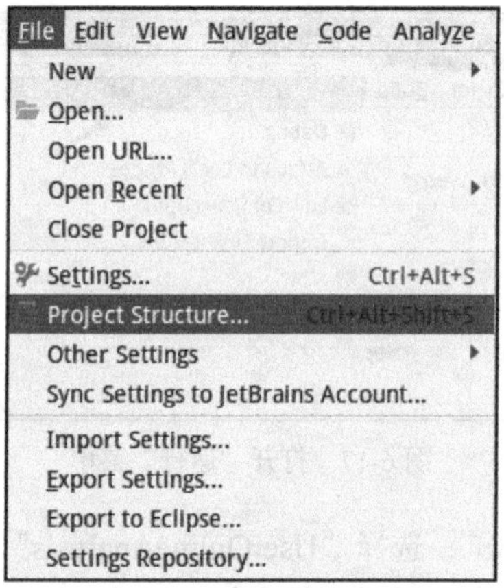

图 6-20　打开项目结构菜单

在弹出的界面中（见图 6-21），依次单击“Artifacts”、绿色加号、“JAR”和“From modules with dependencies…”。

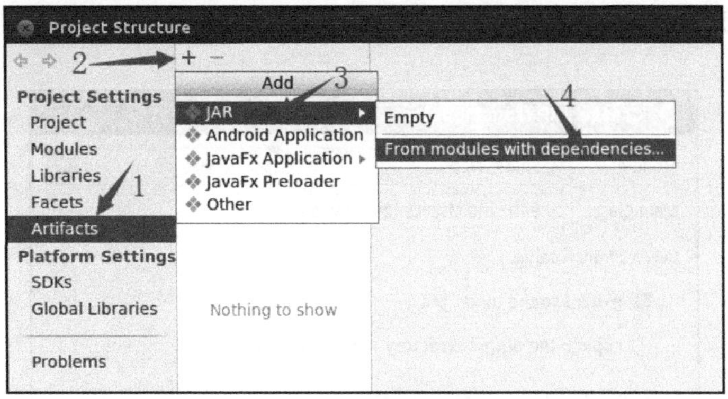

图 6-21　设置项目结构

在弹出的界面中（见图 6-22），单击“Main Class”右边的省略号“…”按钮。

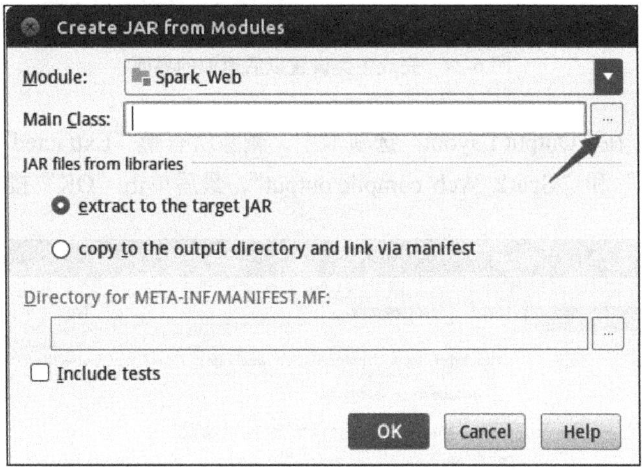

图 6-22　从模块中创建 JAR

在弹出的界面中（见图 6-23），在搜索文本框中输入“UserOnlineAnalysis”，再单击“OK”按钮。

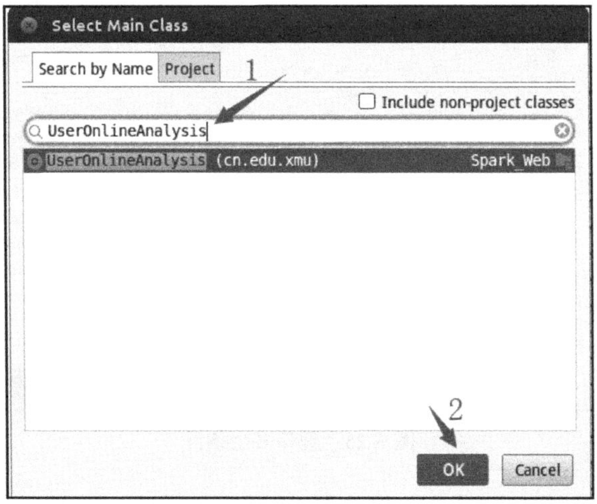

图 6-23　选择主类

然后，会返回到如图 6-24 所示的界面，单击“OK”按钮。

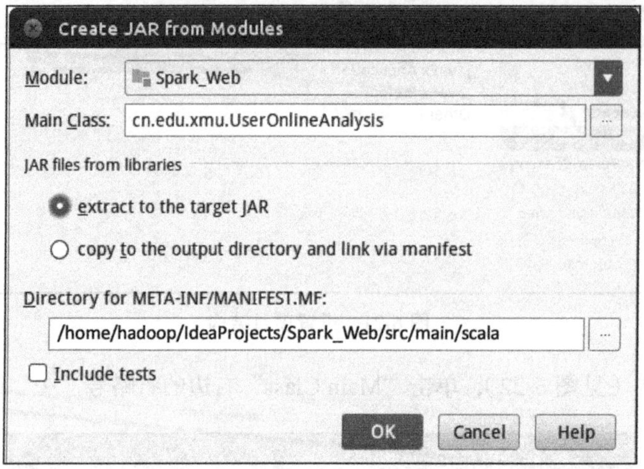

图 6-24　完成主类设置以后返回的界面

如图 6-25 所示，在“Output Layout”选项卡中，删除所有带“Extracted”开头的 JAR 包，只保留“Spark_Web.jar”和“'Spark_Web' compile output”，最后单击“OK”按钮即可。

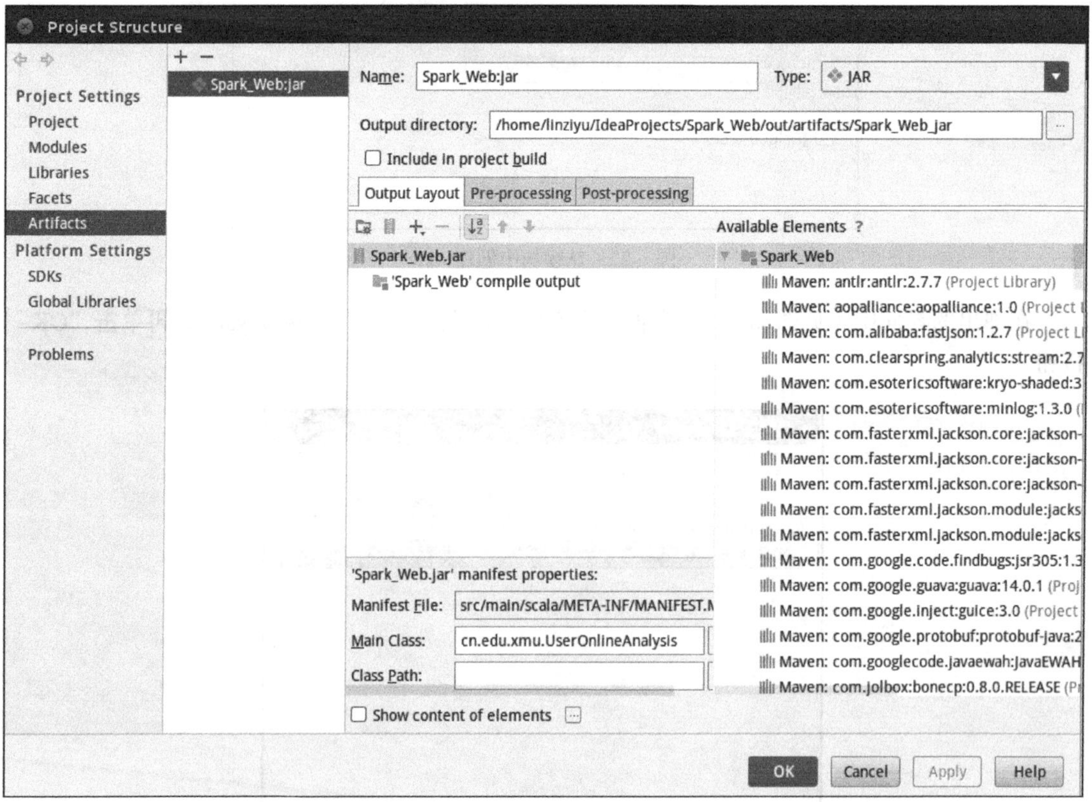

图 6-25　删除多余条目

这时，会返回到项目界面，项目目录结构如图 6-26 所示。

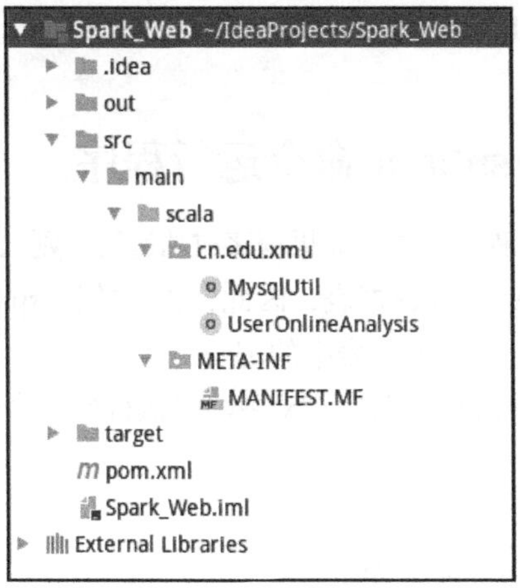

图 6-26　项目目录结构

最后，如图 6-27 所示，单击顶部菜单中的“Build”菜单，在弹出的子菜单中选择“Build Artifacts…”。

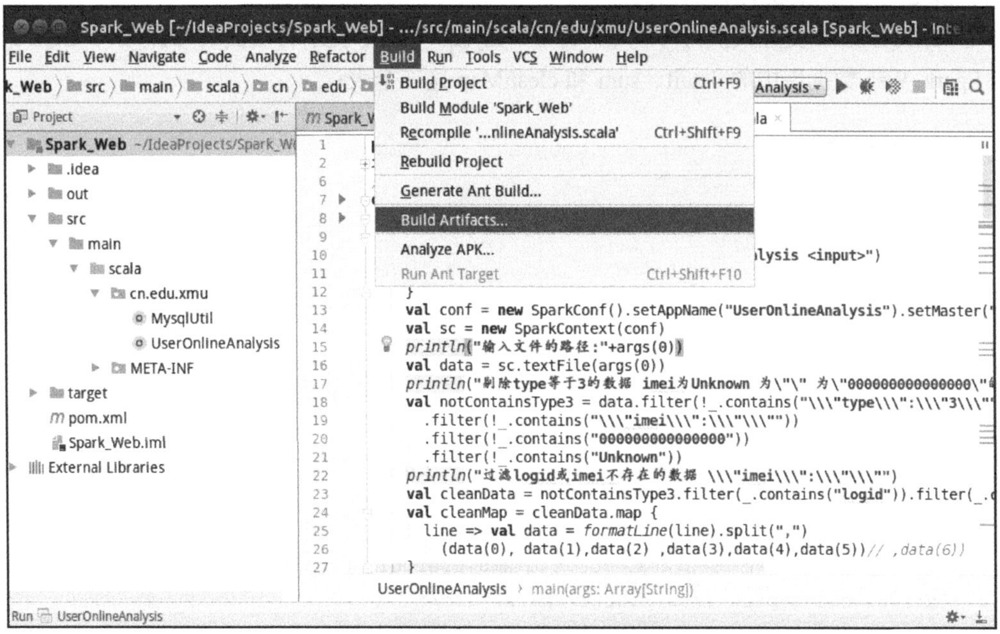

图 6-27　打开编译菜单

然后，会弹出如图 6-28 所示的界面，单击“Build”，就开始打包了。

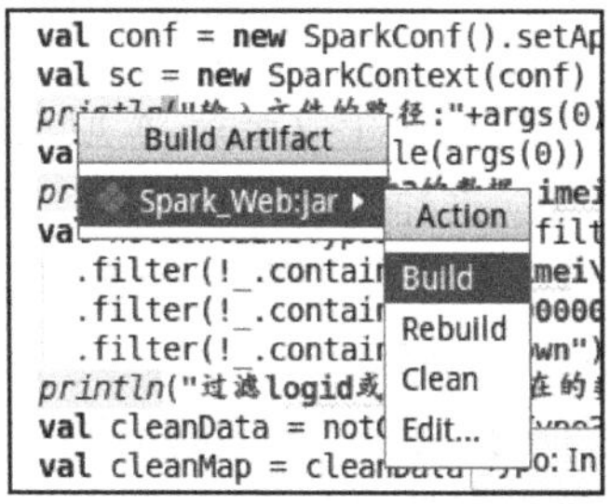

图 6-28　编译程序

打包成功以后，生成的 JAR 包的路径是“~/IdeaProjects/Spark_Web/out/artifacts/Spark_Web_jar/Spark_Web.jar”。

6.4.8 使用 spark-submit 命令运行程序

在“6.4.6 在 IDEA 中运行程序”中，如果程序成功运行，则已经在 MySQL 数据库 Spark_Web 中写入了 detail、sum 和 cleanMap 等数据表，因此，为了验证 spark-submit 命令是否执行正确，可以先进入 MySQL 数据库，删除这三个表中的记录。

如果 MySQL 数据库还没有启动，在 Linux 终端中执行如下命令启动 MySQL 服务：

```
$ service mysql start
```

然后进入 MySQL Shell 环境，命令如下：

```
$ mysql -u root -p
```

执行上面命令以后，需要根据系统提示继续输入密码，这里是指数据库 root 用户名的密码，而不是 Linux 系统的 root 用户的密码。

在 MySQL Shell 交互式执行环境中（即在“mysql>”命令提示符后面），执行如下 SQL 语句，删除 Spark_Web 数据库中的 detail、sum 和 cleanMap 这三个表：

```
show databases;
use Spark_Web;
show tables;
select * from detail;
select * from sum;
select * from cleanMap;
delete from detail;
delete from sum;
delete from cleanMap;
```

现在就可以执行 Spark_Web.jar 程序了。打开一个 Linux 终端，执行如下命令：

```
$ cd /usr/local/spark
$ ./bin/spark-submit  --class  "cn.edu.xmu.UserOnlineAnalysis"  \
> --driver-class-path :/usr/local/spark/jars/*  \
> ~/IdeaProjects/Spark_Web/out/artifacts/Spark_Web_jar/Spark_Web.jar  \
> file:///home/hadoop/Downloads/demo.txt
```

需要注意的是，这里在使用 spark-submit 命令时，JAR 包的路径信息是本地路径“~/IdeaProjects/Spark_Web/out/artifacts/Spark_Web_jar/Spark_Web.jar”，而 Spark_Web 程序的输入参数，也就是输入数据集的路径，这里使用了一个 Linux 本地文件“demo.txt”，因此，需要使用“file:///home/hadoop/Downloads/demo.txt”这种格式，如果写成“/home/hadoop/Downloads/demo.txt”，按照第 2 章的 Spark 和 Hadoop 安装配置方法，则 Spark 框架会把该地址解析成 HDFS 中的文件“hdfs://localhost:9000/home/hadoop/Downloads/demo.txt”。另外，完成测试以后，后面在运行案例时，可以把数据集从 Linux 本地文件更换成 HDFS 中的文件。

上面的 spark-submit 命令执行结果如图 6-29 所示。

```
文件(F) 编辑(E) 查看(V) 搜索(S) 终端(T) 帮助(H)
rifyServerCertificate property is set to 'false'. You need either to explicitly
disable SSL by setting useSSL=false, or set useSSL=true and provide truststore f
or server certificate verification.
detail插入mysql数据库_结束
导出统计数据
输出sum数据：
sum插入mysql数据库_开始
Sun Jul 08 22:06:16 CST 2018 WARN: Establishing SSL connection without server's
identity verification is not recommended. According to MySQL 5.5.45+, 5.6.26+ an
d 5.7.6+ requirements SSL connection must be established by default if explicit
option isn't set. For compliance with existing applications not using SSL the ve
rifyServerCertificate property is set to 'false'. You need either to explicitly
disable SSL by setting useSSL=false, or set useSSL=true and provide truststore f
or server certificate verification.
Sun Jul 08 22:06:16 CST 2018 WARN: Establishing SSL connection without server's
identity verification is not recommended. According to MySQL 5.5.45+, 5.6.26+ an
d 5.7.6+ requirements SSL connection must be established by default if explicit
option isn't set. For compliance with existing applications not using SSL the ve
rifyServerCertificate property is set to 'false'. You need either to explicitly
disable SSL by setting useSSL=false, or set useSSL=true and provide truststore f
or server certificate verification.
sum插入mysql数据库_结束
全部结束
```

图 6-29　spark-submit 命令执行结果

执行结束后，在 MySQL Shell 交互式执行环境中，执行如下 SQL 语句，查看 Spark_Web 数据库中的 detail、sum 和 cleanMap 这三个表中的数据：

```
show databases;
use Spark_Web;
show tables;
select * from detail;
select * from sum;
select * from cleanMap;
```

这时，就可以看到 detail、sum 和 cleanMap 这三个表中的数据（见图 6-30、图 6-31 和图 6-32）。

```
mysql> select * from detail;
```

imei	first_login_time	online_time
A0659	20180320211401	0
A0421	20180320211401	0
A0152	20180320211401	0
A0056	20180320211401	0
A0152	20180320211401	0

图 6-30　查询 detail 表

```
mysql> select * from sum;
```

imei	log_times	online_time
A0421	1	0
A0659	1	0
A0152	1	0
A0056	1	0
A0792	1	0
A0117	1	0

图 6-31　查询 sum 表

```
mysql> select * from cleanMap;
```

imei	logId	requestip	areacode	requesttype	channelno
A0273	20180320211401	192.168.0.3	0	1	2
A0605	20180320211401	192.168.0.3	0	1	2
A0984	20180320211401	192.168.0.3	0	1	2
A0455	20180320211401	192.168.0.3	0	0	1
A0176	20180320211401	192.168.0.1	1	1	2
A0308	20180320211401	192.168.0.3	2	0	0
A0954	20180320211401	192.168.0.3	2	0	1
A0152	20180320211401	192.168.0.1	2	0	0

图 6-32　查询 cleanMap 表

6.5 使用Spring MVC框架进行数据可视化分析

经过前面的步骤以后，已经在 MySQL 数据库中生成了相关的分析结果，现在，我们使用 Spring、Spring MVC、MyBatis 框架和可视化图表库 ECharts 编写网页应用程序，对 MySQL 数据库中的数据以可视化图表的形式展现在网页中，主要包括以下步骤：

- 新建项目；
- 配置 pom.xml 文件；
- 设置项目目录；
- 编写代码文件；
- 生成应用程序 JAR 包；
- 把网页应用部署到 Tomcat 服务器中。

本节网页应用程序的项目文件（包含了源代码），可以到本书官网的“下载专区”的“代码/第 6 章”目录中下载，文件名是“SpringMVC.zip”，下载到本地后解压缩，然后把项目文件导入到 IDEA 中即可。

6.5.1 新建项目

打开 IntelliJ IDEA，选择菜单“File→New→Project”，打开一个新建项目对话框（见图 6-33），本案例使用 Maven 对 Scala 程序进行编译打包，所以，需要单击左侧的“Maven”，不要选中右侧“Create from archetype”这个勾选框，直接单击界面底部的“Next”按钮。

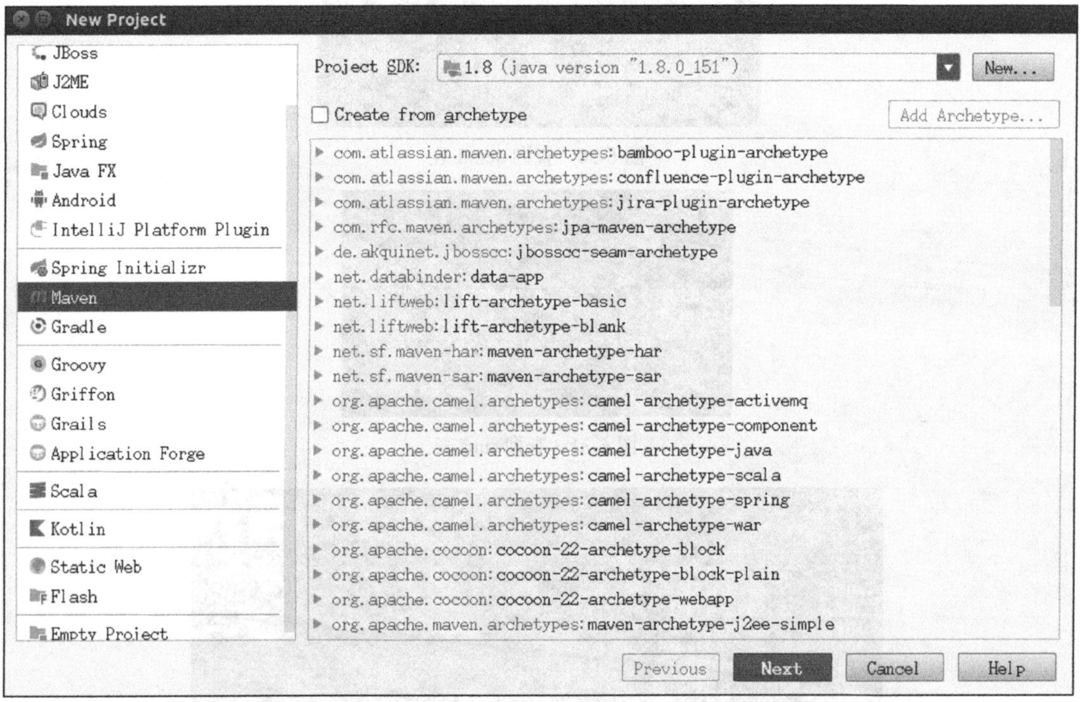

图 6-33　新建 Maven 项目

在弹出的界面中（见图 6-34），把“GroupId”设置为“dblab”，把“ArtifactId”设置为“SpringMVC”，单击“Next”按钮。

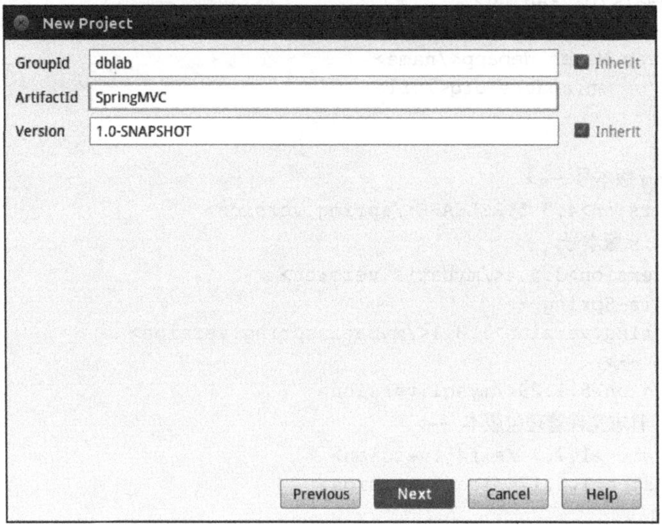

图 6-34　设置 Maven 项目信息

在弹出的界面中（见图 6-35），设置项目名称为“SpringMVC”，单击“Finish”按钮，完成项目的创建。

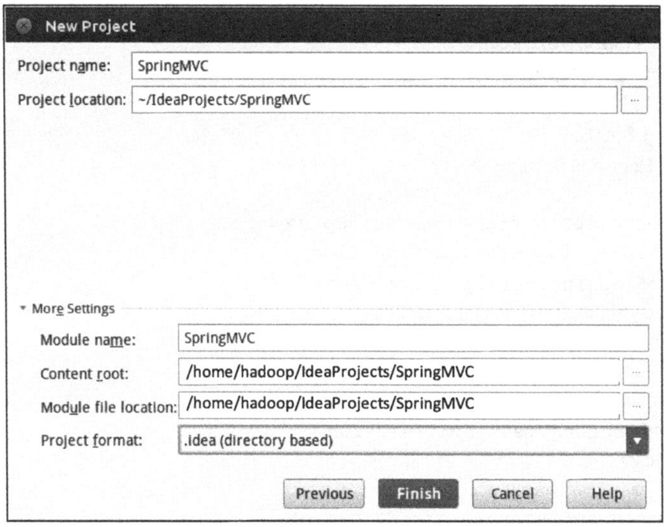

图 6-35　设置项目名称

6.5.2　配置 pom.xml 文件

清空 SpringMVC 项目中的 pom.xml 文件（由 IntelliJ IDEA 工具自动生成），把以下内容复制到文件中：

```
<project xmlns="http://maven.apache.org/POM/4.0.0" xmlns:xsi="http://www.w3. org/
2001/XMLSchema-instance"
    xsi:schemaLocation="http://maven.apache.org/POM/4.0.0 http://maven.apache. org/
maven-v4_0_0.xsd">
```

```
    <modelVersion>4.0.0</modelVersion>
    <groupId>dblab</groupId>
    <artifactId>SpringMVC</artifactId>
    <packaging>war</packaging>
    <version>1.0-SNAPSHOT</version>
    <name>SparkWeb Maven Webapp</name>
    <url>http://maven.apache.org</url>

    <properties>
      <!-- Spring 版本号 -->
      <spring.version>4.3.5.RELEASE</spring.version>
      <!-- MyBatis 版本号 -->
      <mybatis.version>3.4.4</mybatis.version>
      <!-- MyBatis-Spring-->
      <mybatisspring.version>1.3.1</mybatisspring.version>
      <!-- MySQL -->
      <mysql.version>5.1.29</mysql.version>
      <!-- log4j 日志文件管理包版本 -->
      <slf4j.version>1.7.7</slf4j.version>
      <log4j.version>1.2.17</log4j.version>
    </properties>

    <dependencies>
      <!-- junit 测试包 -->
      <dependency>
        <groupId>junit</groupId>
        <artifactId>junit</artifactId>
        <version>4.12</version>
        <scope>test</scope>
      </dependency>
      <!-- Spring 核心包 -->
      <!—Spring Frame Start -->
      <dependency>
        <groupId>org.springframework</groupId>
        <artifactId>spring-core</artifactId>
        <version>${spring.version}</version>
      </dependency>
      <dependency>
        <groupId>org.springframework</groupId>
        <artifactId>spring-web</artifactId>
        <version>${spring.version}</version>
      </dependency>
      <dependency>
        <groupId>org.springframework</groupId>
        <artifactId>spring-oxm</artifactId>
        <version>${spring.version}</version>
      </dependency>
      <dependency>
        <groupId>org.springframework</groupId>
        <artifactId>spring-tx</artifactId>
        <version>${spring.version}</version>
      </dependency>
      <dependency>
        <groupId>org.springframework</groupId>
        <artifactId>spring-jdbc</artifactId>
        <version>${spring.version}</version>
```

```
</dependency>
<dependency>
  <groupId>org.springframework</groupId>
  <artifactId>spring-webmvc</artifactId>
  <version>${spring.version}</version>
</dependency>
<dependency>
  <groupId>org.springframework</groupId>
  <artifactId>spring-aop</artifactId>
  <version>${spring.version}</version>
</dependency>
<dependency>
  <groupId>org.springframework</groupId>
  <artifactId>spring-context-support</artifactId>
  <version>${spring.version}</version>
</dependency>
<dependency>
  <groupId>org.springframework</groupId>
  <artifactId>spring-aop</artifactId>
  <version>${spring.version}</version>
</dependency>
<dependency>
  <groupId>org.springframework</groupId>
  <artifactId>spring-test</artifactId>
  <version>${spring.version}</version>
</dependency>
<!—Spring Frame End -->
<!-- MyBatis 核心包 -->
<dependency>
  <groupId>org.mybatis</groupId>
  <artifactId>mybatis</artifactId>
  <version>${mybatis.version}</version>
</dependency>
<!-- MyBatis/Spring 包 -->
<dependency>
  <groupId>org.mybatis</groupId>
  <artifactId>mybatis-spring</artifactId>
  <version>${mybatisspring.version}</version>
</dependency>
<!-- MySQL 驱动包 -->
<dependency>
  <groupId>mysql</groupId>
  <artifactId>mysql-connector-java</artifactId>
  <version>${mysql.version}</version>
</dependency>
<!-- 日志文件管理包 -->
<!-- log start -->
<dependency>
  <groupId>log4j</groupId>
  <artifactId>log4j</artifactId>
  <version>${log4j.version}</version>
</dependency>
<dependency>
  <groupId>org.slf4j</groupId>
  <artifactId>slf4j-api</artifactId>
  <version>${slf4j.version}</version>
```

```
    </dependency>
    <dependency>
      <groupId>org.slf4j</groupId>
      <artifactId>slf4j-log4j12</artifactId>
      <version>${slf4j.version}</version>
    </dependency>
    <!-- log end -->
    <!-- 阿里巴巴数据源包 -->
    <dependency>
      <groupId>com.alibaba</groupId>
      <artifactId>druid</artifactId>
      <version>1.0.2</version>
    </dependency>
    <!-- json 数据 -->
    <dependency>
      <groupId>com.fasterxml.jackson.core</groupId>
      <artifactId>jackson-databind</artifactId>
      <version>2.9.0.pr3</version>
    </dependency>
    <dependency>
      <groupId>com.alibaba</groupId>
      <artifactId>fastjson</artifactId>
      <version>1.2.24</version>
    </dependency>
    <!-- JSTL 头文件-->
    <dependency>
      <groupId>javax.servlet</groupId>
      <artifactId>jstl</artifactId>
      <version>1.2</version>
    </dependency>

    <!-- 文件上传需要在开启与 spring-mvc.xml 的一起 -->
    <!--<dependency>-->
      <!--<groupId>commons-fileupload</groupId>-->
      <!--<artifactId>commons-fileupload</artifactId>-->
      <!--<version>1.3.2</version>-->
    <!--</dependency>-->
  </dependencies>
  <build>
    <finalName>SparkWeb</finalName>
    <plugins>
      <plugin>
        <groupId>org.apache.maven.plugins</groupId>
        <artifactId>maven-compiler-plugin</artifactId>
        <configuration>
          <source>1.6</source>
          <target>1.6</target>
        </configuration>
      </plugin>
    </plugins>
  </build>
</project>
```

6.5.3 设置项目目录

SpringMVC 的总体目录结构如图 6-36 所示。

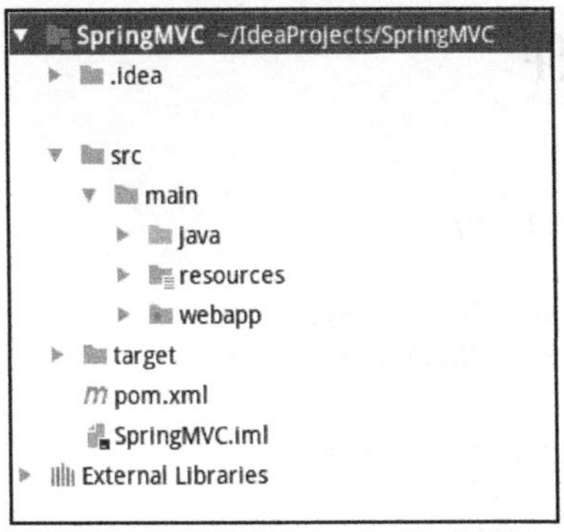

图 6-36　SpringMVC 项目目录结构

把各级目录展开以后，详细目录结构如图 6-37 所示。按照图 6-37 给出的目录结构，设置 SpringMVC 项目目录。其中，“圆圈 C”图标表示的是 Java 类文件，“圆圈 I”图标表示的是 Java 接口文件。

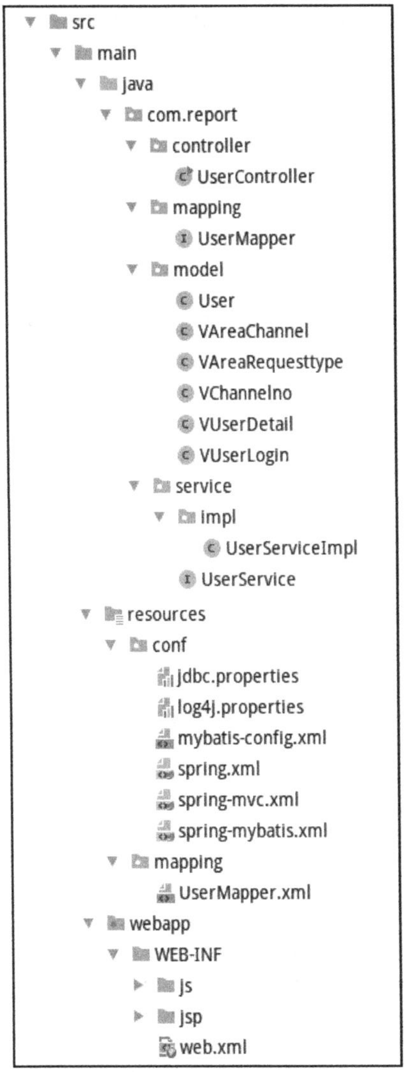

图 6-37　展开后的项目目录结构

6.5.4 编写代码文件

1. UserController.java

```
package com.report.controller;

import com.alibaba.fastjson.JSONArray;
import com.alibaba.fastjson.JSONObject;
import com.report.model.*;
import com.report.service.UserService;
import com.alibaba.fastjson.JSON;
import org.apache.log4j.Logger;
import org.springframework.beans.factory.annotation.Autowired;
import org.springframework.stereotype.Controller;
import org.springframework.ui.ModelMap;
import org.springframework.web.bind.annotation.RequestMapping;
import org.springframework.web.bind.annotation.RequestParam;
import org.springframework.web.bind.annotation.ResponseBody;
import org.springframework.web.servlet.ModelAndView;

import java.util.ArrayList;
import java.util.HashMap;
import java.util.List;
import java.util.Map;

@Controller
@RequestMapping("/")
public class UserController {
    private static final Logger logger = Logger.getLogger(UserController.class);

    @Autowired
    private UserService userService;

    @RequestMapping(value = "login",produces = "text/html;charset=UTF-8")
    public @ResponseBody String login(){
        return "";
    }

    @RequestMapping("charts")
    public ModelAndView charts() {
        //获取用户渠道趋势分析维度
        JSONObject jsonObjectDim_AreaChannel = new JSONObject();
        List<String> channelDim = userService.getVAreaChannelDim();
        for (int i=0; i < channelDim.size();i++){
            JSONArray jsonArray = new JSONArray();
            List<VAreaChannel> vAreaChannelList = userService.getVAreaChannel
(channelDim.get(i));
            for (int j =0;j<vAreaChannelList.size();j++){
                JSONObject jsonObject = new JSONObject();
                jsonObject.put("areaname",vAreaChannelList.get(j). getAreaname());
                jsonObject.put("num",vAreaChannelList.get(j).getNum());
                jsonArray.add(jsonObject);
            }
            jsonObjectDim_AreaChannel.put(channelDim.get(i),jsonArray);
        }
```

```
        //测试输出
        System.out.println(jsonObjectDim_AreaChannel);

        //用户请求方式对比情况维度
        JSONObject jsonObjectDim_AreaRequestType = new JSONObject();
        List<String> requestTypeDim = userService.getVAreaRequestTypeDim();
        for (int i=0; i < requestTypeDim.size();i++){
            JSONArray jsonArray = new JSONArray();
            List<VAreaRequesttype> vAreaRequesttypeList = userService.
getVAreaRequestType (requestTypeDim.get(i));
            for (int j =0;j<vAreaRequesttypeList.size();j++){
                JSONObject jsonObject = new JSONObject();
                jsonObject.put("areaname",vAreaRequesttypeList.get(j).getAreaname());
                jsonObject.put("num",vAreaRequesttypeList.get(j).getNum());
                jsonArray.add(jsonObject);
            }
            jsonObjectDim_AreaRequestType.put(requestTypeDim.get(i),jsonArray);
        }
        //用户渠道饼图情况
        List<VChannelno> channelnoList = userService.getVChannelno();

        //用户渠道趋势分析
        ModelAndView mad = new ModelAndView("charts");
        mad.addObject("areaChannelData",jsonObjectDim_AreaChannel.toJSONString());

        mad.addObject("areaChannelList",channelDim);
        //用户请求方式对比情况
        mad.addObject("areaRequestTypeData",jsonObjectDim_AreaRequestType. toJSONString());
        mad.addObject("areaRequestTypeList",requestTypeDim);
        //用户渠道饼图情况
        mad.addObject("channelnoList",channelnoList);
        // 用户渠道趋势分析
        mad.addObject("areaChannelListAll",userService.getVAreaChannelAll());

        mad.addObject("areaRequestTypeListAll",userService.getVAreaRequestTypeAll());
        mad.addObject("userLoginAll",userService.getVUserLogin());
        return mad;
    }

    @RequestMapping("detail")
    public ModelAndView detail(@RequestParam(value = "areaname") String areaname,@RequestParam
(value = "channelname") String channelname) {
        ModelAndView mad = new ModelAndView("detail");
        mad.addObject("userDetailList",userService.getDetail(areaname,channelname));
        return mad;
    }

    @RequestMapping("index")
    public String index() {
        return "index";
    }

    public static void main(String args[]) {
        System.out.println("Hello World!");
```

```
        UserController User = new UserController();
        User.charts();
    }
}
```

2. UserMapper.java

```
package com.report.mapping;

import com.report.model.*;
import java.util.List;

public interface UserMapper {
    int insertUser(User user);
    User getUser(int id);
    List<User> getUsers();
    List<User> getProUser(int id);
    /**
     * 获取用户渠道趋势分析维度
     * @return
     */
    List<String> getVAreaChannelDim();

    /**
     * 用户渠道趋势分析
     * @return
     */
    List<VAreaChannel> getVAreaChannel(String dim);

    /**
     * 用户渠道趋势分析
     * @return
     */
    List<VAreaChannel> getVAreaChannelAll();

    /**
     * 获取用户请求方式对比情况维度
     * @return
     */
    List<String> getVAreaRequestTypeDim();

    /**
     * 用户请求方式对比情况
     * @return
     */
    List<VAreaRequesttype> getVAreaRequestType(String dim);

    /**
     * 用户请求方式对比情况
     * @return
     */
    List<VAreaRequesttype> getVAreaRequestTypeAll();
```

```
    /**
     * 用户渠道饼图情况
     * @return
     */
    List<VChannelno> getVChannelno();
    List<VUserLogin> getVUserLogin();
    List<VUserDetail> getDetail(String areaname,String channelname);
}
```

3．User.java

```
package com.report.model;

/**
 * 表user
 */
public class User {
     private int id;
     private int state;
     private String nickname;
     private String userid;
     private String password;
     public int getId() {
          return id;
     }
     public void setId(int id) {
          this.id = id;
     }
     public int getState() {
          return state;
     }
     public void setState(int state) {
          this.state = state;
     }
     public String getNickname() {
          return nickname;
     }
     public void setNickname(String nickname) {
          this.nickname = nickname;
     }
     public String getUserid() {
          return userid;
     }
     public void setUserid(String userid) {
          this.userid = userid;
     }
     public String getPassword() {
          return password;
     }
     public void setPassword(String password) {
          this.password = password;
     }
}
```

需要注意的是，user 表暂时没有用到，可以作为读者对案例功能进行完善时的参考。

4．VareaChannel.java

```
package com.report.model;

/**
 * 视图 v_area_channel
 */
public class VAreaChannel {
     private String areaname;
     private String channelname;
     private int num;
     public String getAreaname() {
          return areaname;
     }
     public void setAreaname(String areaname) {
          this.areaname = areaname;
     }
     public String getChannelname() {
          return channelname;
     }
     public void setChannelname(String channelname) {
          this.channelname = channelname;
     }
     public int getNum() {
          return num;
     }
     public void setNum(int num) {
          this.num = num;
     }
}
```

5．VareaRequesttype.java

```
package com.report.model;

/**
 * 视图 v_area_requesttype
 */
public class VAreaRequesttype {
     private String areaname;
     private String requesttypename;
     private int num;
     public String getAreaname() {
          return areaname;
     }
     public void setAreaname(String areaname) {
          this.areaname = areaname;
     }
     public String getRequesttypename() {
          return requesttypename;
     }
     public void setRequesttypename(String requesttypename) {
          this.requesttypename = requesttypename;
     }
```

```
    public int getNum() {
        return num;
    }
    public void setNum(int num) {
        this.num = num;
    }
}
```

6. Vchannelno.java

```
package com.report.model;

/**
 * 视图 v_channelno
 */
public class VChannelno {
    private String channelname;
    private int num;
    public String getChannelname() {
        return channelname;
    }
    public void setChannelname(String channelname) {
        this.channelname = channelname;
    }
    public int getNum() {
        return num;
    }
    public void setNum(int num) {
        this.num = num;
    }
}
```

7. VuserDetail.java

```
package com.report.model;

/**
 * 表 detail
 */
public class VUserDetail {
    private String imei;
    private String requestip;
    private String requesttypename;
    private String first_login_time;
    private int log_times;
    private int online_time;
    public String getImei() {
        return imei;
    }
    public void setImei(String imei) {
        this.imei = imei;
    }
    public String getRequestip() {
        return requestip;
    }
    public void setRequestip(String requestip) {
```

```
        this.requestip = requestip;
    }
    public String getRequesttypename() {
        return requesttypename;
    }
    public void setRequesttypename(String requesttypename) {
        this.requesttypename = requesttypename;
    }
    public String getFirst_login_time() {
        return first_login_time;
    }
    public void setFirst_login_time(String first_login_time) {
        this.first_login_time = first_login_time;
    }
    public int getLog_times() {
        return log_times;
    }
    public void setLog_times(int log_times) {
        this.log_times = log_times;
    }
    public int getOnline_time() {
        return online_time;
    }
    public void setOnline_time(int online_time) {
        this.online_time = online_time;
    }
}
```

8. VuserLogin.java

```
package com.report.model;

/**
 *表 user_login
 */
public class VUserLogin {
    private String imei;
    private int log_times;
    private String first_login_time;
    private int online_time;
    public String getImei() {
        return imei;
    }
    public void setImei(String imei) {
        this.imei = imei;
    }
    public int getLog_times() {
        return log_times;
    }
    public void setLog_times(int log_times) {
        this.log_times = log_times;
    }
    public String getFirst_login_time() {
```

```
        return first_login_time;
    }
    public void setFirst_login_time(String first_login_time) {
        this.first_login_time = first_login_time;
    }
    public int getOnline_time() {
        return online_time;
    }
    public void setOnline_time(int online_time) {
        this.online_time = online_time;
    }
}
```

需要注意的是，user_login 表暂时没有用到，可以作为读者对案例功能进行完善时的参考。

9. UserService.java

```
package com.report.service;

import com.report.model.*;
import java.util.List;
public interface UserService {
    int insertUser(User user);
    User getUser(int id);
    List<User> getUsers();
    List<User> getProUser(int id);
    /**
     * 获取用户渠道趋势分析维度
     * @return
     */
    List<String> getVAreaChannelDim();
    /**
     * 用户渠道趋势分析
     * @return
     */
    List<VAreaChannel> getVAreaChannel(String dim);
    /**
     * 用户渠道趋势分析
     * @return
     */
    List<VAreaChannel> getVAreaChannelAll();
    /**
     * 获取用户请求方式对比情况维度
     * @return
     */
    List<String> getVAreaRequestTypeDim();
    /**
     * 用户请求方式对比情况
     * @return
     */
    List<VAreaRequesttype> getVAreaRequestType(String dim);
    /**
     * 用户请求方式对比情况
     * @return
```

```
    */
    List<VAreaRequesttype> getVAreaRequestTypeAll();
    /**
     * 用户渠道饼图情况
     * @return
     */
    List<VChannelno> getVChannelno();
    List<VUserLogin> getVUserLogin();
    List<VUserDetail> getDetail(String areaname,String channelname);
}
```

10. UserServiceImpl.java

```
package com.report.service.impl;

import com.report.model.*;
import com.report.service.UserService;
import com.report.mapping.UserMapper;
import org.springframework.beans.factory.annotation.Autowired;
import org.springframework.stereotype.Service;
import java.util.List;

@Service
public class UserServiceImpl implements UserService {
    @Autowired
    private UserMapper userMapper;
    @Override
    public int insertUser(User user) {
        return userMapper.insertUser(user);
    }
    public User getUser(int id){
        return userMapper.getUser(id);
    }
    @Override
    public List<User> getUsers() {
        return userMapper.getUsers();
    }
    @Override
    public List<User> getProUser(int id) {
        return userMapper.getProUser(id);
    }
    /**
     * 获取用户渠道趋势分析维度
     * @return
     */
    public List<String> getVAreaChannelDim(){
        return userMapper.getVAreaChannelDim();
    }
    /**
     * 用户渠道趋势分析
     * @return
     */
    @Override
    public List<VAreaChannel> getVAreaChannel(String dim) {
        return userMapper.getVAreaChannel(dim);
```

```
    }
    /**
     * 用户渠道趋势分析
     * @return
     */
    @Override
    public List<VAreaChannel> getVAreaChannelAll() {
        return userMapper.getVAreaChannelAll();
    }
    /**
     * 获取用户请求方式对比情况维度
     * @return
     */
    public List<String> getVAreaRequestTypeDim(){
        return userMapper.getVAreaRequestTypeDim();
    }
    /**
     * 用户请求方式对比情况
     * @return
     */
    @Override
    public List<VAreaRequesttype> getVAreaRequestType(String dim) {
        return userMapper.getVAreaRequestType(dim);
    }
    /**
     * 用户请求方式对比情况
     * @return
     */
    @Override
    public List<VAreaRequesttype> getVAreaRequestTypeAll() {
        return userMapper.getVAreaRequestTypeAll();
    }
    /**
     * 用户渠道饼图情况
     * @return
     */
    @Override
    public List<VChannelno> getVChannelno(){
        return userMapper.getVChannelno();
    }
    @Override
    public List<VUserLogin> getVUserLogin() {
        return userMapper.getVUserLogin();
    }
    public List<VUserDetail> getDetail(String areaname,String channelname){
        return userMapper.getDetail(areaname,channelname);
    }
}
```

11. jdbc.properties

```
jdbc_driverClassName=com.mysql.jdbc.Driver
jdbc_url=jdbc:mysql://localhost:3306/spark_web?useUnicode=true&amp;characterEncoding=utf-8
jdbc_username=root
jdbc_password=123456
```

12. log4j.properties

```
log4j.rootLogger=ERROR,Console,File
log4j.appender.Console=org.apache.log4j.ConsoleAppender
log4j.appender.Console.Target=System.out
log4j.appender.Console.layout = org.apache.log4j.PatternLayout
log4j.appender.Console.layout.ConversionPattern=[%c] - %m%n
log4j.appender.File = org.apache.log4j.RollingFileAppender
log4j.appender.File.File = logs/bookreport/report.log
log4j.appender.File.MaxFileSize = 10MB
log4j.appender.File.Threshold = ALL
log4j.appender.File.layout = org.apache.log4j.PatternLayout
log4j.appender.File.layout.ConversionPattern =[%p] [%d{yyyy-MM-dd HH\:mm\:ss}][%c]%m%n
```

13. mybatis-config.xml

```
<?xml version="1.0" encoding="UTF-8" ?>
<!DOCTYPE configuration
      PUBLIC "-//mybatis.org//DTD Config 3.0//EN"
      "http://mybatis.org/dtd/mybatis-3-config.dtd">
<configuration>
   <!-- 命名空间 -->
   <typeAliases>
      <typeAlias alias="User" type="com.report.model.User"/>
   </typeAliases>

   <!-- 映射 map -->
   <mappers>
   </mappers>
</configuration>
```

14. spring.xml

```
<?xml version="1.0" encoding="UTF-8"?>
<beans xmlns="http://www.springframework.org/schema/beans"
       xmlns:xsi="http://www.w3.org/2001/XMLSchema-instance"
       xmlns:context="http://www.springframework.org/schema/context"
       xsi:schemaLocation="http://www.springframework.org/schema/beans
        http://www.springframework.org/schema/beans/spring-beans-4.3.xsd
        http://www.springframework.org/schema/context
        http://www.springframework.org/schema/context/spring-context-4.3.xsd">

   <!-- 引入 JDBC 配置文件 -->
   <context:property-placeholder location="classpath:conf/jdbc.properties"/>

   <!-- 扫描文件（自动将 servicec 层注入） -->
   <context:component-scan base-package="com.report.service"/>
</beans>
```

15. spring-mvc.xml

```
<?xml version="1.0" encoding="UTF-8"?>
<beans xmlns="http://www.springframework.org/schema/beans"
       xmlns:xsi="http://www.w3.org/2001/XMLSchema-instance"
       xmlns:p="http://www.springframework.org/schema/p"
       xmlns:context="http://www.springframework.org/schema/context"
       xmlns:mvc="http://www.springframework.org/schema/mvc"
```

```
    xsi:schemaLocation="http://www.springframework.org/schema/beans
    http://www.springframework.org/schema/beans/spring-beans-4.3.xsd
    http://www.springframework.org/schema/context
    http://www.springframework.org/schema/context/spring-context-4.3.xsd
    http://www.springframework.org/schema/mvc
    http://www.springframework.org/schema/mvc/spring-mvc-4.3.xsd">

    <!-- 扫描 controller（controller 层注入） -->
    <context:component-scan base-package="com.report.controller"/>

    <!-- 开启注解方案 2 -->
    <mvc:annotation-driven />

    <!-- 静态资源访问，方案 1 -->
    <mvc:resources mapping="/js/**" location="/WEB-INF/js/" />

    <!-- 静态资源访问，方案 2 (表示不对静态资源如 CSS、JS、HTML 等进行拦截) -->
    <mvc:default-servlet-handler />

    <!-- 视图解释类 -->
    <bean id="viewResolver" class="org.springframework.web.servlet.view.
InternalResourceViewResolver">
        <property name="prefix" value="/WEB-INF/jsp/"></property>
        <!--可为空,方便实现自已的依据扩展名来选择视图解释类的逻辑 -->
        <property name="suffix" value=".jsp"></property>
    </bean>

    <!-- Spring MVC JSON 配置 -->
    <bean class="org.springframework.web.servlet.mvc.annotation.AnnotationMethodHandlerAdapter">
        <property name="messageConverters">
            <list>
                <bean class="org.springframework.http.converter. StringHttpMessageConverter">
                    <property name="supportedMediaTypes">
                        <list>
                            <value>text/plain;charset=UTF-8</value>
                        </list>
                    </property>
                </bean>
                <bean class="org.springframework.http.converter.json.
MappingJackson2HttpMessageConverter">
                    <property name="supportedMediaTypes">
                        <list>
                            <value>application/json;charset=UTF-8</value>
                        </list>
                    </property>
                </bean>
            </list>
        </property>
    </bean>
</beans>
```

16. spring-mybatis.xml

```
<?xml version="1.0" encoding="UTF-8" ?>
<beans xmlns="http://www.springframework.org/schema/beans"
```

```
        xmlns:xsi="http://www.w3.org/2001/XMLSchema-instance"
        xmlns:p="http://www.springframework.org/schema/p"
        xmlns:context="http://www.springframework.org/schema/context"
        xmlns:aop="http://www.springframework.org/schema/aop"
        xmlns:tx="http://www.springframework.org/schema/tx"
        xmlns:util="http://www.springframework.org/schema/util"
        xsi:schemaLocation="http://www.springframework.org/schema/beans
    http://www.springframework.org/schema/beans/spring-beans-3.2.xsd
    http://www.springframework.org/schema/context
    http://www.springframework.org/schema/context/spring-context-3.2.xsd
    http://www.springframework.org/schema/tx
    http://www.springframework.org/schema/tx/spring-tx-3.2.xsd
    http://www.springframework.org/schema/aop
    http://www.springframework.org/schema/aop/spring-aop-3.2.xsd
    http://www.springframework.org/schema/util
    http://www.springframework.org/schema/util/spring-util-3.2.xsd ">
    <bean id="dataSource" class="com.alibaba.druid.pool.DruidDataSource" init-
method="init"
          destroy-method="close" >
        <property name="driverClassName">
            <value>${jdbc_driverClassName}</value>
        </property>
        <property name="url">
            <value>${jdbc_url}</value>
        </property>
        <property name="username">
            <value>${jdbc_username}</value>
        </property>
        <property name="password">
            <value>${jdbc_password}</value>
        </property>
        <!-- 连接池最大使用连接数 -->
        <property name="maxActive">
            <value>20</value>
        </property>
        <!-- 初始化连接大小 -->
        <property name="initialSize">
            <value>1</value>
        </property>
        <!-- 获取连接最大等待时间 -->
        <property name="maxWait">
            <value>60000</value>
        </property>
        <!-- 连接池最大空闲 -->
        <property name="maxIdle">
            <value>20</value>
        </property>
        <!-- 连接池最小空闲 -->
        <property name="minIdle">
            <value>3</value>
        </property>
        <!-- 自动清除无用连接 -->
        <property name="removeAbandoned">
            <value>true</value>
```

```
        </property>
        <!-- 清除无用连接的等待时间 -->
        <property name="removeAbandonedTimeout">
            <value>180</value>
        </property>
        <!-- 连接属性 -->
        <property name="connectionProperties">
            <value>clientEncoding=UTF-8</value>
        </property>
</bean>

    <!--非注入式配置-->
    <!-- MyBatis 文件配置,扫描所有 mapper 文件 -->
    <bean id="sqlSessionFactory"
          class="org.mybatis.spring.SqlSessionFactoryBean"
          p:dataSource-ref="dataSource"
          p:configLocation="classpath:conf/mybatis-config.xml"
          p:mapperLocations="classpath:mapping/*.xml"
    /><!-- configLocation 为 MyBatis 属性 mapperLocations 为所有 mapping-->

    <!-- Spring 与 MyBatis 整合配置,扫描所有 mapper -->
    <bean class="org.mybatis.spring.mapper.MapperScannerConfigurer"
          p:basePackage="com.report.mapping"
          p:sqlSessionFactoryBeanName="sqlSessionFactory"/>
    <!--Spring 与 MyBatis 整合配置,扫描所有 mapping-->
    <!-- 对数据源进行事务管理 -->
    <bean id="transactionManager"
          class="org.springframework.jdbc.datasource.DataSourceTransactionManager"
          p:dataSource-ref="dataSource"/>
</beans>
```

17. UserMapper.xml

```
<?xml version="1.0" encoding="UTF-8"?>
<!DOCTYPE mapper PUBLIC "-//mybatis.org//DTD Mapper 3.0//EN"
      "http://mybatis.org/dtd/mybatis-3-mapper.dtd">
<!-- 命名空间，可以对 SQL 进行分类管理 -->
<mapper namespace="com.report.mapping.UserMapper">
    <!--获取用户渠道趋势分析维度-->
    <select id="getProUser" parameterType="int" resultType="com.report.model.User">
        CALL test_pro(#{id});
    </select>
    <!--用户渠道趋势分析-->
    <select id="getVAreaChannelDim" resultType="String">
        select DISTINCT channelname from v_area_channel ORDER BY channelname desc;
    </select>
    <!--用户渠道趋势分析-->
    <select id="getVAreaChannel" parameterType="String" resultType="com. report.
model.VAreaChannel">
        select * from v_area_channel WHERE channelname = #{dim} order by areaname desc;
    </select>
    <!--获取用户区域渠道情况-->
    <select id="getVAreaChannelAll" resultType="com.report.model.VAreaChannel">
```

```
        select * from v_area_channel order by areaname desc;
    </select>
    <!--用户请求方式对比情况-->
    <select id="getVAreaRequestTypeDim"  resultType="String">
        select DISTINCT requesttypename from v_area_requesttype ORDER BY requesttypename desc;
    </select>
    <!--用户请求方式对比情况-->
    <select id="getVAreaRequestType" parameterType="String" resultType="com.report.model.
VAreaRequesttype">
        select * from v_area_requesttype WHERE requesttypename = #{dim} order by areaname desc;
    </select>
    <!--用户请求方式饼图情况-->
    <select id="getVAreaRequestTypeAll" resultType="com.report.model.VAreaRequesttype" >
        select * from v_area_requesttype order by areaname desc;
    </select>

    <select id="getVChannelno" resultType="com.report.model.VChannelno" >
        select * from v_channelno;
    </select>
    <select id="getVUserLogin" resultType="com.report.model.VUserLogin">
        select * from v_user_login order by imei desc limit 10;
    </select>
    <select id="getDetail"  resultType="com.report.model.VUserDetail">
        select * from v_user_detail order by imei desc;
    </select>
</mapper>
```

18. charts.jsp

```
<%@ page language="java" contentType="text/html; charset=UTF-8"
      pageEncoding="UTF-8"%>
<%@taglib uri="http://java.sun.com/jsp/jstl/core" prefix="c"%>
<!DOCTYPE html PUBLIC "-//W3C//DTD HTML 4.01 Transitional//EN" "http://www.w3.
org/TR/html4/loose.dtd">
<html>
<head>
    <meta http-equiv="Content-Type" content="text/html; charset=UTF-8">
    <script src="https://code.jquery.com/jquery-3.3.1.min.js"></script>
    <script type="text/javascript" src="../js/echarts.js" ></script>
    <title>趋势分析</title>
    <style type="text/css">
        body,table{
            font-size:12px;
        }
        table{
            table-layout:fixed;
            empty-cells:show;
            border-collapse: collapse;
            margin:0 auto;
        }
        td{
            height:30px;
        }
        h1,h2,h3{
            font-size:12px;
```

```
            margin:0;
            padding:0;
        }
        .table{
            border:1px solid #cad9ea;
            color:#666;
        }
        .table th {
            background-repeat:repeat-x;
            height:30px;
        }
        .table td,.table th{
            border:1px solid #cad9ea;
            padding:0 1em 0;
        }
        .table tr.alter{
            background-color:#f5fafe;
        }
        .chart_table{
            min-width: 900px;
        }
    </style>
</head>
<body>
    <table class="chart_table">
        <tr>
            <td style="min-width: 600px;">
                <div id="areaChannel" style="width: 600px;height:400px;"></div>
            </td>
            <td style="min-width: 300px; margin: 0px; padding: 0px;">
                <table class="table">
                    <tr>
                        <th style="width: 100px;">登录区域</th>
                        <th style="width: 100px;">渠道</th>
                        <th style="width: 100px;">用户数</th>
                    </tr>
                    <c:forEach items="${areaChannelListAll }" var="u" varStatus="status">
                        <tr>
                            <td style="width: 100px; text-align: center;">${u.areaname }</td>
                            <td style="width: 100px; text-align: center;">${u.channelname }</td>
                            <td style="width: 100px; text-align: center;">
                                <a href="detail?areaname=${u. areaname }&channelname= ${u.
channelname }">${u.num }</a>
                            </td>
                        </tr>
                    </c:forEach>
                </table>
            </td>
        </tr>
    </table>
    <script type="text/javascript">
        //用户渠道趋势分析数据
        var areaChannelData = '${areaChannelData}';
        var objAreaChannelData = JSON.parse(areaChannelData);
        //alert(objAreaChannelData)  //没有问题
```

```
//设置 legend
var legend = {};
var areaChannelList = [];
//设置 xAxis 横坐标
var xAxis = {};
xAxis.type= 'category';
xAxis.boundaryGap=false;
//折线
var series = [];
var areaChannelList = '${areaChannelList}';
//alert(areaChannelList) //可能有问题
<c:forEach items="${areaChannelList}" var="u" varStatus="status">
    //legend 列表
    areaChannelList[<c:out value="${status.index}"/>] = '${u }';
    //横坐标数组
    var areanameArray=[];
    //指标值
    var numArray=[];
    var seriesObj = {};
    seriesObj.name = '${u}';
    seriesObj.type = 'line';
    // seriesObj.stack = '总量';
    for (var i = 0;i<objAreaChannelData.${u}.length;i++){
        areanameArray[i] = objAreaChannelData.${u}[i].areaname;
        numArray[i] = objAreaChannelData.${u}[i].num;
    }
    seriesObj.data = numArray ;
    series[<c:out value="${status.index}"/>] =seriesObj;
</c:forEach>
xAxis.data = areanameArray;
legend.data = areaChannelList;
// 基于准备好的 DOM，初始化 ECharts 实例
var areaChannel = echarts.init(document.getElementById('areaChannel'));
// 指定图表的配置项和数据
var option = {
    title: {
        text: '用户渠道趋势分析'
    },
    tooltip: {
        trigger: 'axis'
    },
    legend: {
        data: []
    },
    grid: {
        left: '3%',
        right: '4%',
        bottom: '3%',
        containLabel: true
    },
    toolbox: {
        feature: {
            saveAsImage: {}
```

```
                }
            },
            xAxis: {
                type: 'category',
                boundaryGap: false,
                data: []
            },
            yAxis: {
                type: 'value'
            },
            series: []
        };
        // 使用刚指定的配置项和数据显示图表
        areaChannel.setOption(option);
        option.legend = legend;
        option.xAxis = xAxis;
        option.series = series;
        areaChannel.setOption(option,true);
    </script>
    <hr />
    <table class="chart_table">
        <tr>
            <td style="min-width: 600px;">
                <div id="areaRequestType" style="width: 600px;height:400px;"></div>
            </td>
            <td style="min-width: 300px; margin: 0px; padding: 0px;">
                <table class="table">
                    <tr>
                        <th style="width: 100px;">登录区域</th>
                        <th style="width: 100px;">请求类型</th>
                        <th style="width: 100px;">用户数</th>
                    </tr>
                    <c:forEach items="${areaRequestTypeListAll }" var="u" varStatus="status">
                        <tr>
                            <td style="width: 100px; text-align: center;">${u.areaname }</td>
                            <td style="width: 100px; text-align: center;">${u.
requesttypename }</td>
                            <td style="width: 100px; text-align: center;">${u.num }</td>
                        </tr>
                    </c:forEach>
                </table>
            </td>
        </tr>
    </table>
    <script type="text/javascript">
        //用户渠道趋势分析数据
        var areaRequestTypeData = '${areaRequestTypeData}';
        var objAreaRequestTypeData = JSON.parse(areaRequestTypeData);
        //设置 legend
        var legend = {};
        var areaRequestTypeList = [];
        //设置 xAxis 横坐标
        var xAxis = {};
        xAxis.type= 'category';
```

```
// xAxis.boundaryGap=false;
//折线
var series = [];
<c:forEach items="${areaRequestTypeList }" var="u" varStatus="status">
   //legend 列表
   areaRequestTypeList[<c:out value="${status.index}"/>] = '${u }';
   //横坐标数组
   var areanameArray=[];
   //指标值
   var numArray=[];
   var seriesObj = {};
   seriesObj.name = '${u}';
   seriesObj.type = 'bar';
// seriesObj.stack = '总量';
   for (var i = 0;i<objAreaRequestTypeData.${u }.length;i++){
      areanameArray[i] = objAreaRequestTypeData.${u }[i].areaname;
      numArray[i] = objAreaRequestTypeData.${u }[i].num;
   }
   seriesObj.data = numArray ;
   series[<c:out value="${status.index}"/>] =seriesObj;
</c:forEach>
xAxis.data = areanameArray;
legend.data = areaRequestTypeList;
// 基于准备好的 dom，初始化 Echarts 实例
var areaRequestType = echarts.init(document.getElementById ('areaRequestType'));
var option = {
   title : {
      text: '用户请求方式对比情况'
   },
   tooltip : {
      trigger: 'axis'
   },
   legend: {
      data:[]
   },
   toolbox: {
      show : true,
      feature : {
         dataView : {show: true, readOnly: false},
         magicType : {show: true, type: ['line', 'bar']},
         restore : {show: true},
         saveAsImage : {show: true}
      }
   },
   calculable : true,
   xAxis : [
      {
         type : 'category',
         data : []
      }
   ],
   yAxis : [
      {
         type : 'value'
```

```
            }
        ],
        series : []
    };
    // 使用刚指定的配置项和数据显示图表
    option.legend = legend;
    option.xAxis = xAxis;
    option.series = series;
    areaRequestType.setOption(option,true);
</script>
<hr />
<table class="chart_table">
    <tr>
        <td style="min-width: 600px;">
            <div id="channelno" style="width: 600px;height:400px;"></div>
        </td>
        <td style="min-width: 300px; margin: 0px; padding: 0px;">
            <table class="table">
                <tr>
                    <th style="width: 100px;">渠道</th>
                    <th style="width: 100px;">用户数</th>
                </tr>
                <c:forEach items="${channelnoList }" var="u" varStatus="status">
                    <tr>
                        <td style="width: 100px; text-align: center;">${u.channelname }</td>
                        <td style="width: 100px; text-align: center;">${u.num }</td>
                    </tr>
                </c:forEach>
            </table>
        </td>
    </tr>
</table>
<script type="text/javascript">
    //设置 legend
    var legend = {};
    var channelnoList = [];
    //
    var series = [];
    var seriesObj = {};
    seriesObj.name = '渠道';
    seriesObj.type = 'pie';
    seriesObj.center = ['50%', '60%'];
    seriesObj.data = [];
    seriesObj.itemStyle = {};
    seriesObj.itemStyle.emphasis = {};
    seriesObj.itemStyle.emphasis.shadowBlur = 10;
    seriesObj.itemStyle.emphasis.shadowOffsetX = 0;
    seriesObj.itemStyle.emphasis.shadowColor = 'rgba(0, 0, 0, 0.5)';
    <c:forEach items="${channelnoList }" var="u" varStatus="status">
        //legend 列表
        channelnoList[<c:out value="${status.index}"/>] = '${u.channelname }';
        var channelnoDate = {};
        channelnoDate.value = ${u.num };
        channelnoDate.name = '${u.channelname }';
```

```
            seriesObj.data[<c:out value="${status.index}"/>] = channelnoDate ;
        </c:forEach>
        series[0] =seriesObj;
        legend.left = 'left';
        legend.orient = 'vertical';
        legend.data = channelnoList;
        // 基于准备好的 dom，初始化 Echarts 实例
        var channelno = echarts.init(document.getElementById('channelno'));
        var option = {
            title : {
                text: '用户渠道饼图情况',
                x:'center'
            },
            tooltip : {
                trigger: 'item',
                formatter: "{a} <br/>{b} : {c} ({d}%)"
            },
            legend: {
                orient: 'vertical',
                left: 'left',
                data: []
            },
            series : []
        };
        // 使用刚指定的配置项和数据显示图表
        option.legend = legend;
        option.series = series;
        channelno.setOption(option,true);
    </script>
    <hr/>
    <table class="table">
        <tr>
            <th style="width: 100px;">用户编号</th>
            <th style="width: 100px;">登录次数</th>
            <th style="width: 100px;">首次登录时间</th>
            <th style="width: 100px;">在线时长</th>
        </tr>
        <c:forEach items="${userLoginAll }" var="u" varStatus="status">
            <tr>
                <td style="width: 100px; text-align: center;">${u.imei }</td>
                <td style="width: 100px; text-align: center;">${u.log_times }</td>
                <td style="width: 100px; text-align: center;">${u.first_login_time }</td>
                <td style="width: 100px; text-align: center;">${u.online_time }</td>
            </tr>
        </c:forEach>
    </table>
</body>
</html>
```

19. detail.jsp

```
<%@ page language="java" contentType="text/html; charset=UTF-8"
    pageEncoding="UTF-8"%>
<%@taglib uri="http://java.sun.com/jsp/jstl/core" prefix="c"%>
<!DOCTYPE html PUBLIC "-//W3C//DTD HTML 4.01 Transitional//EN" "http://www.w3.
org/TR/html4/loose.dtd">
```

```
<html>
<head>
    <meta http-equiv="Content-Type" content="text/html; charset=UTF-8">
    <script src="https://code.jquery.com/jquery-3.3.1.min.js"></script>
    <script type="text/javascript" src="../js/echarts.js" ></script>
    <title>详情</title>
    <style type="text/css">
        body,table{
            font-size:12px;
        }
        table{
            table-layout:fixed;
            empty-cells:show;
            border-collapse: collapse;
            margin:0 auto;
        }
        td{
            height:30px;
        }
        h1,h2,h3{
            font-size:12px;
            margin:0;
            padding:0;
        }
        .table{
            border:1px solid #cad9ea;
            color:#666;
        }
        .table th {
            background-repeat:repeat-x;
            height:30px;
        }
        .table td,.table th{
            border:1px solid #cad9ea;
            padding:0 1em 0;
        }
        .table tr.alter{
            background-color:#f5fafe;
        }
        .chart_table{
            min-width: 900px;
        }
    </style>
</head>
<body>
    <table class="table">
        <tr>
            <th style="width: 100px;">用户编号</th>
            <th style="width: 100px;">IP 地址</th>
            <th style="width: 100px;">请求类型</th>
            <th style="width: 100px;">首次登录时间</th>
```

```
            <th style="width: 100px;">登录次数</th>
        </tr>
        <c:forEach items="${userDetailList }" var="u" varStatus="status">
            <tr>
                <td style="width: 100px; text-align: center;">${u.imei }</td>
                <td style="width: 100px; text-align: center;">${u.requestip }</td>
                <td style="width: 100px; text-align: center;">${u.requesttypename }</td>
                <td style="width: 100px; text-align: center;">${u.first_login_time }</td>
                <td style="width: 100px; text-align: center;">${u.log_times }</td>
            </tr>
        </c:forEach>
    </table>
</body>
</html>
```

20. web.xml

```
<?xml version="1.0" encoding="UTF-8"?>
<web-app xmlns:xsi="http://www.w3.org/2001/XMLSchema-instance"
         xmlns="http://java.sun.com/xml/ns/javaee" xmlns:web="http://java.sun. com/
xml/ns/javaee/web-app_2_5.xsd"
         xsi:schemaLocation="http://java.sun.com/xml/ns/javaee http://java.sun.com/
xml/ns/javaee/web-app_2_5.xsd"
         id="WebApp_ID" version="2.5">
  <display-name>Archetype Created Web Application</display-name>
  <!-- 读取 Spring 配置文件 -->
  <context-param>
    <param-name>contextConfigLocation</param-name>
    <param-value>classpath:conf/spring.xml;classpath:conf/spring-mybatis.xml</param-value>
  </context-param>
  <!-- 设计路径变量值 -->
  <context-param>
    <param-name>webAppRootKey</param-name>
    <param-value>springmvc.root</param-value>
  </context-param>
  <!-- Spring 字符集过滤器 -->
  <filter>
    <filter-name>SpringEncodingFilter</filter-name>
    <filter-class>org.springframework.web.filter.CharacterEncodingFilter</filter-class>
    <init-param>
      <param-name>encoding</param-name>
      <param-value>UTF-8</param-value>
    </init-param>
    <init-param>
      <param-name>forceEncoding</param-name>
      <param-value>true</param-value>
    </init-param>
  </filter>
  <filter-mapping>
    <filter-name>SpringEncodingFilter</filter-name>
    <url-pattern>/*</url-pattern>
  </filter-mapping>
  <!-- 日志记录 -->
```

```
<context-param>
  <!-- 日志配置文件路径 -->
  <param-name>log4jConfigLocation</param-name>
  <param-value>classpath:conf/log4j.properties</param-value>
</context-param>
<context-param>
  <!-- 日志页面的刷新间隔 -->
  <param-name>log4jRefreshInterval</param-name>
  <param-value>6000</param-value>
</context-param>
<listener>
  <listener-class>org.springframework.web.util.Log4jConfigListener</listener-class>
</listener>
<listener>
  <listener-class>org.springframework.web.context.ContextLoaderListener</listener-class>
</listener>
<!—Spring MVC 核心配置 -->
<servlet>
  <servlet-name>spring</servlet-name>
  <servlet-class>org.springframework.web.servlet.DispatcherServlet</servlet-class>
  <init-param>
    <param-name>contextConfigLocation</param-name>
    <param-value>classpath:conf/spring-mvc.xml</param-value>
  </init-param>
  <load-on-startup>2</load-on-startup>
</servlet>
<servlet-mapping>
  <servlet-name>spring</servlet-name>
  <!--<url-pattern>*.do</url-pattern>-->
  <url-pattern>/</url-pattern>
</servlet-mapping>
<welcome-file-list>
  <!--<welcome-file>index.jsp</welcome-file>-->
  <welcome-file>/index.jsp</welcome-file>      <!--设置 index.jsp 为默认页面-->
</welcome-file-list>
</web-app>
```

6.5.5　生成应用程序 JAR 包

为了能够把应用程序部署到容器中（如 Tomcat）运行，需要使用 IDEA 工具对程序进行打包，生成应用程序 JAR 包（WAR 文件）。

在 IDEA 项目界面中，打开菜单“File–>Project Structure”（见图 6-38）。

在弹出的界面中（见图 6-39），依次单击“Aritifacts”、绿色加号、“Web Application: Exploded”和“From Modules…”。

在弹出的界面中（见图 6-40），单击“OK”按钮。

如图 6-41 所示，把 Name 后面的文本框里面的内容修改为“SpringMVC”，把 Type 后面的下拉列表的内容选择为“Web Application:Archive”，然后，单击“OK”按钮。

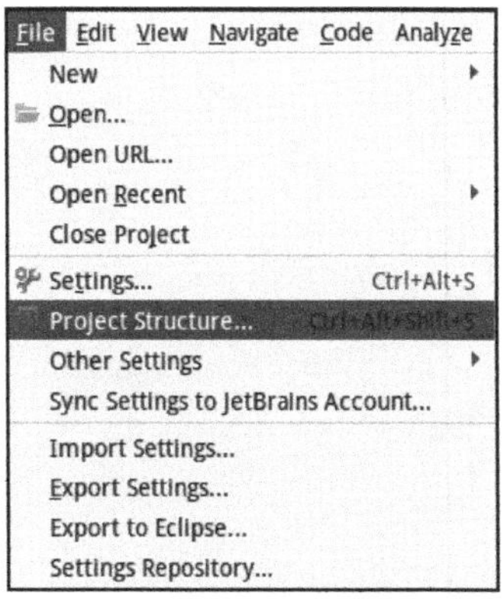

图 6-38　项目结构菜单

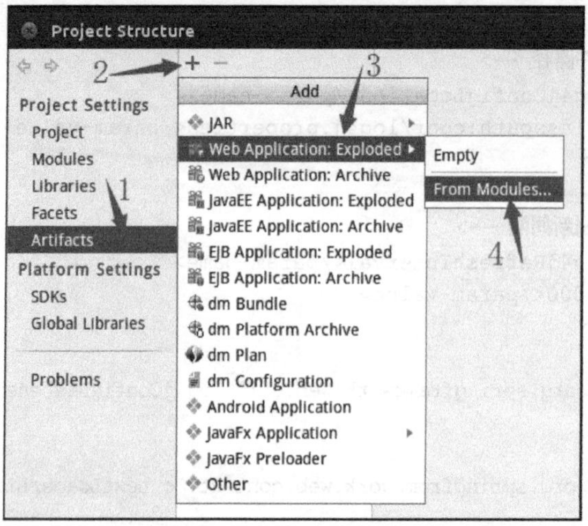

图 6-39　设置项目结构

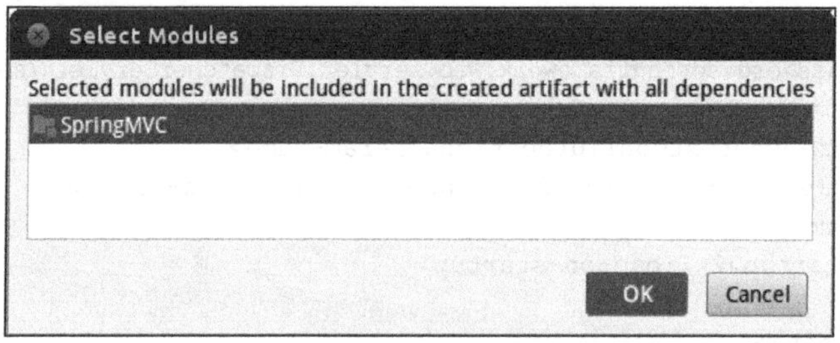

图 6-40　选择模块

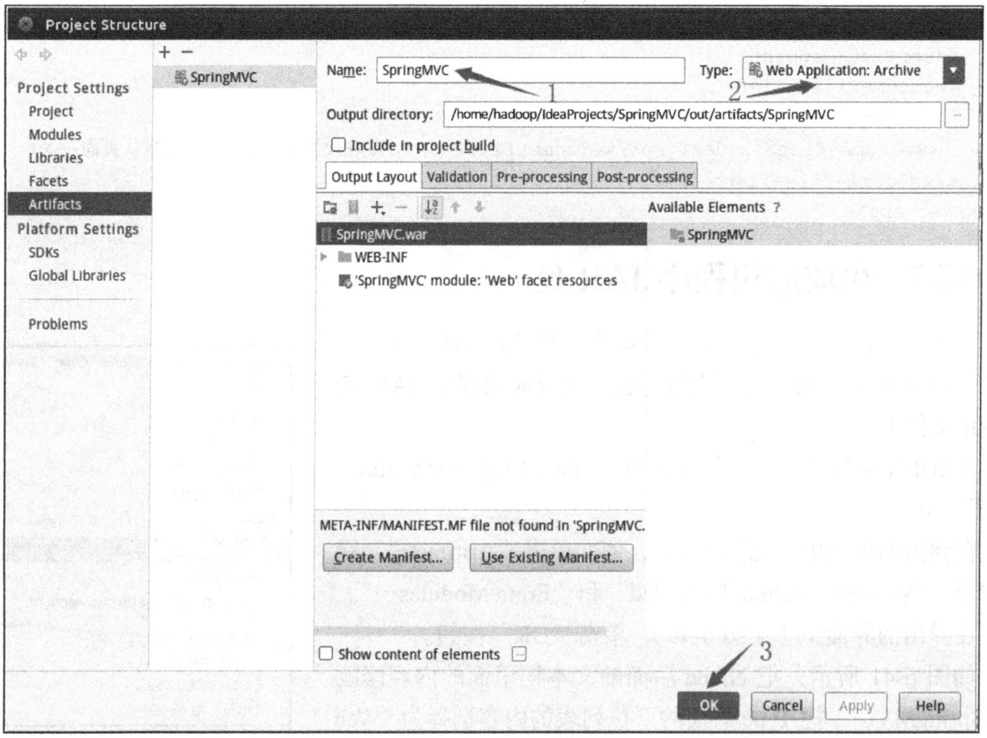

图 6-41　设置名称和类型

如图 6-42 所示，在项目界面的顶部菜单，选择“Build”，在弹出的菜单中选择“Build Artifacts…”。

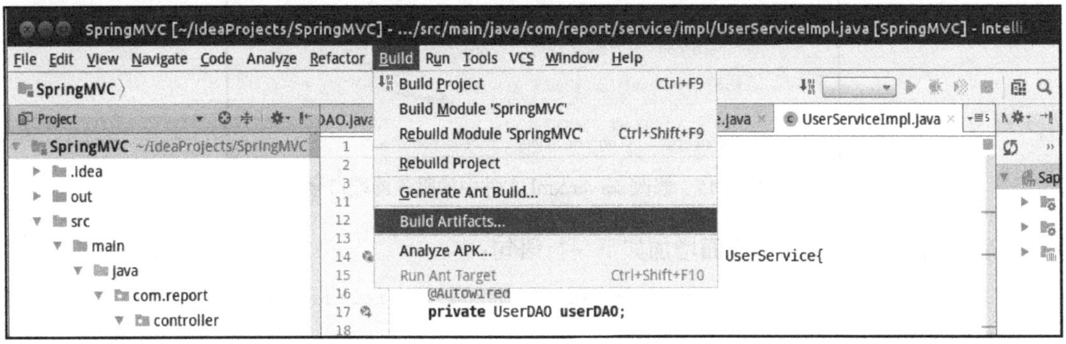

图 6-42　打开编译菜单

然后，弹出如图 6-43 所示的菜单，选择“SpringMVC”，再选择“Build”。

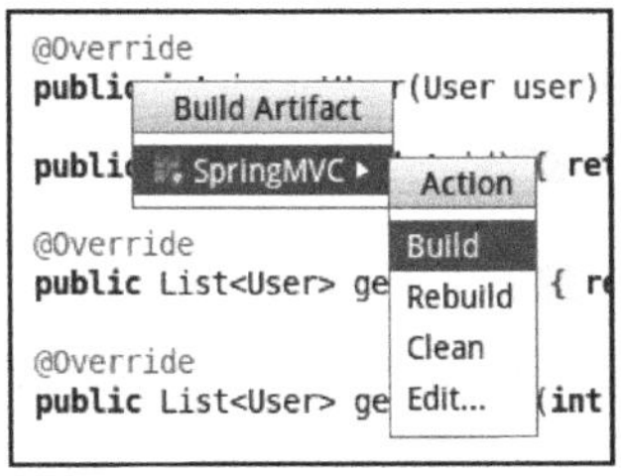

图 6-43　编译程序

然后，如图 6-44 所示，在项目界面中可以看到，在左侧的项目目录中，在“out→artifacts→SpringMVC”目录下，生成了一个“SpringMVC.war”文件。

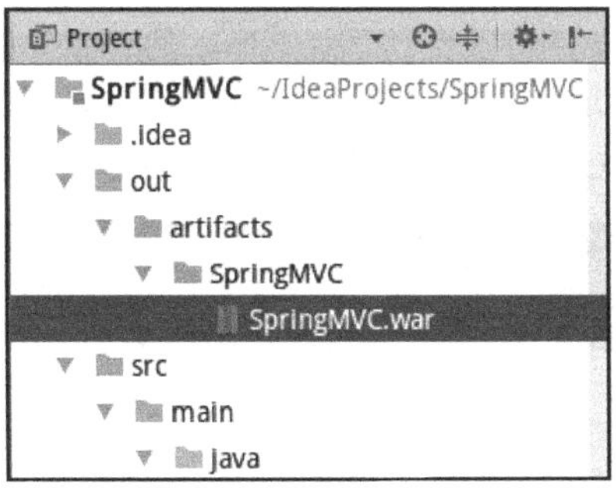

图 6-44　生成了 SpringMVC.war 文件

6.5.6　把网页应用部署到 Tomcat 服务器中

进入 Tomcat 安装目录（即“/usr/local/tomcat”），再进入 conf 子目录，打开“server.xml”文件，如图 6-45 所示，把网页服务器端口号修改为“9999”。

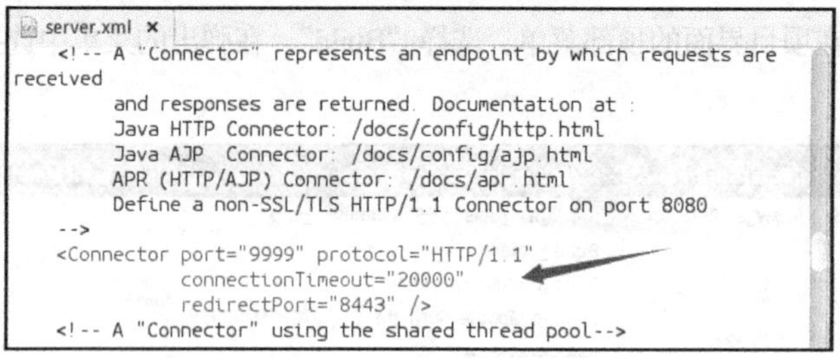

图 6-45　修改 server.xml 文件中的服务器端口号

然后，在 server.xml 文件里面增加如下一行语句：

```
<Context path="/ " docBase="./SpringMVC" debug="0" reloadable="true"/>
```

增加后的效果如图 6-46 所示。

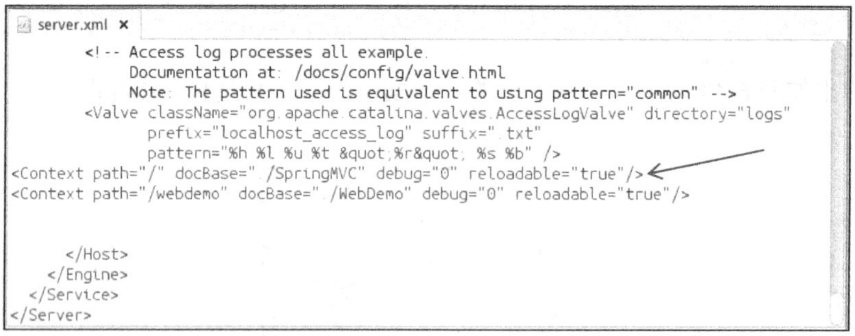

图 6-46　修改后的 server.xml 文件

然后，保存“server.xml”文件，在 Linux 终端中继续执行如下 Shell 命令，重新启动 Tomcat 服务器：

```
$ cd /usr/local/tomcat
$ ./bin/shutdown.sh
$ ./bin/startup.sh
```

前面已经生成的 SpringMVC.war 文件的路径是“~/IdeaProjects/SpringMVC/out/artifacts/SpringMVC SpringMVC.war”。把“SpringMVC.war”文件复制到 Tomcat 的安装目录的“webapps”目录下（即“/usr/local/tomcat/webapps”目录）。如图 6-47 所示，当把“SpringMVC.war”文件复制到 webapps 目录下的时候，Tomcat 会自动在该目录下生成文件夹 SpringMVC。实际上，如果后面要修改网页程序，当把 webapps 目录下的“SpringMVC.war”文件删除时，Tomcat 也会自动删除 SpringMVC 目录。

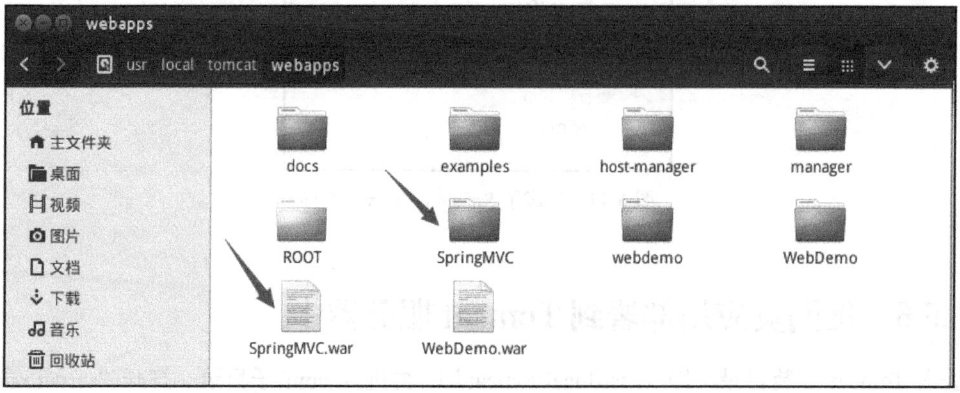

图 6-47　把 SpringMVC.war 文件复制到 Tomcat 中

打开 Linux 系统的浏览器，在浏览器输入地址“http://localhost:9999/charts”。就可以看到最终的数据图表了（见图 6-48、图 6-49 和图 6-50）。

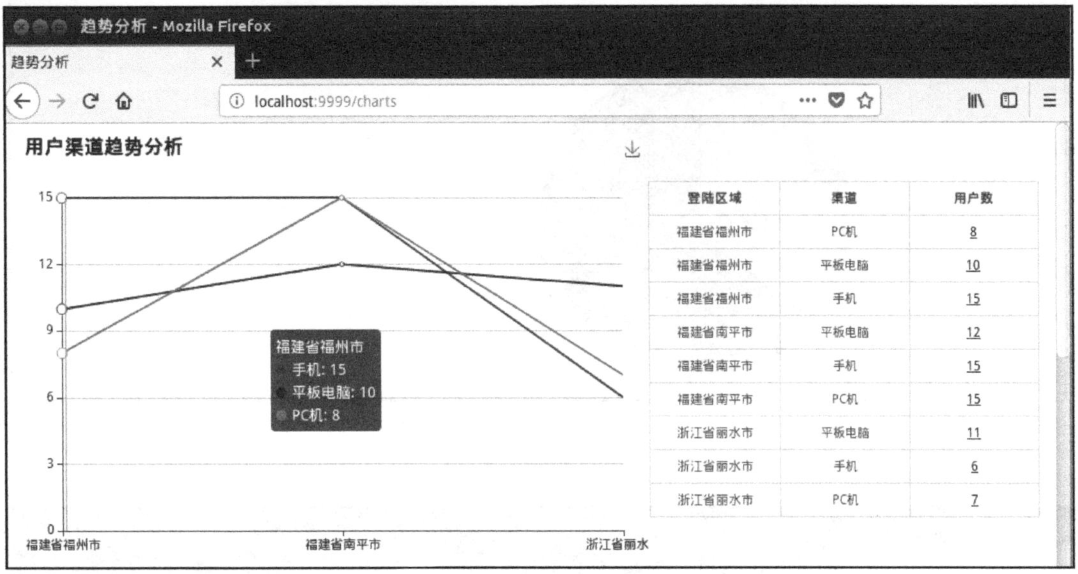

图 6-48　网页可视化效果之折线图

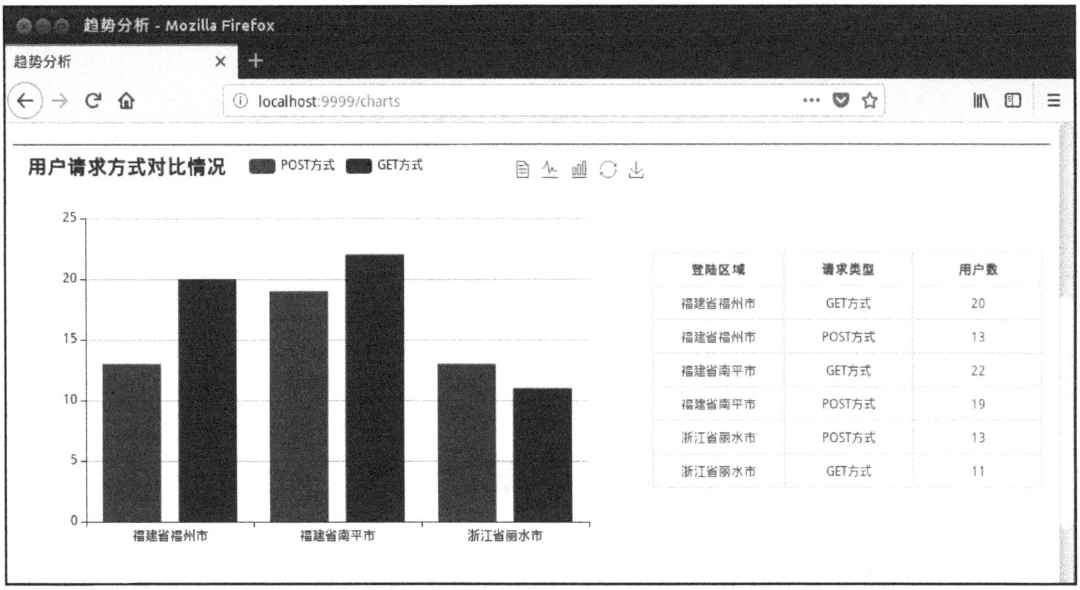

图 6-49　网页可视化效果之柱状图

在“用户渠道趋势分析”可视化图表的右侧（见图 6-48），可以单击“用户数”这一列中的数字，会出现一个新的页面显示具体用户信息（见图 6-51）。

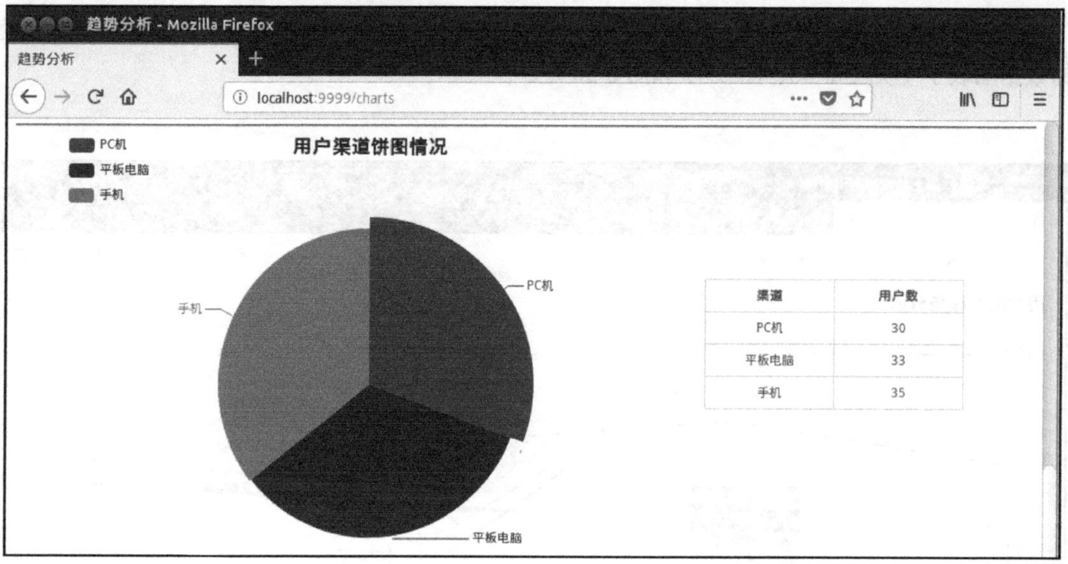

图 6-50　网页可视化效果之饼状图

用户编号	IP地址	请求类型	首次登录时间	登陆次数
A0984	192.168.0.3	POST方式	20180320211401	1
A0954	192.168.0.3	GET方式	20180320211401	1
A0919	192.168.0.1	GET方式	20180320211401	1
A0916	192.168.0.1	GET方式	20180320211401	1
A0910	192.168.0.2	POST方式	20180320211401	1
A0891	192.168.0.1	POST方式	20180320211401	1
A0889	192.168.0.3	GET方式	20180320211401	1
A0880	192.168.0.3	POST方式	20180320211401	1
A0878	192.168.0.1	GET方式	20180320211401	1

图 6-51　显示具体用户信息

至此，本案例的所有实验步骤顺利完成。

6.6　本章小结

本章首先简要介绍了本案例的数据分析整体过程；然后描述了数据集的特性，并讨论了把本地数据集加载到 HDFS 中的方法；接下来，通过 SQL 语句，在 MySQL 数据库中创建了相应的数据库、表和视图，用于存储 Spark 程序的数据分析结果；再然后，详细介绍了使用 Scala 语言编写 Spark 程序分析用户行为的细节过程；最后，使用 Spring、Spring MVC、MyBatis 框架和可视化图表库 ECharts 编写网页应用程序，在网页中以图表形式对分析结果进行可视化呈现。

参考文献

1. 林子雨. 大数据技术原理与应用[M]. 2 版. 北京：人民邮电出版社，2017.

2. 林子雨，赖永炫，陶继平. Spark 编程基础（Scala 版）[M]. 北京：人民邮电出版社，2018.

3. 林子雨. 大数据基础编程、实验和案例教程[M]. 北京：清华大学出版社，2017.

4. 维克托·迈尔-舍恩伯格，肯尼思·库克耶. 大数据时代：生活、工作与思维的大变革[M]. 盛杨燕，等译. 杭州：浙江人民出版社，2013.

5. 蔡斌，陈湘萍. Hadoop 技术内幕——深入解析 Hadoop Common 和 HDFS 架构设计与实现原理[M]. 北京：机械工业出版社，2013.

6. 于俊，向海，代其锋，马海平. Spark 核心技术与高级应用[M]. 北京：机械工业出版社，2016.

7. 王道远. Spark 快速大数据分析[M]. 北京：人民邮电出版社，2015.

8. 鸟哥. 鸟哥的 Linux 私房菜基础学习篇[M]. 3 版. 北京：人民邮电出版社，2016.

9. 王飞飞，崔洋，贺亚茹. MySQL 数据库应用从入门到精通[M]. 2 版. 北京：中国铁道出版社，2016.

10. Cay S. Horstmann. 快学 Scala[M]. 高宇翔，译. 北京：电子工业出版社，2016.

11. Dean Wampler，Alex Payne. Scala 程序设计[M]. 2 版. 王渊，陈明，译. 北京：人民邮电出版社，2016.

12. Martin Odersky，Lex Spoon，Bill Venners. Scala 编程[M]. 黄海旭，高宇翔，译. 北京：电子工业出版社，2010.

13. Alvin Alexander. Scala 编程实战[M]. 马博文，等译. 北京：机械工业出版社，2016.

14. 周志华. 机器学习[M]. 北京：清华大学出版社，2016.